Approaches to Popular Film
Inside Popular Film

왜 대중영화인가

조안 홀로우즈 · 마크 얀코비치 엮음
문재철 옮김

Approaches
to Popular Film

edited by
Joanne Hollows and Mark Jancovich

Manchester University Press

Manchester, U.K.

옮긴이 서문

　이 책을 번역하게 된 데는 나름의 이유가 있다. 현대영화이론에
대해 강의하면서 적당한 교재의 필요성을 절감하고 있었을 때 이 책
이 눈에 띄었던 것이다. 사실 이 책말고도 현대영화이론을 다룬 책
은 이미 몇 권이 번역된 바 있다. 물론 그 책들이 장점을 가지고 있
음은 분명하지만, 여러모로 보아 학부생을 대상으로 하는 강의에 교
재로 쓰기에는 미흡한 점이 많았다. 무엇보다 그 책들은 지나치게
어렵거나 아니면 특정 이론에만 치우쳐 있었기 때문이다. 학부교재
는 내용의 깊이도 중요하지만 그에 못지않게 다양한 내용의 소개도
중요하다. 그런 의미에서 이 책은 그와 같은 필자의 요구를 충족시
키기에 충분했다.

　물론 이 책이 현대영화이론을 본격적으로 소개하고 있는 것은 아
니다. 제목에서 알 수 있듯이 이 책은 영화의 대중성 혹은 대중영화
에 관한 책이다. 영화의 대중성을 어떻게 보아야 하며 대중영화의
사회적 의미를 어떻게 읽을 것인가에 대해 탐구하고 있는 것이다.
하지만 이 책은 그와 같은 문제를 다룸에 있어 정공법을 취하고 있

지는 않다. 대신 특이하게도 영화이론의 여러 입장들을 빌려 대중영화에 대한 주장을 간접적으로 펼치고 있는데 바로 이 대목이 역자의 주목을 끌었던 것이다. 한마디로 이 책은 영화이론이 대중영화에 대해 어떠한 태도를 취해왔는가를 조목조목 따지면서 대중영화에 대한 필자들의 생각을 간접적으로 드러낸다고 할 수 있다.

이 책은 영화이론을 몇 가지 유형으로 분류하고 각각에 대해 정리한다. 프랑크푸르트의 대중문화이론에서부터 최근의 문화연구에 이르기까지 영화이론의 다양한 입장들을 개괄하면서 내용을 간추리고 있는데, 물론 그 정리가 다소 도식적인 감이 있지만 간명하고 일목요연하다는 점에서 나름대로 장점이 있다고 생각한다. 그리고 무엇보다 핵심을 놓치지 않았다는 점에서 영화이론의 다양한 입장들을 들여다보는 데는 더할 나위 없이 충분하다.

한편으로 이 책은 그와 같은 영화이론의 다양한 입장들이 어떻게 '대안영화'와 대중영화를 구분하는 이분법적 태도에 터하고 있는가를 드러내주며, 문화연구를 제외한 대부분의 현대영화이론을 비판한다. 요컨대 작가이론이나 장르 이론은 물론, 스크린 이론과 페미니즘 이론을 포함한 대부분의 영화이론들이 어떤 식으로 대중영화를 비난하고 예술영화나 모더니즘 영화를 옹호했는가를 규명하면서 각각의 태도에 시비를 걸고 있는 것이다. 가령 작가이론이 대중영화에 대해 예술영화를 옹호했다면, 장르 이론은 장르 영화 내에서도 나름의 위계를 세워 특정한 장르 영화를 미학적으로나 정치적으로 뛰어나다고 옹호했다는 식이다.

그러나 정작 이 책이 겨냥하는 비판 대상은 영화이론의 주류라고 할 수 있는 이른바 정신분석학적 기호학이다. 영국의 영화잡지 ≪스크린(Screen)≫을 중심으로 전개되었던 스크린 이론은, 이 책의 필자들에 따르면 대중과 대중영화에 대해서 지나치게 편협한 태도를 취하고 있는데, 이 이론이 대중영화를 지배 이데올로기의 산물로만 보면서 대중과 대중영화가 지니고 있던 좀더 복잡한 의미와 새로운 가능성을 놓치고 있다는 것이다. 스크린 이론이 추구했던 그리고 비평적으로 지원했던 영화는 주류 영화의 이데올로기적 움직임을 파열시키는, 그래서 관객의 주체성을 새롭게 변혁해내는 아방가르드 영화였다. 그러나 이와 같은 태도는 이 책의 필자들이 보기에 말할 것도 없이 아도르노 식의 젠체하는 태도에 불과하다.

이 책의 필자들은 바로 그와 같은 영화이론의 입장을 규명하기 위해 부르디외의 '취향의 구별'이라는 이론을 끌어들인다. 그래서 대중영화와 아방가르드(예술영화)의 구분이 얼마나 작위적인 것이며 그 구분 속에 어떻게 계급적 위계질서가, 혹은 권력의 작동이 숨어 있는가를 밝혀내고자 한다. 사실 이와 같은 필자들의 주장은 설득력이 있고 맞는 구석도 많다.

따지고 보면 이와 같은 필자들의 주장을 좀더 확대할 수 있으리라는 것이 역자의 생각이다. 이 책이 본격적으로 제기하고 있지는 않지만, 영화이론 자체의 담론적 위상이 문제될 수 있을 것이라는 말이다. 무릇 모든 지식이 그렇듯 영화이론 역시 자명한 것이거나 객관적인 것이 아니다. 이론이란 나눔과 배제의 원칙에 입각해 특정한 내용에 진리의 값어치를 부여한다. 예컨대 분류와 평가가 그것이다. 연구해야 할 가치가 있는 것은 무엇이고, 그것을 어떤 방식으로 연구할 것인가? 무엇을 말해야 하고 어떤 것에 대해 침묵해야 하는가? 무엇이 좋고 무엇이 나쁜가? 등등이 이론적 입장에 따라 정해진다. 그러므로 이론이란 푸코의 어투를 빌리자면 대상을 나누고 설정하는 권력의 작동을 수반한다. 뿐만 아니라 이론이란 영화를 이해하는 틀인 바, 지식으로 생산된 영화담론은 영화에 관한 생각들과 가치관을 유포하고 순환시킨다. 영화는 제작, 배급, 상영의 체제를 통해서

뿐만 아니라 이론적 담론을 통해서도 유지되는 것이다. 그리하여 영화이론은 영화의 문화적 지위를 설정하고 그것의 의의를 시험하면서 영화에 대한 우리의 사고를 결정한다. 생각이 여기에 미치면 분명 영화이론은 권력이 다투고 경합하는 장임을 알 수 있다. 그런 점에서 영화이론이 주로 옹호해왔던 예술영화나 아방가르드 영화는 생각처럼 자명한 것이 아님은 분명하다.

이 책은 ≪스크린≫ 진영과 대척 관계를 보였던 문화연구의 입장을 지지한다. 그러하기에 이 책은 오늘날 우리가 일부 문화연구자들에게서 발견할 수 있는 장점을 고스란히 안고 있다. 문화연구는 문화를, 지배 이데올로기가 일방적으로 관철되지 않는, 의미가 교섭되는 공간으로 본다. 그 결과 대중영화는 억압의 도구가 아닌 저항의 지점이자 권력투쟁의 장으로 파악되고 그래서 대중영화는 동질적인 것이라기보다는 계급, 인종, 성, 민족과 같은 사회·역사적 맥락에 따라 다양한 가치가 충돌하는 영역이 된다. 이처럼 대중영화를 능동적인 타협의 공간으로 설정하게 되면 대중영화와 아방가르드라는 고지식한 이분법에서 벗어날 수 있다.

그러나 이 책이 지나치게 대중영화를 옹호한다는 점에서 많은 문제점을 드러내고 있는 것 또한 사실이다. 가장 눈에 두드러지게 보이는 점은 관객의 행위에 무분별할 정도로 의미를 부여하고 있다는 것이다. 스크린 이론이 관객을 텍스트에 의해 좌우되는 수동적인 존재로 보았다면 이들 필자들은 오히려 텍스트를 읽어내는 관객의 능동성에 과도한 힘을 부여해주고 있다. 이것이 지나치면 텍스트의 중요성을 거부하기 일쑤고 나아가 자칫 관객의 독해 자체를 물신화하는 위험을 무릅쓰게 된다. 그런 점에서 이 책은, 대중을 재발견하는 성과를 보여주었는지는 모르지만, 잘못하면 대중을 무비판적으로 따르는 맹목에 빠질 우려를 보여주기도 한다.

이와 아울러, 하나 더 지적할 것은 대중영화가 주는 쾌락에 대해 너무 안이한 태도를 취하고 있지 않은가 하는 점이다. 대중영화를 비판하는 여러 이론들은 할리우드 영화의 쾌락을 위험한 것으로 보았다. 관객을 이데올로기적으로 통제하는 대가로 주어지는 일종의 미끼, 그것이 바로 쾌락이라는 생각했다. 그러나 이 책의 경우와 같이 관객의 능동적인 참여를 강조하는 입장에서는 쾌락을 오히려 전복의 가능성으로 읽는다. 요컨대 쾌락에는 지배질서를 무너뜨리는 그 무엇이 있다는 생각이다. 물론 그런 생각이 틀린 것은 아니지만, 그래도 우리가 잊어서는 안될 것은 쾌락에도 내용과 형식이 있다는 점이다. 푸코가 간파했듯이 쾌락이란 자연스러운 것도 순수한 것도 아니다. 그것은 늘 권력과 지식에 묶여 있다. 그러므로 쾌락의 내용에 대한 꼼꼼한 분석이 무엇보다 전제되어야만 쾌락의 적극적인 옹호가 설득력을 지니게 될 것이고, 만약 이 점을 간과하고 쾌락을 무분별하게 예찬한다면 소비주의에만 영합한다는 비난을 면하기 힘들 것이다.

이 책에서 다루고 있는 영화이론이 모든 영화이론을 다 포괄하고 있는 것은 아니다. 특히 이 책은 고전영화이론을 빠뜨리고 있는데, 그런 점에서 얼마간 아쉬움이 남는다. 물론 그것은 앞서 언급했듯이 이 책이 현대영화이론의 주류라고 할 수 있는 ≪스크린≫ 계열의 이론, 즉 정신분석학적 기호학을 겨냥하고 있는 탓일 게다.

그러나 고전영화이론의 경우에도 이 책의 논지를 적용한다면 아마도 비판적인 결론에 도달했을 성싶다. 고전영화이론이야말로 영화의 예술적 가능성을 모색하는 데 전력을 다했던 이론이었기 때문이다. 영화는 단순히 기계복제의 산물이 아니라는 루돌프 아른하임의 '형식주의 영화이론'이 그랬고, 반대로 그와 같은 현실복제 능력, 요컨대 리얼리티를 포착하는 능력이야말로 영화의 진정한 예술적 가능성이라 주장했던 앙드레 바쟁의 '리얼리즘 이론'도(약간의 차이를 감안한다 하더라도) 같은 맥락에서 나온 것이었다. 말하자면 고전영화이론에는 대중영화에 대한 개념이나 사고가 없었다고 말할 수 있다. 그렇지만 아마도 이는 역사적인 측면에서 파악해야 하지 않을까 싶다. 1895년 영화가 처음 발명된 직후 영화는 기계장치에 불과하다는, 그래서 싸구려 오락물이라는 비난에서 벗어나기 힘들었고, 그와 같은 편견에서 벗어나기 위해 무던히 애를 써야만 했다. 그렇다면 고전영화이론이 예술로서의 영화를 주장했던 것은 그럴 수밖에 없었던 역사적인 사정에 의한 것이라고 볼 수 있지 않을까? 그리고 이는 상황이 변했지만 현대영화이론의 경우도 마찬가지가 아닐까?

그러므로 우리가 이 책을 읽는 데는 필자들의 주장을 이해하는 것도 중요하지만, 거기에는 영화이론 자체를 '역사화'하는 일이 반드시 수반되어야 할 것이다. 그러니까 각각의 이론을 당대의 역사적인 맥락에 놓고 왜 그러한 질문이 제기되었으며, 그 질문을 규정하는 힘들의 관계가 당시 어떠했는지를 거슬러 따져보아야 한다는 것이다. 그럴 때 우리는 영화이론이 곧 시대와의 대화였음을 알 수 있다. 영화이론은 자신이 처한 상황을 숙고하고 그것을 이용하기는 했지만 역으로 주어진 시대로부터 봉쇄를 당했던 것이다. 그러므로 요는 이 책에서 주장하는 현대영화이론에 대한 평가나 대중영화에 대한 입장을 무비판적으로 받아들일 것이 아니라, 그와 같은 이론들을 당대의 역사적 맥락에서 바라보아야 한다는 말이다. 그 점을 놓치지만 않는다면, 분명 이 책은 대중영화를 둘러싼 여러 측면들을 이해하는 데 유용한 수단과 계기를 제공해줄 것이다.

사실 그렇게 두꺼운 책도 어려운 책도 아니었는데, 번역하느라 애를 먹었다. 그런 점에서 이 책의 교정을 보아준 도서출판 한울의 이

경회 씨에게 고마움을 전한다. 또한 손으로 쓴 초고를 컴퓨터로 입력해준 방선영과 문개현에게도 애정어린 감사의 말을 전한다. 모쪼록 이 책이 영화를 공부하는 학생들에게 요긴하게 쓰였으면 좋겠다.

1999년 11월
문재철

대중영화와 문화적 구별

    이 책은 사람들에게 영화를 분석하는 주요 접근법들을 소개하면서 이론적 논쟁들을 알기 쉽고 명료하게 설명하는 것을 목적으로 하고 있다. 이 과정에서 그 접근법들이 '대중적인 것'을 어떻게 구성하고 있는지, 즉 각각의 이론적인 입장이 어떻게 대중영화(popular film)와 대안영화(alternative film)의 구분에 터하고 있는가를 따져보고자 한다.

    각 장에서는 영화 연구의 역사적 전개라는 논의하에서 특정한 접근법을 여타의 발전단계와 관련지어보고자 한다. 그러나 이러한 접근법들이 따로 떨어진 것이거나 역사적으로 고정되어 있는 것이 아니라는 점을 염두에 두어야 한다. 각 접근법들은 이후의 연구들에 의해 공격 당해왔고 대체되기도 했지만, 오랫동안 지속될지도 모른다. 예컨대, 작가이론을 펼쳤던 사람들은 장르 비평, 스타 연구 또는 스크린 이론이 출현했지만 자신의 이론을 순순히 포기하지 않았던 것이다. 많은 작가이론가들은 후속 연구들에 격렬히 반론을 폈다.

    더욱이 이 책은 이들 접근법들이 서로 어떻게 관련되는지를 설명하고자 한다. 새로운 접근법은 기존의 접근법이 지니고 있었던 어떤 특

성들을 거부할 수도 있겠지만 어떤 측면들은 의문시되지 않고 그대로
존속될 수도 있어 이전의 접근법이 지닌 어떤 측면을 되풀이할지도
모른다. 혹은 어떤 비평가들은 다양한 접근법들을 끌어들여 그것들의
차이를 해소하고 서로 연계시켜 사용하려 할지도 모른다. 그러나 각
각의 접근법들이 매우 다르다면 이는 무척 어렵고 복잡한 과정임을
유념해야 한다.

　레이먼드 윌리엄스(Raymond Willams)가 보여주었듯이, '대중적'이
라는 단어가 지닌 문제 중 하나는 이 단어가 서로 다른, 그리고 자주
혼동되는 두 가지 의미를 지니고 있다는 점이다. 대중적이라는 말의
가장 오래된 의미는 '대중' 또는 '대중에 속한 것'을 뜻하지만, 이것은
또 '많은 사람들이 좋아하는' 또는 '인기 있는'이라는 의미도 가지고
있다.[1] 첫번째 의미는 사회계층간의 구별, 즉 '대중'과 '엘리트' 간의
대립을 내포하고 있다. '대중적'이라는 말을 그렇게 정의하는 것은 암
묵적으로 '비대중적'인 것의 존재를 상정하고 있다. 두번째 의미는 스
튜어트 홀(Stuart Hall)이 언급한 바 있는 '시장'이나 '상업적인 측면'
에 해당하는 것이다.[2] 이것은 어떤 것이 많은 사람들에 의해 소비되
거나 받아들여지는지의 여부와 관련이 있다. 그러나 이 두 가지 의미
는 서로 완전히 다르다. 가령, 흥행에 크게 실패했던 영화 <허드슨
호크(Hudson Hawk)>는 첫째 의미에서는 대중적이라고 분류될 수 있
으나, 둘째 의미로는 그렇지 않다. 그러나 많은 사람들에 의해 소비되
지는 않았지만 엘리트 문화 형식과는 다르기 때문에 대중적인 것으로
정의될 수 있는 것이다.

　실제로 이러한 의미에서 '민속문화(folk culture)'는 대중문화의 형식
이라고 정의된다. 그것은 지역의 공동체문화이지만, 정치·경제·문화

---

1) Raymond Williams, *Keywords: A Vocabulary of Culture and Society*, Glasgow:
　Fontana, 1976, pp.198-199.
2) Stuart Hall, "Notes on Deconstructing 'The Popular'" in Raphael Samuel(ed.),
　People's History and Socialist Theory, London: Routledge, 1981, p.231.

적 엘리트와 관련해서가 아니라 '일반인'과 관련해서 정의된다. 하지
만 영화와 같은 현대적인 매스미디어가 등장함에 따라 비평가들은
'대중적'이라는 용어의 두 가지 의미를 자주 혼동해왔다. 문제는 다음
과 같다. 일반적으로 민속문화가 '민중'에 의해 생산, 소비되어온 문
화형식(그래서 '진정한' 문화로 여긴다)임에 반해, 매스미디어 형식은
거대한 자본주의 산업에 의해 생산되어 일반인들에게 판매되는 것으
로 여겨진다는 점이다. 결과적으로 많은 비평가들은 현대의 대중문화
를 다음의 두 가지 중 하나로 이해하게 되었다. ① 대중에게 부과되었
기 때문에 사실상 '대중'의 것이라 할 수 없는 어떤 것, 그래서 진정성
이 없다고 간주되는 것(제1장 참조). ② 과거의 '민속'형식과 유사한
것으로 '대중'에 의해, '대중'을 위해 생산되고 소비된다고 여겨지는
어떤 것.3)

　홀은 '대중적'이라는 용어에 대한 이들 두 가지 정의에 이의를 제기
한다. 첫번째 정의는 '대중'을 '순전히 수동적'인 '문화적 바보'로 제
시한다는 것이다. 그에 따르면 이것은 '무척이나 비사회적인 입장의
시각'이다.4) 비록 사회주의적 비평과 좌익 비평에서는 흔히 발견되는
입장이기는 하지만. 두번째 정의 역시 문화적 권력이라는 핵심적인
관계, 즉 문화적 관계의 고유한 특성인 지배와 종속의 관계를 소홀히

3) 실로, 만약 '대중적인 것'에 대한 정의가 각기 다양하다면 '민중(the people)'에
대한 여러 정의들간에도 중요한 차이가 있을 것이다. 토니 베네트의 말에 따르
면, "어떤 의미에서 '민중'은 모든 사람을 지칭한다. … 또 다른 의미로는 … '민
중'은 모든 사람이나 사회 내의 한 집단을 이르는 것이 아니라 다양한 사회집단
을 가리킨다. 그리고 비록 계급적 위치나 그들이 직접 참여하는 싸움 등 여러 가
지 점에서 서로 다르지만 이들 사회집단은 경제적으로나 정치적으로 그리고 문
화적으로 권력을 행사하는 사회집단과는 구별된다. 그리하여 서로 통일될 수 있
는 여지가 있다…"
　Tony Bennett, "The Politics of the 'Popular'" in Tony Bennett et al(eds.).,
　Pouular Culture and Social Relations, Milton Keynes: Open University Press,
　1986, p.20.
4) Stuart Hall, op. cit., 1981, p.232.

하고 있다는 점에서 '상당히 의심스러운 것'이다. 그는 계속해서 다음 과 같이 주장한다.

> 반대로 문화적 권력과 지배관계에서 벗어난 완전하고, 순수하고, 자율적 인 '대중문화'는 없다고 확신한다. 이러한 입장은 문화를 이식하는 권력을 매우 얕보고 있다.[5]

홀은 대중이 수동적 통제의 대상이라는 생각에는 비판적이긴 하지 만, 모든 문화형식이 권력의 조건 내에서 정의된다는 점을 강조한다.

그는 또 '대중적인 것'에 대한 세번째 정의를 소개했는데, 그것 역 시 불만족스러운 것이었다. 거기서는 '대중적'인 것을 다만 '대중'이 하고, 해온 '모든 것들'로 정의한다.[6] 홀이 이 정의에 반대한 이유는 그것이 동어반복일 뿐만 아니라 단순히 하나의 목록만을 제공하기 때 문이다. 그는 형식과 실천의 목록만을 단순히 열거하는 것은 '대중적 인 것'과 '비대중적인 것'이 실제로 어떻게 구분되는지를 간과하게 된 다고 주장한다.[7] 사실 이런 식의 정의가 지닌 중요한 문제 중 하나는 문화형식이 지닌 의미와 문화적 장에서 차지하는 위치가 그 형식 내 부에 각인되어 있지 않다는 점이다. 그것의 위치는 영원히 고정되어 있지 않다.[8] 홀의 주장처럼 목록은 변해도 범주(대중적인 것과 비대중 적인 것)는 계속 남는 것이다.[9]

홀의 요지는 다음과 같다. 즉 대부분의 이론들은 특정한 사회집단 이 어떤 텍스트들을 전유하게 됨에 따라 혹은 그 텍스트와 관계를 맺 게 됨에 따라 대중적인 것과 비대중적인 것이 구분되게 되었다고 보

---

5) Ibid., p.232.
6) Ibid., p.234.
7) Ibid., p.234.
8) Ibid., p.235.
9) Ibid., p.234.

기보다는, 그러한 구분을 특정한 텍스트가 지니고 있는 사회적 지위로 간주하고 있다는 것이다. 예를 들어, 많은 영화이론들은 어떤 독특한 효과를 발휘하는 특징을 기준으로 해서 대중영화를 구분할 수 있다고 암암리에 주장한다. 그러나 그런 식의 접근은 '대중적인 것'이 다만 텍스트를 분류하는 과정에서만 존재한다는 사실을 인식하지 못한다. 결과적으로 어떤 텍스트도 본질적으로 대중적이거나 엘리트적인 특징을 지니고 있지 않고, 역사적 조건의 변화에 따라 둘 사이를 오가는 것이다. 홀은 다음과 같이 주장한다.

> 올해에 파격적이었던 급진적인 상징이나 슬로건이 내년에는 유행이 될 것이다. 그리고 내후년에는 향수를 자아내는 문화적 대상이 될 것이다. 오늘의 저항 포크 가수가 내일은 컬러 잡지 ≪옵서버(the Observer)≫의 표지에 등장한다.10)

홀이 거론한 파격적인 예들은 '대중적'인 형식들이 엘리트 집단의 지배문화로 편입되는 과정을 기술하고 있지만, 반대의 경우 또한 마찬가지이다. 엘리트적이라고 정의되었던 이전의 형식이 문화적 지위를 상실하고 대중문화나 종속문화로 편입된다. 예컨대 파바로티가 부르는 <공주는 잠 못 들고>는 일찍이 엘리트 문화로 분류되었지만, 축구와 관련되었기 때문에 '대중적인 것'에 편입되었다. 그런 까닭에 홀은 대중문화를 지배집단이 그들의 생각을 종속집단에 강요하는 수단이거나 혹은 종속집단들이 지배에 저항하는 방식이라고 단순하게 생각해서는 안된다고 주장한다. 대신에 그는 대중적인 것을 투쟁의 지점, 즉 지배집단과 종속집단 간에 갈등이 벌어지고 이들 집단간의 문화가 계속해서 구별되는 지점으로 정의한다.

프랑스 사회학자 피에르 부르디외(Pierre Bourdieu)의 작업은 문화

---

10) Ibid., p.235.

의 대중적인 형식과 엘리트적인 형식이 어떻게 구별되는지를 이해하
는 데 매우 유용하다.11) 부르디외에 의하면, 취향에는 세 가지 주된
범주가 있다. 본격적인(또는 엘리트적인) 것, 어느 정도 교양이 있는
것, 그리고 대중적인 것.12) 그는 이것들이 계급과 밀접한 관련을 맺고
있다고 주장한다. 사실 그는 계급이란 소유하고 있는 경제적 자본의
형식에 의해서뿐만 아니라 문화적 자본의 형식에 의해서도 정의된다
고 주장한다. 이러한 문화자본의 형식들은 능력과 성향으로 구성되어
있거나 또는 특정한 형식의 지식들과 성향으로 이루어져 있다.

부르디외는 사회의 각기 다른 계층들은 서로 다른 능력과 성향을
지니고 있어서 서로 다르게 '인지하고, 분류하고, 기억한다'고 주장한
다.13) 이것이 의미하는 바는 각기 다른 집단들은 다른 방식으로 문화
형식들을 소비한다는 것이다. 예를 들어, 부르디외는 고급문화의 형식
을 알아보는 능력은 특정한 성향에 달려 있다고 주장한다. 예컨대 시
각예술의 경우, 어떤 이들은 무엇을 그렸는지를 보고, 다른 이들은 누
가 그렸는지를 본다(렘브란트의 작품이다). 그리고 또 다른 사람들은
특정한 예술운동의 한 예를 본다(인상주의 작품이다). 마찬가지로 영
화의 경우도 특정한 장르의 영화(서부영화)를 보는 사람이 있는가 하
면, 특정한 스타[버트 랭커스터(Burt Lancaster)]를 보거나 특정한 감
독[(존 스터지스(John Sturges)]이 만든 영화를 보는 사람도 있다.14)

---

11) 부르디외의 연구는 비록 프랑스에서 이루어졌지만 그가 사용한 분석틀은 다른
나라에서 작업하는 여러 비평가들에게 공감을 얻었다.
12) 부르디외가 취향의 형태를 서너 개로 잡았는지의 여부를 놓고 이 책의 편집자들
간에 논쟁이 있었다. 네 개의 취향형태에 대한 구분은 다음 책에 설명되어 있다.
Dich Hebdige, "The Impossible Object Towards a Sociology of Sublime," *New
Formations,* 1(1). 1987.
13) Pierre Bourdieu, "The Aristocracy of Culture" in Richard Collins et al., *Media,
Culture and Society: A Reader,* London: Sage, 1986, p.172.
이 글은 프랑스 문화에 대한 고전적인 연구인 피에르 부르디외의 책 서문에 실려
있다.
14) Ibid., pp.171-172.

고급문화를 인식하는 능력은 부르디외가 미적 성향이라고 부른 것
에, 혹은 '대중미학'이나 '대중적 취향'을 거부하는 '순수한 응시'에
달려 있다. 홀과 마찬가지로 그는 이러한 특성들이 대상 자체에 고유
한 것이라기보다는 대상을 분류하는 주요 방식이라고 주장했다. 그러
므로 미적 성향이나 순수한 응시를 규정함에 있어 부르디외는 다음과
같이 주장한다.

　　파노프스키가 말했듯이, 만약 예술작품이 사실상 '미적으로 경험되는 것
　이라면', 그리고 자연적인 것이든 인공적인 것이든 어떤 대상이 미적으로 지
　각될 수 있다면, 예술작품을 '만드는 것'은 바로 관람자의 미적 의도라는 결
　론, 즉 미적 견해가 미적 대상을 창조한다는 결론에서 어떻게 벗어날 수 있
　겠는가?15)

이러한 지각양식은 기능보다 형식에 집착한다. 심지어 가장 평범한
대상조차도 미적인 것으로 인지할 수 있다. 예를 들어, 순수한 응시를
지닌 사람은 형식적 가치를 더 좋아할 것이다. 비슷한 예로, 중고품가
게에 버려진 '유행이 지난' 낡은 옷은 예술학도가 미적 효과를 내는
데 사용될 수 있다. 그는 그 옷을 사서 나이트클럽에 갈 때 입을 것이
다.

그러나 부르디외가 보기에 이러한 지각양식은 순수한 것이 아니다.
근본적으로 그것은 순수한 응시를 소유한 사람이 보통사람들과 자신
을 구별하는 과정에 속해 있다. 본질적으로 순수한 응시는 대중적 취
향을 거부하는데 그에 따라 대중적 취향을 소박하고 단순한 것으로 폄
하한다. 그래서 대중문화가 제공하는 자명하고 투명하고 안락한 쾌락
과 고급문화를 감상하는 복잡하고 난해한 능동적인 과정이 구별된다.

그러나 부르디외가 보기에 대중적인 취향이 소박하고 촌스러운 것

15) Ibid., p.173.

과 관련되어 있다면, 그것은 당연한 것이라기보다는 사회적으로 생산된 것이다. 순수한 응시가 근본적으로 대중적인 취향의 거부에 터하고 있듯이, 대중적인 취향도 그 거부에 대한 거부에 바탕을 두고 있다. 그러므로 노동자계급이 본격형식을 적대시하고, 그것에 관여하는데 "주저하고 거부하는 것"은 "그 문화의 형식에 익숙하지 않기 때문이 아니라 거기에 참여하라는 뿌리 깊은 강요 때문이다."16)

부르디외의 견해에 따르면, 종속집단은 본격형식을 "자신들의 생활방식에 대한 일종의 공격 또는 모욕"으로 인식한다.17) 대중의 취향이 대상의 참여를 요구한다면 이와는 대조적으로 순수한 응시는 대상과 거리를 취한다는 것이다. 이렇게 그는 고급문화를 이해하지 못하는 종속집단의 무능력이 실상은 그러한 문화에 대한 거부라고 주장한다.

부르디외는 순수한 응시가 종속계급이나 종속집단과는 상관이 없고 부르주아의 경제적 상황과 직접 관련이 있다고 주장한다. 그에 따르면, 순수한 응시가 '단순한' 즐거움이나 '자연스러운' 쾌락을 거부하는 것은 '필요성으로부터 거리'를 취하고 있기 때문이라는 것이다. 기능보다 형식을 생각하는 능력, 예컨대 단순히 배를 채우기 위해서라기보다는 스타일을 즐기기 위해 음식을 먹는 것이나, 기능을 목적으로 하지 않는 실천에 참여하는 능력은 "여유를 가지고 세계를 경험하는 데서, 그리고 학문의 수련이나 예술작품의 감상과 같이 그 자체가 목적인 행위를 통해서 나온다는 것이다."18)

그러나 그것은 다른 계급의 취향을 거부함으로써 정의된다고 부르디외는 강조한다. 그것은 평범한 사람들에 대해, 즉 사치와 과시적인 소비에 끌리지 못한 채 일상적인 관심사나 먹고사는 일에 매여 있는 사람들에 대해 우월감을 느끼는 지각 양식이라는 것이다.19) 부르디외

---

16) Ibid., p.176.
17) Ibid., p.177.
18) Ibid., p.190.
19) Ibid., p.191.

가 말하고 있는 것처럼 여기서 가장 우려되는 바는 그 구별이 모든 사
회적 차이들을 '분류'하고 있을 뿐만 아니라 '가장 자연스러워 보이는
특권'을 지니고 있다는 점이다.[20]

그러나 부르디외가 강조하는 바는 그런 구별들이 텍스트의 특징이
나 소비자들의 실제행위와 관련된 것이 아니라는 점이며 문화적 구별
이 이루어지는 것은 지배질서를 재생산하기 위해서라는 것이다. 대중
들이 아무때나 텍스트를 소비하는 것도 아니고 형식의 혁신을 단순히
거부하는 것도 아니다. 그들이 거부하는 것은 순수한 응시라는 항목
이다. 그들은 지적인 특징이나 형식상의 특징과 거리를 두기보다는
그것에 참여하기를 원한다. 다만 그러한 특징들이 어떤 목적을 가지
고 있기를 바라는 것이다.

문화적 구별들이 이루어지면 대립되는 취향들이 동질화된 채로 거
부되거나 옹호된다. 예컨대 영화이론가들과 같은 지식인들의 작업에
서 문화적 구별들의 토대를 이루는 정치적인 측면은 종종 가려지고
대중적인 것이 무차별적으로 동질화된다. 그래서 대중영화들간의 차
이가 억압될 뿐만 아니라 시대나 국가에 따라 대중적 형식이 다르다
는 점도 묵살된다.

사실 국가의 정체성과 대중문화의 관계는 여러 이유에서 중요한 문
제다. 가장 충격적인 것은 대중적인 것이 외국에서 온 것으로 정의될
때가 있다는 점이다. 예컨대, 영국 내에서 대중적인 것은 미국이나 미
국화와 자주 관련된다.[21] 이 입장은 '국가적인 것'이라는 개념을 중심
으로 이루어졌는데, 여기서 영국적인 것은 고급문화와 연결되어 있다.
게다가 제1장에서도 볼 수 있듯이 1950년대 미국에서 대중문화의 '위

---

20) Ibid., p.193.
21) 다음의 글들을 보라.
    Duncan Webster, *Looka Yonda!: The Imaginary America of Populist Culture*,
    London: Comedia/Routledge, 1989; Dick Hebdige, "Towards a Cartography of
    Taste" in *Hiding in the Light: On Images and Things*, London: Routledge, 1988.

협'은 유럽에서의 전체주의의 위협을 연상시켰다. 사실 영국과 미국
의 맥락에서 '외래적인 것'이 고급문화를 위협한다는 식의 공포는 종
종 국내 '외국인들'의 위협과 연결되었다. 예를 든다면, 노동계급과
흑인이 그들이다.[22]

　이것은 결과적으로 특정한 대중적 텍스트가 국가라는 맥락에 따라
서로 다른 의미를 지닐 수 있음을 보여주는 경우이다. 코라 캐플런
(Cora Kaplan)의 다음을 주목한다.

　1960년대 미국의 좌익진영은 서부영화와 스릴러 영화를 장르상 그리고
이데올로기로 구분하면 우익적인 것이라고 보았다. 미국의 관객들 역시 마
찬가지였다. 그러나 영국에서는 미국 대중문화의 장르와 내러티브가 영국의
위대한 문화적 전통이 가진 계급적 자족감을 폭로하는 일종의 실마리 구실
을 했는데, 이는 그 두 문화가 크게 대비되고 부조화를 이루었기 때문이
다.[23]

　그러므로 대중문화가 역사적 상황에 따라 각기 다른 방식으로 표
현되어왔다는 점을 인정하는 것도 중요한 일이지만, 또한 다양한 형
태의 대중문화들이 어떤 특정한 순간에 서로 갈등하고 모순된다는
점을 인식하는 것도 매우 중요하다. 이런 이유로 대중문화 일반, 특
히 대중영화를 재평가할 필요가 있다. 또한 학술적인 접근법들이 대
중문화를 논의해온 방식들도 재평가될 필요가 있는 것이다.

　부르디외는 학계의 지식인들이 주로 이러한 문화적 구별을 생산하
고 재생산해왔다고 본다. 실제로 부르디외는 이들이 순수한 응시는

---

22) 이들 논쟁에 대한 분석은 다음을 보라.
　　Iain Chambers, *Border Dialogues: Journeys in Postmodernity*, London: Routledge,
　　1990.
23) Cora Kaplan, "The Culture Crossover," *New Socialist,* 43, November 1986,
　　pp.38-40.

정당한 것으로, 대중적인 취향은 정당하지 못한 것으로 보는 경향이 있다고 주장한다. 앤드루 로스(Andrew Ross)는 다음과 같이 말했다.

그와 같은 과정에 지식인들의 식별 훈련이 빠질 수는 없다. 왜냐하면 지식인들의 식별 능력은 취향에 대한 객관적인 비판형식으로 제시될 때조차 문화적 구별을 강화하기 때문이다.[24]

부르디외가 보기에 이런 상황은 단지 부르주아 계급의 이해를 '반영'하고 있는 것도 아니고, 단순히 자유주의적이거나 보수적인 비평가들과 관련된 것도 아니다. 사실 부르디외의 격렬한 비판은 많은 부분 급진적인 좌익 지식인들을 겨냥한 것이다.

부르주아 지식인들이 이러한 순수한 응시를 특별히 방어하려하는 것은 바로 그들이 문제 상황에 처해 있기 때문이라는 것이 부르디외의 생각이다. 그의 주장에 따르면, 지식인들은 여전히 지배계급(즉 부르주아지)에 속해 있지만, 그 계급의 지배를 받는 계층으로 존재한다. 즉 그들은 경제를 생산하는 부르주아 계층에 종속되어 있는 것이다. 이것은 문화적 부르주아와 경제적 부르주아 간의 투쟁을 야기하는데, 전자는 후자의 경제적 활동에 대항하면서 문화적 활동의 가치를 키우려고 한다. 부르디외는 문화적 지식인들이 경제적이고 실용적인 기준에서 떨어져 문화적 활동의 자율성을 주장하고, 또한 그들이 속한 계급의 경제적·물질적 이익에 반대되는 정치적 수사학을 취하는 경향을 보이는 것은 바로 이런 이유 때문이라고 주장한다. 그 결과 부르주아 지식인들이 종종 정치적으로 반부르주아적인 태도를 취하는 아이러니한 상황이 발생하게 되는 것이다.

그러나 확실한 것은 이들 지식인들이 반부르주아적인 정치학을 주

---

24) Andrew Ross, *No Respect: Intellectuals and Popular Culture*, London: Routledge, 1989, p.61.

장하지만 앞서의 대립설정으로 인해 순수한 응시의 정당성을 효과적
으로 재생산하고, 그리하여 사회적·문화적 구별을 유지한다는 점이다.

그러므로 이 책에서는 각각의 이론들이 서로 명백한 차이를 보여줌
에도 불구하고 순수한 응시와 대중적인 취향을 어떻게 지속적으로 구
별해왔는지를 고찰해보고자 한다. 이 책은 또한 넓은 의미의 작가에
집착하는 것에서부터 텍스트와 텍스트성에 주목하는 입장을 거쳐 관
객의 탐구에 이르기까지 영화에 대한 접근법들의 흐름을 일목요연하
게 보여줄 것이다.

제1장 「대중문화이론과 정치경제」에서 조안 홀로우즈(Joanne Hol-
lows)는 대중영화가 생산되는 산업적 조건들을 분석한 대중문화이론과
그러한 산업적 조건들이 '내재된 반응'을 야기한다는 주장에 대해 검
토한다. 그 과정에서 그는 대중문화이론이 어떻게 대중영화와 아방가
르드 영화를 구별하고 있는가를 보여준다. 대중문화 비판가들은 대중
적인 할리우드 영화는 너무나 쉬워 관객들에게 아무런 노력도 요구하
지 않는다고 주장했다. 이들은 할리우드 영화가 관객의 순응성과 수동
성을 생산하는 것에 비해, 난해한 아방가르드 예술은 계몽된 수용자가
스스로 생각하도록 하고 기존의 사회적 관계를 의문시하도록 만든다
고 주장했다. 마지막으로 그는 문화의 정치경제에 관한 최근의 작업들,
특히 니콜라스 가넘(Nicholas Garnham)의 작업을 주목한다. 그의 작업
은 문화생산의 산업적 조건에 대한 대중문화이론의 관심사를 그대로
잇고 있지만, 아방가르드를 이러한 조건들에서 벗어난 형식으로 특권
화하지는 않는다. 이 장은 또한 '포스트 포디즘'과 '뉴 할리우드'와 연
관 있는 문화생산의 새로운 구조들에 대해서도 검토하고 있다.

제2장 「작가주의와 영화작가이론」에서 헬렌 스토더트(Helen Stod-
dart)는 일부 비평가들이 어떤 식으로 대중문화이론에 이의를 제기하
고 있는지를 논하고 있다. 특별히 작가이론가들은 예술창조에 반드시
필요한 개인적인 표현을 산업이 조금도 허용치 않는다는 식의 주장을

거부하면서, 할리우드 스튜디오 시스템 내에서 영화를 만들면서도 풍부한 예술성과 개인적인 비전을 표현했던 감독들을 지적했다. 그러나 스토더트는 작가가 위대한 예술의 제작에서 본질적인 것인지 아니면 단지 이론적으로만 옹호되는 실체인지에 대해 의문을 제기할 필요가 있음을 역설한다. 게다가 작가이론은 대중영화를 옹호하지 않았다. 사실상 이들 비평가들은 대중문화이론의 기본 가정들을 그대로 받아들이고 있었다. 그러므로 작가의 영화를 대중영화 일반의 한 경우로 생각하지 않고 특별 취급을 했는데, 이는 작가 영화가 대중영화에 도전하고 그 체계를 전복하려 했기 때문이었다. 작가는 대중영화를 만드는 감독이 아니라 그것에 대항하는 존재였던 것이다.

제3장 「장르 이론과 비평」은 얼마나 많은 비평가들이 작가주의와 논쟁을 했는지를 보여준다. 작가 개인에게 특권적인 지위를 부여하는 대신에 이들 비평가들은 영화감독이 만든 작품의 구조에 관심을 두었으며 형식의 고유한 의미를 강조했다. 그러나 피터 허칭스(Peter Hutchings)에 의하면 이러한 비평 양식은 장르를 구분해주는 명확한 특징들과 심층구조(이는 파악하기 어려운 것이다)를 찾아내는 데 너무 많은 노력을 들여야 했을 뿐만 아니라, 결국 적어도 부분적으로는 그러한 질문에 답할 수 없었다. 이는 관객의 중요성을 놓치고 있었기 때문이었다. 그리고 더욱이 이러한 작업에서 '대중'에 대한 개념은 명확하지 못했다. 일부 비평가들은 어떤 대중 장르는 위대한 예술과 어깨를 나란히 할 정도로 훌륭하다고 주장했다. 그러나 여타의 많은 이론들처럼 통상 대중적인 것을 이데올로기적으로 보수적이라고 보았다.

제4장 「스타 연구」에서 폴 맥도널드(Paul Mcdonald)는 스타와 스타 이미지를 분석하는 다양한 접근법들을 조사한다. 기호학, 상호 텍스트성 분석, 정신분석학, 그리고 관객 연구가 그러한 접근법들이다. 앞의 두 분야는 주로 텍스트 분석과 관련이 있고, 뒤의 두 분야는 관객이 스타와 자신을 어떻게 동일시하느냐와 관련이 있다. 마지막으로 맥도

널드는 부르디외의 저작을 논하고, 스타를 분석하는 데 적용한다. 그리하여 각기 다른 스타들에 대한 관객들의 동일시가 문화자본의 분배로 인해 어떻게 생겨나는지를 이해할 필요가 있다고 주장한다.

제5장 「역사적 시학」에서 헨리 젠킨스(Henry Jenkins)는 데이비드 보드웰(David Bordwell)과 크리스틴 톰슨(Kristin Thompson)의 작업에 주목한다. 이 접근은 작가에 대한 여지를 얼마간 제공하면서, 영화의 스타일 구성을 지배하는 규범들을 살핀다. 그리하여 하나의 혁신이란 순수한 자기 표현이 아니라 규범의 견지에서만 정의할 수 있는 것이라고 강조한다. 그러나 젠킨스에 따르면, 이러한 접근은 '낯설게 하기'를 예술적 실천(이는 부르디외가 순수한 응시의 정당화라고 비판한 것이다)으로 특권화하는 경향이 있지만, 그런데도 대중적 규범을 미학적 체계의 일부로 기꺼이 받아들임으로써 대중영화 연구에 관한 중요한 이슈를 제공한다. 또 이 장의 말미에서 오늘날의 '포스트 고전적 영화'나 '뉴 할리우드 영화'를 분석하면서 이러한 접근의 유용성을 증명한다.

제6장 「스크린 이론」에서 마크 얀코비치(Mark Jancovich)는 알튀세르적 마르크시즘에서 라캉의 정신분석학으로 옮겨간 영화이론을 평가한다. 그 과정에서 그는 고전적 리얼리즘 텍스트 개념, 내러티브 쾌락의 이론, '봉합(suture)' 개념을 살펴보고, 성차(sexual difference)의 영화적 구성에 관해 논의한다. 얀코비치에 따르면 이러한 방법은 경쟁하는 이데올로기들을 구분할 수 없을 뿐더러, 관객과 텍스트 간의 관계를 고려하고 있다는 주장에도 불구하고, 사실은 텍스트 결정론의 형식을 지속하고 있다. 스크린 이론은 관객을 텍스트의 추상적인 구조물로 생각하고, 실제 사회적 주체들이 텍스트에 어떻게 관여하는지를 고려하지 않는다는 것이다. 게다가 이러한 접근은 대중적인 것을 이데올로기적으로 보수적인 것이라 간주하고 아방가르드 영화에 특권을 부여하는데, 아방가르드는 수동적인 관객을 요구하는 대중영화

와는 달리 능동적인 관객을 요구한다고 본다.

제7장 「정신분석학적 페미니즘에서 대중적 페미니즘까지」에서는 정신분석학이 페미니즘에서 어떤 의미를 함축하고 있는지를 보여주고, 정신분석학적 페미니즘과 논쟁을 벌여온 페미니스트들의 접근들과 영화이론 내에서 대체적으로 무시되었던 방법들을 고찰한다. 리사 테일러(Lisa Taylor)는 페미니즘 내의 다른 흐름들, 예컨대 로맨스 소설 읽기, 포르노그라피의 성 정치학에 대한 논쟁들이 대중영화를 분석하는 데 어떻게 도움이 되는지를 검토한다. 이 과정에서 그녀는 정신분석학적 페미니즘의 한계와 대안적인 접근들이 지닌 유용성을 부각시킨다. 마지막으로 페미니즘이 대중영화 내에서 발전시켜온 방법들을 보여주기 위해 페니 마셜(Penny Marshall)의 <그들만의 리그(*A League of their Own*)>를 검토한다.

제8장 「문화이론과 대중영화」에서 앤디 윌리스(Andy Willis)는 문화 연구의 전개과정을 살펴보면서 그것이 대중영화를 재고하는 데 얼마나 유용한지를 논의한다. 그 과정에서 리처드 호가트(Richard Hoggart), 레이먼드 윌리엄스, E. P. 톰슨(E. P. Thompson)과 관련 있는 초기의 '문화주의적'인 접근들을 거론하고, 버밍햄 대학의 현대문화연구소의 작업을 살펴본다. 스크린 이론과의 관계 속에서 전개된 이 작업은 대중적인 것에 대해 완전히 다른 개념을 주장하는데, 이 책의 서문에서 논의했던 스튜어트 홀의 작업이 그 예다.

이 책의 필자들은 이와 같은 방식의 접근에 공감하고 있다. 그리고 여타의 방법들이 순수한 응시를 정당화하면서 대중적인 취향과 형식을 부적절하고 위험한 것으로 치부하는 것과는 달리 대안적인 방법을 제공한다고 주장한다. 그러나 오늘날의 문화 연구는 관객과 텍스트의 관계에 대해 좀더 만족스러운 설명을 제공하고는 있지만 관객에게만 집중하기에 문화가 생산되는 조건들에는 관심을 두지 않는다는 비난을 받아왔다. 이에 대한 확실한 증거들이 있지만, 대중매체에 대한 문화 연구의 많은 작업들은 이러한 비판에서 비켜 서 있다. 젠킨스가 그 경우인데, 그는 『텍스트의 침입자(*Textual Poachers*)』에서 팬 문화에 관해 다음과 같이 언급한다.

> 나에게 관객의 행위에 대한 관심은 미디어 소유권에 대한 정치경제학적 작업과 완벽히 일치하는 것으로, 불균형한 힘의 두 측면을 보여준다. 팬 문화는 텔레비전 프로에 감정을 강하게 투여하지만 방송망을 직접 통제할 수 없는 팬들이 그런 자신의 처지에 반응하는 것으로 이해할 수 있다.[25]

젠킨스의 작업은 여러 가지 점에서 문화연구 분야의 작업을 두드러지게 발전시켰다.

홀의 '부호화와 해독(encoding and decoding)' 모델(제8장 참조)에 대한 젠킨스의 비판은 많은 예리한 설명들을 제공한다. 젠킨스는 적극적인 해독만이 대항적이라는 홀의 생각에 이의를 제기하면서 제도와 수용자의 관계가 변하는 과정을 부호화·해독 모델이 간과하고 있다고 주장한다.

> 관객의 반응에 대한 어떠한 공시적인 기록도 텍스트와 관객의 끊임없는 변화를 제대로 설명하지 못한다. 때문에 민족지학적인 통시적 글쓰기 양식이 요구된다. 그러한 글쓰기 양식은 관객들이 텍스트의 이데올로기에 동조하거나 거부하면서 방송의 내용에 관해 그들 자신의 관심사를 표명하는 과정을 시간적으로 추적한다.[26]

실제로 이 작업이 이루어낸 한 가지 성과는, 관객들이 어떤 텍스트나 특정한 텍스트들에 많은 시간과 노력을 들인다는 점을 인식하

---

25) Henry Jenkins, "'It's not a Fairy Tale Anymore': Gender, Genre, Beauty and the Beast," *The Journal of Film and Video*, 43:1&2, spring/summer, 1991, pp.91-92.
26) Ibid., p.92.

게 되었다는 것이다. 이는 관객들이 반드시 대항적 독해를 한다는
것이 아니라 그같은 투자로 인해 그들이 수동적이 되지 않는다는 것
을 뜻한다. 예컨대 팬들은 잡지와 인터넷에서 실제로 그들이 좋아하
는 텍스트에 대한 반응을 서로 능동적으로 교환한다.

관객들은 특정 미디어를 능동적으로 전유하지만 그렇다고 해서
1970년대의 많은 문화이론가들이 주장했던 것처럼 지배적인 미디어
를 거부하는 것은 아니다. 젠킨스는 다음과 같이 주장한다.

 팬들은 그들이 이용할 수 있는 전체 텍스트에서 미디어 생산물들을 선택
해왔다. 이는 분명 팬들이 그러한 생산물들을 자신들의 문화적 관심사와 사
회적 참여의사를 표현해줄 수 있는 잠재적인 수단으로 보기 때문이다. 텍스
트의 이데올로기적 구조와 팬들의 이데올로기적인 참여는 항상 어느 정도
일치한다. 그래서 팬들이 읽어낸 의미와 원래의 작품을 비평적으로 분석하
여 찾아낸 의미는 어느 정도 밀접한 관계가 있다.[27]

결론적으로 젠킨스는 대중적인 텍스트가 모두 보수적이거나 똑같
다고는 생각하지 않는다.

그의 작업이 지닌 또 다른 장점은 비평가를 팬으로 보는 특별한 착
상이다. 이러한 태도는 대중적 형식을 무비판적으로 칭찬한다는 비난
을 자주 받아왔지만 그의 작업은 그렇지 않다. 그는 대중적인 것을 무
조건 옹호하지도 않았으며 대중문화가 권력의 조건 내에서 작동한다
는 것을 알고 있었다. 확실히 어떤 이들은 대중적인 것을 무비판적으
로 찬양하곤 한다.[28] 이에 반해 젠킨스는 대중문화가 좋아서 그것을

27) Henry Jenkins, *Textual Poachers: Television Fans and Participatory Culture*, New York: Routledge, 1992, p.34.
28) 존 피스크와 같은 이의 작업이 보여주는 이러한 경향은 다음의 글에서 비판되고 있다.
 Meaghan Morris, "Banality in Cultural Studies" in Patricia Mellencamp(ed.), *Logics of Televsion: essays in Cultural Criticism*, Bloomington: Indiana University

연구하게 된 새로운 세대의 비평가를 대표한다. 대중적 형식들에 대한 투자와 관여가 반드시 대중적인 것에 대한 무비판적인 칭찬으로 귀결되는 것은 아니다. 오히려 그로 인해 대중적인 형식을 더욱 잘 분석할 수 있게 된다. 그러한 형태의 투자는 대중적 형식이나 실천이 제공하는 쾌락을 단순히 거부하거나 칭찬하기보다는, 더 비판적으로 이해할 수 있게 해줄 뿐만 아니라 그 과정에서 대중적인 형식들과 문화적 정체성을 새롭게 사고할 수 있게 해줄 것이다. 또한 그렇게 형성된 지식 덕택에 대중적인 형식과 실천들의 역사적인 경향과 변화를 좀더 예민하게 감지할 수 있게 될 것이다. 예를 들어, 단지 몇 편의 영화를 보고 하나의 장르에 대한 해설을 쓰는 것은 장르 연구에서 일반적인 일이다. 그 결과, 관습적인 것을 혁신적인 것으로, 혁신적인 것을 단순히 관습적인 것으로 오해하는 실수를 흔히 발견할 수 있게 된다.[29] 항상 그런 것은 아니었지만(예컨대, 1970년대에 서부영화에 대해 글을 쓴 많은 사람들은 이 장르의 열렬한 소비자들이었다) 많은 비평가들은 비판적인 거리를 유지해야 할 필요를 느껴 그들 자신의 쾌락을 거부하고 강단비평이라는 반대입장에서 논의해왔다.

　단지 비평가 또한 팬이라는 이유로 가치평가를 포기해야 할 필요는 없다. 대중적인 것을 거부하기보다는 새로운 형태의 문화정치학에 입각하여 대중적인 것 속에서 차이를 구별할 필요가 있다는 뜻이다. 결론적으로 젠킨스의 작업은 문화 연구의 세대 이동, 또는 레이먼드 윌리엄스가 새로운 '감정구조(structure of feeling)'라고 칭했던 것을 보여준다.[30]

Press, 1990.

29) 예컨대 <블레이드 러너>와 <에일리언>에 관한 글은 다음의 책에 실려 있다. Annette Kuhn, *Alien Zone: Cultural Theory and Contemporary Science Fiction Cinema*, London: Verso, 1990.

30) Raymond Williams, *The Long Revolution*, Harmondsworth: Penguin, 1965, pp.64-88.

왜
대중영화인가

차례

Approaches to popular film

제 **1** 장
대중문화이론과 정치경제 | 조안 홀로우즈

1930년대에서 1950년대 후반에 걸쳐, 미국의 지식인들은 문화의 산업화를 분석했다. 그들은 문화 형식이 생산되고 소비되는 것에 주의를 기울였는데 그들에 따르면, 문화 형식은 이제 상업적인 관심에 지배당하는 경제적·산업적인 활동이 되었고, 또 문화의 산업화는 음흉한 대중문화와 '소비자 대중'을 초래하는 문화적 쇠퇴의 한 과정이 되었다. 이들 지식인들에게 대중문화와 대중은 미학적 규범뿐만 아니라 정치적인 삶마저도 위협하는 것이었다. 여기서 대중영화는 종종 대중문화의 전형적인 예로 사용되었다. 영화는 애초부터 테크놀러지와 기계 복제의 산물이었고, 산업적 생산체제와 대량 배급체제에 뿌리를 두고 있었기 때문이다.

1950년대 이래 이들 지식인들의 작업은 여러 측면에서 비난을 받아왔지만 또한 문화에 대한 당대의 정치경제학적 작업의 기반을 닦았다. 그러나 문화에 대한 정치경제학적 작업 역시 이들 지식인들에 대해서 매우 비판적이었다. 다시 말해 대중에 대한 그 지식인들의 주장에 대해, 그리고 '고급문화'와 아방가르드에 특권을 부여하는 것에 대해 시비를 거는 것이다. 그러나 이들 지식인들과 마찬가지로 정치경제학적 작업 역시 대중영화가 산업적·경제적 과정의 산물이라고 주장한다. 즉 그 과정에서 영화의 내용과 형식, 그리고 관객의 소비형태가 나름대로 형성된다는 것이다. 이러한 접근은 현대영화 연구에 반하는 것으로, 오늘날의 영화 연구는 영화 텍스트의 분석을 무엇보다 중요시하면서 경제적 맥락에 대한 논의는 환원적인 것으로 간주한다.

대중문화 논쟁

'대중매체와 문화의 관련성'[1]은 전후세대의 미국 지식인들에게 중요한 쟁점이 되었다. 대중문화에 관한 논의에는 정치학, 경제학, 심리학, 사회학, 문학과 예술비평 등의 저술가들이 참여했다. 이처럼 문화에 복합적으로 접근했던 것은 당대의 문화 연구에 중요한 요소가 되었다. 비록 한동안 커뮤니케이션 연구에서 잊혀지긴 했지만 말이다.

많은 대중문화 비판가들은 미국의 급진적 좌파 출신이다. 그러나 '근대 이전의 잃어버린 낙원'[2]에 대한 그들의 향수는 19세기 보수주의자들을 떠올리게 한다. 대중문화 비판가들은 현대사회에서 아무런 희망도 찾지 못했고, 전통 사회와 비판적으로 비교했다. 그들은 과거 소규모의 공동체를 매우 바람직한 '이상'으로 취급하면서, 오늘날 꼴사나울 정도의 대량생산 및 도시생활과 비교했다. 대중문화 비판가들이 제공할 수 있었던 유일한 희망은 '과거로 돌아가는 것'이었다. 미국의 급진주의자들이 모더니티의 희망 속에 간직하고 있었던

---

1) B. Rosenberg & D. Manning White, *Mass Culture: The Popular Arts in America*, New York: Free Press, 1957, p.v.

2) M. Berman, *All that is Solid Melts into Air: The Experience of Modernity*, London: Verso, 1983, p.15.

믿음이 혼들리게 된 것은 마르크스주의에 대한 신념을 상실한 데서
비롯된다. 그들은 정치적으로 의식 있는 노동계급이 들고 일어나 현
실을 보다 좋게 변화시킬 것이라고는 더 이상 믿지 않았다. 마르크
스가 모더니티에서 모순적인 전망을 보았던 것과는 달리, 미국의 많
은 급진주의자들은 자본주의가 20세기 중반에 그 자체의 많은 모순
들을 극복했다고 주장했다. 미국에서 사회주의는 노동계급을 결집하
는 데 실패했다고 비관적으로 지적하고, 미국의 계급갈등은 오직 그
러한 계급갈등이 없었다는 사실로 인해 주목할 만하다고 주장했다.

대중문화 비판가들이 마르크스주의 신념을 상실한 것은 미국의
노동계급이 사실상 사라졌다는 믿음과 맞아떨어진다. 정치적으로 위
험한 대중이 그 자리를 대신하고 민주주의를 위협하게 되었다는 것
이다. 그들은 민주주의란 분별 있는 개인들로 이루어진 사회에서만
가능하고, 무지한 대중이 지배하는 사회에서는 실패할 것이라는 19
세기 보수주의자들의 주장을 반복했다. 산업화와 도시화가 이루어짐
에 따라 사람들은 그들의 뿌리와 전통적인 가족의 유대로부터 떨어
져 나온다는 것이 대중문화 비판가들의 주장이다. 도시의 대중 속에
서 사람들은 위협적인 선전에 쉽사리 매혹당한다. 미국의 급진주의
자들은 스탈린(Stalin)이나 히틀러(Hitler)와 같은 유럽 독재자들이 성
공한 것은 대중문화의 파급으로 인한 피할 수 없는 끔찍한 결과라고
주장한다. 유럽은 미국의 미래를 보여주는 악몽이었다는 것이다. 그
들의 유일한 희망은 대중문화가 미국에서 봉쇄되는 것이다.[3]

자유주의자들은 대중문화가 문화의 민주주의를 유발할 것이라고
주장한 반면, 대중문화 비판가들은 미디어가 문화의 계층화를 위협
한다고 보았다. 이들 비판가들은 문화적 민주주의가 도래하면 지식

---

3) 다음의 책을 보라.
   Andrew Ross, *No Respect: Intellectuals and Popular Culture*, New York: Routledge, 1989.

인들이 대중들에게 고급문화를 제공해주게 될 것이라는 이상을 믿고 있었다. 그러나 그들이 실제로 주장하는 것은 대중은 지식인이 처방해준 전통문화라는 식이요법보다는 영화나 방송과 같은 새로운 형식을 더 좋아하게 되어 있다는 것이었다. 대중문화 비판가들은 문화적 권위를 상실한 데 대한 반응으로 문화적 삶에서 자신들이 소수로 전락한 것을 하나의 자산으로 뒤바꾸었다. '국외자'로서 그들은 오염된 대중문화로부터 안전할 수 있고 자신들 문화의 순수성을 유지할 수 있었다. 사실상, 대중의 취향이 타락했다는 생각은 이들 비판가들의 사회적 위치를 정당화하는 데 필수적인 것이었다. 지식인들은 대중의 취향을 미학적으로나 정치적으로 위험한 것이라고 제시하면서, 문화를 구분하여 자신들의 사회적 권위를 정당화하고 유지했던 것이다. 그런 맥락에서 그들은 자신들의 문화적 취향을 현대사회를 구원할 수 있는 유일한 희망으로 제시했다.

급진적 비판가들이 제안한 대중사회 모델은 전후 자유주의자들이 내세웠던 미국사회에 대한 대안적 견해에 도전했다. 비록 많은 수의 미국 지식인들이 계급사회 모델을 거부해왔지만 많은 자유주의자들은 계급이 사라짐으로써, 대중의 지배로 귀착된다기보다는 오히려 개인이 자유롭게 되리라 믿었다. 이들에게 자유주의적인 다원론은 전적으로 민주사회에 대한 이상 모델로 실현되었거나 아니면 여전히 실현될 수 있는 것이었다.[4] 자유주의적 지식인들의 주장에 의하면 대중매체는 문화적·정치적 민주주의에 있어 잠재적으로 긍정적 힘을 지니고 있다. 그것들은 사회화의 동인(agent)으로 작용했으며, 자유와 선택의 여지를 증가시켰다. 또한 그들은 대중문화 비판이 미국사회와 문화에는 적용될 수 없는 유럽의 모델에 기반하고 있다고 주장했다. 그럼으로써 '미국은 예외'라는 주장을 거듭했다. 즉 미국

---

4) Ibid., p.42.

사회와 문화는 타락한 유럽 사회로부터 단절되어 있다는 주장으로, 미국은 계급의 구별이나 '구 세계' 유럽의 특징인 권력의 집중 때문에 곤란을 겪지 않는다는 것이다.

아도르노와 호르크하이머: 할리우드의 유럽 지식인

할리우드로 망명했던 독일의 마르크스주의자 집단은 대중문화 논쟁에서 중요한 역할을 했다. 실제로 1940년대와 1950년대 미국에서 이루어진 대부분의 연구는 프랑크푸르트 학파의 '비관적인 테제'에 의지하거나 그것에 대한 대응으로 이루어진 것이다.[5] 당대의 영화이론과 미디어 이론에 끼친 프랑크푸르트 학파의 영향은 아직도 인정받고 있는 실정임에 반해 미국의 대중문화 비판가들의 작업은 단순하고 엘리트주의적인 것으로 치부되어왔다. 하지만 다소 놀랍게도 이러한 두 경향은 많은 공통점을 갖고 있다.

프랑크푸르트 학파의 대중문화 분석은 얼마간 비역사적인 경향을 보여준다. 하지만 그들이 대중문화를 거부한 것은 나름대로 역사적 맥락을 지니고 있었기 때문이다. 프랑크푸르트 학파의 의제는 바이마르 시대에 나타났던 독일의 미국화와 '기술 숭배'에 대한 반응으로 형성되었으며, 또한 파시즘의 대두와 관련이 있다.[6] 주로 유태계 마르크스주의자들로 이루어진 프랑크푸르트 학파의 사회연구소는 1930년대에 독일을 피해 로스앤젤레스로 옮겨갔다. 이곳에서 멤버들은 깊은 문화적 충격을 경험했는데 이 과정에서 대중문화 비평에 매우 적극적이었던 사람은 테오도르 아도르노(Theodor Adorno)와 마

---

5) David Morley, *Television, Audiences and Cultural Studies*, London: Routledge, 1992, p.42.
6) 다음의 책을 보라.
   A. Huyssen, "Introduction to Adorno," *New German Critique*, 6(4), 1975.

르크스 호르크하이머(Marx Horkheimer) 두 사람이었다. 이들은 "문화적 삶을 보존한다는 식의 고풍스러운 편견을 고수하면서 자신들만의 게토(ghetto) 속에 칩거했다."[7] 독일에서 안전한 거리를 두고 미국의 대중문화를 비판해왔던 그들은 대중문화를 직접 관찰하여 자신들의 비판을 가다듬으려 하지 않았다. 아도르노와 호르크하이머가 유럽에서 경험한 바를 생각해보면, 파시즘이 유지될 수 있는 조건들을 미국의 대중문화를 통해 조사하려 한 것이나 미국에서 많은 끔찍한 경우들을 발견하려 했다는 것은 그리 놀라운 일이 아니다. 또한 유럽의 아방가르드가 지닌 가치에 몰두했던 터라, 그들이 목도했던 대중문화의 미학적 빈곤함을 정치적 위험과 연결시킨 것도 놀라운 일이 아니다.

1944년에 출판된 「문화산업: 대중기만으로서의 계몽(The Culture Industry: Enlightenment as Mass Deception)」이라는 글에서 아도르노와 호르크하이머는 대중문화에 대한 그들의 비판을 개괄한다. 그 비판은 그들의 더 넓은 이론적 틀과 관련해서 이해할 필요가 있다. 그들은 계몽의 기획이 제시했던 해방의 약속이 아직 이루어지지 않았다는 비관적인 논제를 표명한다. 그들은 특히, 비록 과학적인 합리성이 미신과 전통적 형태의 권위로부터 세계를 해방시켰지만 그것이 새롭고 더 강력한 지배 기제가 되었다고 주장했다. 게다가 이러한 지배는 과학적 이성이 자본주의 경제와 통합하면서 강화되었다는 것이다. 그들은 "테크놀러지가 사회에 대한 지배력을 획득하는 기반은 경제적 지배력을 가진 사람들의 힘"[8]이라고 주장했다.

---

7) M. Davis, *City of Quartz: Excavating the Future in Postmodern Los Angeles*, London: Verso, 1990, p.47.

8) Theodor Adorno & Marx Horkheimer, "The Culture Industry: Enlightenment as Mass Deception" in J. Curran et al(eds.), *Mass Communication and Society*, London: Edward Arnold, 1977, p.350.

아도르노와 호르크하이머는 자본주의의 사회적 관계 속에 통합되었던 문화산업이 이제는 그 사회적 관계들을 통합하게 되었다고 믿었다. 그들에 따르면, 경제적으로 비교적 약한 문화산업은 더 강력한 산업에 의존하고 있다는 것이다. 예를 들어, 심지어 할리우드 스튜디오 시스템조차도 은행과 전기산업을 필요로 했는데 그 과정에서 스튜디오는 더욱 넓은 통제 시스템에 통합되었던 것이다. 이와 유사하게 스튜디오 시스템은 그 안에서 일하는 사람들과 그 제품의 소비자 모두를 통제한다. 아도르노와 호르크하이머가 주장하기를, 피고용인들은 애당초 할리우드에서 일하고자 했기 때문에 영화의 산업적 가치를 이미 받아들이고 있다는 것이다. 마찬가지로 "문화산업을 좋아하는 대중들의 태도는 문화산업 시스템을 구성하는 하나의 요소로 보아야지 대중들이 좋아하기 때문에 문화산업이 생겨났다고 보아서는 안된다는 것이다."[9]

이런 식으로 아도르노와 호르크하이머는 합리화된 기술사회의 논리는 우리들 삶의 모든 측면에 침투하여 우리를 지배하고 통제하고 조작한다고 주장했다. 독일 비평가들이 절망 상태에 빠진 것은 바로 그러한 통제의 범위 때문이었던 것이다. 마르크스의 예견에도 불구하고, 자본주의는 '붕괴되지 않았다.' 더 나아가, 아도르노와 호르크하이머의 주장에 따르면 유토피아적인 미래를 능동적으로 만들어내리라 여겨졌던 노동계급은 파시스트 정권의 지배를 마조히스트적으로 소망하는 수동적인 대중으로 퇴화해버렸다.

아도르노와 호르크하이머가 펼친 상당히 추상적인 이론은 미국의 대중문화를 이해하는 통로가 되었다. 그러나 그들 주장의 골자는 급진적이거나 보수적인 여타의 대중문화 비판가들과 일치했다. 다른 비판가들처럼 프랑크푸르트 학파도 문화의 산업화가 문화를 상품으

---

9) Ibid.

로 변형시켰다고 주장했다. 문화의 유일한 가치는 이윤을 창출하여 자본주의체제를 유지시키는 데 있게 되었다는 것이다. 그 과정에서 과거의 '민속문화'나 '민중문화' 그리고 대부분의 예술은 문화산업 으로 대체되었다. 그러한 형식의 특징이었던 개인성의 표식은 "문화 가 이제 모든 것에 똑같은 도장을 찍게 됨"에 따라 지워졌다.10)

아도르노와 호르크하이머는, 규격화된 생산과 소비라는 문화산업 의 특징은 모든 자본주의적인 산업들과 마찬가지로 대량의 재생산 과 대량의 분배과정에 기반을 둔 결과라고 주장한다. 예컨대 할리우 드 스튜디오 시스템에서 영화는 조립 라인 기술을 사용해 대량으로 생산되는데, 이는 자동차와 같은 여타의 상품들과 비슷한 방식이라 는 것이다. "모든 영화는 기본적으로 동일하며 그렇기 때문에 전적 으로 예측이 가능하다. 영화가 시작하자마자, 어떻게 끝날 것인지, 누가 상을 받고, 누가 벌을 받을지, 누가 잊혀질 것인지가 금방 드러 난다."11) 또한 이들 비판가들은 대량생산 시스템에는 '규모의 경제' 가 작용할 뿐만 아니라, 규격화로 인해 이윤이 보장된다고 주장했다. 성공적인 공식을 발견하면 스튜디오는 그것에 고정되고 이것은 다 시 관객을 순응적으로 만든다. 무엇을 기대해야 할지를 교육받게 되 고 그리하여 계속 같은 것을 얻게 되는 것이다. 이는 다시 생산과정 에 그대로 적용된다. 요컨대 뭔가 다른 것을 생산하는 것은 너무 위 험하고 그래서 "항상 같은 것만이 재생산된다"는 것이다.12)

그러나 프랑크푸르트 학파 비판가들이 주장했듯이, 영화는 달라져 야 하고 그래야 더 많은 것을 원하도록 관객을 설득할 수 있게 된다. 이 비판가들은 이러한 달라짐이 착각이며, 마케팅과 배급의 산물이 라고 믿는다. 영화나 관객들을 차별화하는 것이 마케팅과 배급의 역

10) Ibid., p.349
11) Ibid., p.353
12) Ibid., p.359

할이며, 그 역할은 생산물들을 구분하고 관객들을 나누는 것이라는
것이다. 마케팅 과정은 '소비자를 분류하고, 조직'하는 것과 관련이
있는데 이런 식으로 소비자는 통제된다.13) 이런 식으로, 예컨대 뮤지
컬 팬은 가장 최신 영화를 보기 위해 돈을 지불하게 되는 것이다. 이
것은 또한 관객 자신들이 마케팅 과정에 통제당하는 게 아니라 자신
만의 고유한 취향을 표현한다고 믿도록 동기를 부여해준다. 아도르
노와 호르크하이머에게 스타 시스템은 이와 유사하게 작동한다. 스
타는 '예일 자물쇠(Yale Lock)'처럼 거의 똑같이 대량으로 생산된
다.14) 그러므로 소비자가 아놀드 슈워제네거(Arnold Schwarzeneg-
ger)보다 멜 깁슨(Mel Gibson)을 더 좋아하는 경우, 그들은 단순히
'가짜ー차이'에 반응하고 있는 것이다. 그런데도 그들은 그 차이 때
문에 자신이 개인적인 취향을 가지고 있다고 착각한다.

　아도르노와 호르크하이머의 주장에 따르면, 대중은 영화에 천편일
률적으로 반응한다. 할리우드 영화는 복잡하지 않아 개인적인 해석
을 할 만한 여지를 충분히 주지 않는다는 것이다. 대신에 '모든 반응
을 미리 규정하는 바' 관객은 기계적으로 수동적인 반응을 한다.15)
아도르노는 "문화산업의 이데올로기가 지닌 힘은 관객이 이처럼 자
각능력을 잃고 순응적으로 된다는 데 있다"고 본다.16) 그 결과 영화
는 사람들로 하여금 권위에 복종하고 따르도록 한다고 주장했다. 아
도르노와 호르크하이머는 영화가 이처럼 전체주의적인 사회가 필요
로 하는 조건들을 만들어내기 때문에, 정치적으로 위험한 것이라고
주장했던 것이다. 만화주인공 도널드 덕(Donald Duck)조차도 이러한

---

13) Ibid., p.351
14) Ibid., p.354
15) Ibid., p.361
16) Theodor Adorno, "Culture Industry Reconsidered," *New German Critique*, 6(4),
　　1975, p.17.

과정에 연루되어 있다. 영화에서 도널드가 얻어맞는 것을 보며 우리
는 자신이 혼나고 있다고 생각한다. 또한 아도르노와 호르크하이머
는 영화기술이 점차 정교해짐에 따라 영화와 실제 삶을 구별하기 힘
들어지는 것을 우려했다. 영화가 실제로는 단지 구성된 것일 뿐이지
만 그 사실이 숨겨지는 것은 영화의 허구적인 리얼리즘 때문이라는
것이다.

　이러한 입장은 미디어 효과에 대한 '피하 주사기(hypodermic sy-
ringe)' 모델을 연상시키는데, 그 모델에 따르면 부정적인 메시지를
수동적인 관객에게 주입한다는 것이다. 이러한 모델은 미디어 효과
에 대한 초기 연구에 널리 받아들여졌다. 예외는 1940년대와 1950
년대의 자유주의적인 이론가들로, 그들은 생산이 규격화되었다고 해
서 관객의 반응 또한 반드시 규격화되는 것은 아니라고 주장했다.
그보다는 각 개인은 볼 것과 보는 방법을 능동적으로 선택한다고 주
장했다. 즉 관객은 자신의 독특한 필요와 관심에 따라 선택한다는
것이다. 비록 피하 주사기 모델이 메시지의 작용을 너무 단순화한다
는 의심을 받았고, 관객에 대한 견해에서 무척이나 잘난척했지만 그
것은 여전히 오늘날 미디어에 관한 상식의 기반이 되고 있다. 예를
들어, 불량 비디오와 포르노그라피를 거부하는 캠페인은 사람들이
환상과 현실을 구별하지 못하고, 매체의 자극에 수동적으로 반응한
다고 생각한다. 페미니스트의 슬로건에서 볼 수 있는 "포르노는 이
론이고, 강간은 실천이다"가 그 경우이다.

　아도르노와 호르크하이머는 문화산업의 전일적인 통제를 벗어날
수 있는 유일한 길이 아방가르드 예술과 그 예술을 관람하는 것이라
고 주장했다. 아방가르드 예술가들은 자신들의 작품이 상품화되는
것을 거부했고, 그래서 미학적·정치적 자유를 유지했다는 것이다.
예술은 관객을 시스템과 화해시키지 않고, 그 시스템의 모순들을 관

객에게 보여준다. 아도르노와 호르크하이머를 비롯한 '계몽된 아웃사이더' 관객들은 쉽게 소모되기를 거부하는 예술작품의 의미를 찾기 위해 싸울 준비가 되어 있었다. 이런 식으로 아도르노와 호르크하이머는 자신들의 취향을 '정치적으로 옳은 것으로' 그리고 대중의 취향을 위험한 것으로 정당화했다. 그러면서 그들은 스스로에게 국외자의 명성을 부여했는데, 그들의 주장에 따르면 그 명성이란 오도된 대중이 규격화된 작품들 사이에서 찾고 있는 바로 그것이다. 그들은 이렇게 주장한다.

> 사람들은 ≪라이프(*Life*)≫ 지나 ≪타임(*Time*)≫ 지를 구독해야만 하는 것처럼 <미니버 부인(*Mrs. Miniver*)>을 보았어야만 했다. … 그 어느 것도 고유한 가치를 지니지 않고 오직 교환될 수 있을 때만 가치를 지닌다. … 작품의 사회적 등급이 작품의 사용가치가 된다.[17]

아도르노와 호르크하이머가 생각하지 못한 것은 아방가르드가 문화적 엘리트와 대중을 구분하는 사회적 등급으로 사용될 수 있고 사용된다는 것이다.

아도르노와 호르크하이머 분석에서 좋은 영화가 존재할 수 있는 자리는 없다. 영화는 문화산업의 일부이며, 따라서 영화의 미학은 하나의 이데올로기적 목적, 즉 관객을 소비자로 재생산하려는 목적을 지닌다. 어떤 대안적인 영화를 제작할 여지가 없다. 게다가 영화는 대량생산과 대량배급에 뿌리를 두고 있기 때문에 이데올로기적이며 경제적인 지배를 유지시켜준다고 믿었다. 테크놀러지가 정교해질수록 스펙터클은 강화되고, 그럴수록 영화는 관객을 더욱 지배하게 된다. 이러한 주장은 기술적으로 가장 혁신적이고 많은 예산이 들어간 스펙터클 영화가 정치적으로 가장 위험하다는 생각을 아직도 몇몇

---

17) Ibid., p.377.

의 좌파 비평가들이 고수하는 이유를 뒷받침해준다. 이러한 시각에
서 <터미네이터(*Terminator*) 2)>와 같은 영화는 그 내용이 자본주의
산업이 점점 더 기술적인 통제를 하는 것을 비판하는 것임에도 불구
하고, 미학적으로 그리고 정치적으로 부패한 영화라고 평가되었다.
1960년대 중반에 아도르노는 입장을 바꾸어 고의로 결점을 드러내
는 조잡한 기술의 영화가 미학적으로 장점을 지닌 영화가 될 수도
있음을 내비쳤는데[18] 이런 식으로 유럽의 몇몇 아방가르드 영화는
정당화될 수 있었다.

드와이트 맥도널드: 대중문화 비판가로서 영화 비평가

소련이 스탈린 치하에서 저질렀던 일이 드러나게 됨에 따라 많은
이들이 마르크스주의 미몽에서 벗어나게 되었지만, 드와이트 맥도널
드(Dwight MacDonald), 클레멘트 그린버그(Clement Greenberg), 어빙
휴이(Irving Howewere)와 같은 미국의 급진주의자들은 아도르노와
호르크하이머의 비판으로부터 영향을 받았다. 그들은 프랑크푸르트
학파의 핵심적인 주장을 되풀이했을 뿐만 아니라 미국의 역사와 문
화에 그 주장을 적용했다.
아도르노와 호르크하이머의 분석은 매우 추상적인 것으로 대중문
화를 꼼꼼히 다루지 않은 채 시작되었다. 그러나 미국 내의 많은 급
진적 대중문화 비판가들은 미국인의 변화된 문화적 삶과 새로운 형
식의 대중문화를 면밀히 다루는 것에서부터 시작했다. 예를 들어 맥
도널드는 영화 비평가로 활동하면서 대중문화를 비판하게 되었다.
그는 대중영화와 아방가르드 영화를 잘 알고 있던 터라 영화형식과

---

18) 다음의 글을 보라.
　M. Hansen, "Introduction to Adorno, 'Transparencies on Film'"(1966), *New
　German Critique*, 24-25, 1981-1982.

영화역사에 대해 박식한 비평을 할 수 있었던 것이다. 만약 이들 급진주의자들의 비평이 근대화에 대해 보수적인 입장을 취하고 있다면, 그와 같은 반동적이고 엘리트적인 입장은 이미 아도르노와 호르크하이머의 분석에서 나타났던 것들이기도 하다.

　아도르노와 호로크하이머처럼 맥도널드도 자본주의의 산업화 과정이 모든 문화적 형식과 실천들을 섞어버린다고 주장했다. 맥도널드에게 산업화란 문화적 구별들을 지워버리고 문화의 계층화라는 전근대적인 시스템을 없애는 것이었다. 전근대사회에서 문화적 삶은 경제적 행위가 아니었다고 그는 주장한다. 전통적인 고급문화는 후원자들의 지원을 받았고, 예술가들은 자신들의 독특한 개인 스타일을 표현하는 데 자유로웠다. 예술가와 관객은 동일한 가치를 공유하면서 교양 있는 엘리트 공동체를 이루고 있었다. 엘리트가 아닌 사람들에게는 독립된 민속문화가 있었는데 보통 사람들은 자신들의 대중적 취향을 만족시키기 위해 공동체 안에서 민속문화를 생산하고 소비했다. 맥도널드는 이러한 두 가지 문화영역이 병존할 수 있었던 까닭은 민속문화가 자신의 자리를 알고 있었기 때문이었다고 주장했는데, 이러한 구분이 이제는 문화의 산업화에 의해 침식되기에 이르렀다는 것이다. 비록 고급문화가 현대에서도 희미하나마 확고한 입장을 여전히 견지하고 있을지라도 점증하는 '대중문화'의 공격에 직면하게 되었다는 것이다(맥도널드에게 문화라는 말은 이처럼 질이 낮은 대중형식에는 어울리지 않는 너무도 훌륭한 단어이다). 대중문화의 성장은 세 가지 요인에 기인한다. 첫번째, 1750년대 이후로 문화생산과 소비의 경제가 변했다. 문화는 더 이상 후원자의 경제적 지원을 필요로 하지 않는, 자본주의 시장에서 팔리는 상품이 되었다. 이런 상황에서 대중문화는 대중성과 수익성이라는 산업적 가치에 복속되었고, '가장 저급한 공통분모'에 영합하게 되었다. 두번째, '민중'이 자신의 자리를 알았던 것에 반해, 대중은 그렇지 않았다. 대중은 교양이 있었고 교육을 받았지만, 고급문화에 만족하지 않았다. 그들은 자신들의 문화를 요구했고, 산업은 이들에게 대중문화를 주었다. 끝으로 문화의 산업화는, 조립 라인 기술을 이용해 문화를 대량으로 생산하는 것을 의미한다고 맥도널드는 주장했다. 결과적으로 대중문화는 동질화되고 규격화된 것이다.

아도르노와 호르크하이머처럼 맥도널드도 산업사회에서 문화생산은 위에서 떠맡겨지는 형태로 이루어진다고 믿었다. 대중문화는 "사업가가 고용한 기술자들에 의해 만들어진다"는 것이다.[19] 맥도널드에게 대중문화는 단순히 보잘것없는 예술이 아니었다. 그에 따르면, 대중문화는

> 이론상 좋은 것이 될 수 없다. 18세기까지 나쁜 예술은 좋은 예술과 동일한 본성을 지녔고, 동일한 수용자를 위해 생산되었으며, 동일한 기준들을 수용하고 있었다. 차이라고는 단순히 개인의 재능이었다. 그러나 대중문화는 좀 다른 것이다. 그것은 단순히 실패한 예술이 아니다. 그것은 비예술, 심지어 반예술이다.[20]

맥도널드는, 구조적으로 대중문화는 무시무시한 것이 될 운명을 타고났으며, 또 혁신이 아닌 반복, 질이 아닌 양을 중시한다고 주장했다. 이것은 대중영화에 대한 그의 분석에 잘 나타나 있다. 많은 관객이 보고, 그래서 이익을 크게 남기는 거대예산의 영화는 영화산업에서 가치가 있는 것으로 평가된다. 맥도널드의 주장에 따르면, 할리우드는 이전의 성공을 계속 반복해줄 공식을 확립함으로써 이익을 보장하려 애쓴다. 예를 들어, 박스오피스에서 히트를 친 <사운드 오

---

19) Dwight MacDonald, *Against the American Grain*, London: Victor Gollanz, 1963, p.14.
20) Ibid., p.4.

브 뮤직(*The Sound of Music*)>은 두 가지 방법으로 대중성과 수익성을 약속했다. 첫번째, 이 작품은 반복 시험된 확실한 구성 요소들, 즉 '수녀들' '아이들' '가족 드라마' 'TV 스타일' '나치' '잘츠부르크'를 지니고 있었다. 두번째, 이 작품은

> 소비자를 세 번 테스트한 특성을 반복했다. <아버지와 함께 한 삶(*Life with Father*)>은 불쌍한 아빠, 영리한 엄마라는 테마를 최초로 이용한 음악이 있는 연극이었는데, 로저스와 햄머스테인은 <왕과 나(*The King and I*)>에서 그 테마를 성공리에 태국으로 옮겨놓았고, 그것은 다시 <사운드 오브 뮤직>의 스테이지 버전이 되었다.[21]

그는 대중들이 이런 상투적인 영화에 행복해한다고 주장했는데, 대중들은 "대량으로 재생산된 싸구려 작품에 만족"할 뿐 아니라 작품을 완전히 예측할 수 있고, "쉽게 소비할 수 있어" 편안함을 느낀다는 것이다.[22]

또한 공식을 따르는 영화는 스튜디오 시스템의 대량생산 기술을 이용하므로 만들기 쉽고, '장르'로서 시장에 내놓기도 쉽다. 결국 맥도널드의 주장은, 동일한 장르의 영화는 모두 같다는 것뿐만 아니라 나아가 할리우드의 영화들이 모두 똑같다는 것을 말해주고 있다. 그러나 맥도널드는 여기에 모순이 있음을 깨닫기 시작한다. "거기에는 하나의 작은 수수께끼가 있다. 어떻게 <사이코(*Psycho*)>와 <사운드 오브 뮤직>이 모두 박스오피스 기록을 세울 수 있을까? … 아마도 두 부류의 대중관객이 있을 것이다. … 그들은 각각 자신들의 취향에 맞는 영화만을 선택한다."[23] 대중영화관객들이 나누어져 있을 것

21) Dwight MacDonald, *Dwight MacDonald on Movies*, Englewood Cliffs, NJ: Prentice Hall, 1969, p.41.
22) Dwight MacDonald, op. cit., 1963, p.29.
23) Dwight MacDonald, op. cit., 1969, p.42

이라는 생각은 작은 수수께끼이기는커녕, 대중문화 비판의 통칙을 위태롭게 하면서 영화산업을 더 잘 이해하게 해주는 중요한 단초를 제공한다.

맥도널드는 표준화의 특징을 관객의 규격화된 반응에서 찾아냈다. 그에 따르면 대중영화는 '내재된 반응'을 유발한다. 그 작품들은 "관객이 스스로 반응하도록 하는 대신, 관객이 어떻게 반응할 것인가를 결정해준다."[24] 이것이 바로 대중영화의 힘으로, 그 힘 때문에 맥도널드조차도 <사운드 오브 뮤직>을 보고 나서 강력한 휴머니티를 느끼게 되었던 것이다.[25] 관객을 압도하는 이런 힘은 문화가 정치적으로 위험하다는 주장과 다시 연결된다. 왜냐하면 대중문화는 사람들을 권위에 복종하도록 훈련시키기 때문이라는 것이다. 맥도널드는 전체주의 국가는 대중을 '집단적 괴물'로 조작한다고 주장했다.[26] 마찬가지로 그와 유사한 경향이 미국문화 내에도 존재한다는 것이다. 소련의 대중문화 형식은 미국의 대중문화보다 "더 나쁘고 파급효과가 더 크다고"[27] 생각될 수도 있는데, 이는 사람들을 상업적으로 이용하기보다는 정치적으로 이용하기 때문에, 그래서 조작을 의도하고 있기 때문에 그런 것이다.

맥도널드는 대중문화가 세계를 장악하게 될 경우 '중간문화', 즉 대중문화와 고급문화가 혼합된 문화를 분간하기가 점점 힘들어지게 될 것이라고 생각한다. 중간문화는 예술로 가장하지만 '대중문화의 기본적인 특징들(공식, 내재된 반응, 오직 대중성만을 기준으로 하고 있는 것')[28]을 지니고 있다. 미국의 경우, 부와 대학교육, 여가시간의

---

24) Dwight MacDonald, op. cit., 1963, p.29.
25) Dwight MacDonald, op. cit., 1969, p.42
26) Dwight MacDonald, op. cit., 1963, p.9.
27) Ibid., p.14.
28) Ibid., p.37.

증가가 예술감상의 증대로 이어지지 않고 중간문화로 귀결되었다. 맥도널드는 중간문화가 중간층의 취향 때문에 만들어졌다고 보았는데, 이들 중간층은 그들의 취향을 통해 대중들과 거리를 두려 했다. 대중문화의 형식적 특징들을 존중했지만, 스스로는 고급예술인 체하였던 것이다. 셰익스피어(Shakespeare) 희곡과 같은 위대한 고전문학을 영화로 만든 것이 명백한 예이겠지만, 맥도널드의 지적에 따르면, 엘리아 카잔(Elia Kazan) 감독의 작품들과 같이 평판이 좋은 '고급' 작품들 또한 그러하다는 것이다.

이 과정에서 중간문화는 고급문화와 그러한 고급문화를 감상하는 관객들을 구별해내야 한다는 주장에 도전했다. 특히 중간문화는 문화적 삶을 법제화하려는 맥도널드와 같은 지식인들의 주장을 위협했다. 앤드루 로스는 프랑스 사회학자 피에르 부르디외에 의거해 "문화적 권력은 취향의 범주들 안에 내재되어 있는 것이 아니라 반대로 취향의 범주를 구분해냄으로써 행사된다"[29]고 주장했다. 지식인들이 지닌 문화적 권력이란 무엇이 본격문화인지, 그리고 "다스리고 단속해야 할 잘못된 문화가 어떤 것인지를 분간해낼 줄 아는 능력에서 나온다"는 것이다.[30] 아도르노와 호르크하이머의 경우처럼 맥도널드에게 오늘날 본격문화는 전통적인 고급문화의 가치와 기준을 유지하고 있는 모더니스트의 아방가르드였다. 아방가르드는 전통적인 고급문화처럼 소수의 세련된 공동체를 형성했는데, 그 멤버들은 비대중성과 주변성으로 구분할 수 있었다.

전통적 예술가들처럼 시장에 물들지 않은 아방가르드 예술가들은 그들 자신의 독특한 스타일을 자유롭게 표현했다. 그들은 자신들의 복잡한 텍스트를 감상하면서 감흥을 개발할 준비를 마친 능동적인

---

29) Andrew Ross, op. cit., 1989, p.61
30) Ibid.

관객을 위해 작품을 만들었다. 길버트 셀데스(Gilbert Seldes)는 맥도
널드에게 답하면서 아방가르드는 시장 속으로 들어가기보다는 시장
의 변두리에 자리잡으려 한다고 주장했다.[31] 또 '지식인들의 반역'
은 '진가를 인정받지 못하는' 예술가들의 역할을 장려하는 것이고
대중적인 취향을 거부하는 것이라고 했다. 실제로 셀데스의 지적에
따르면, 1950년대 할리우드 영화는 지식인들의 정통성을 거부하고
그들을 우스꽝스러운 사람으로 만들어버림으로써 대중의 취향을 이
해하려 하지 않는 지식인들에게 대응했다는 것이다.

  아도르노와 호르크하이머와는 달리 맥도널드는 영화가 본질적으
로 나쁜 것은 아니라고 보았으나, 좋은 영화와 나쁜 영화를 나누기
위해 아방가르드와 대중문화를 구별했다. 맥도널드는 영화가 현대의
위대한 예술형식의 하나가 될 것이라고 믿었으나, 그의 생애 동안
이러한 전망이 이루어지지 않았음을 알게 되었다. 그는 첫번째 중요
한 영화시기, 즉 '고전 무성영화 시기(1908~1929)'에서 많은 칭찬거
리를 발견한다. 그 시기에 그리피스(D. W. Griffith)와 같은 미국인
들, 세르게이 에이젠슈테인(Sergei Eisenstein) 같은 러시아인들, 프리
츠 랑(Fritz Lang)과 같은 독일인들은 개인의 천재성을 보여주는 작
품들을 만들었다. 그러나 두번째 시기, 즉 '초기 혹은 중기 사운드
(1930~1955)' 시기에 영화는 퇴행했다. 감독들은 사운드를 혁신적
으로 사용할 수 없었을 뿐만 아니라 사운드 또한 영화의 감정을 과
장함으로써 '내재된 반응'을 확보하는 데 일조했던 것이다. 그러므
로 아도르노와 호르크하이머처럼 맥도널드도 테크놀러지의 발전을
쇠퇴로 본다.

  이 시기 미국에서는 스튜디오 시스템의 성장과 몰락이 있었다. 스

---

31) Gilbert Seldes, "The People and the Arts," *Mass Culture: the Popular Arts in
  America*.

튜디오 시스템은 생산의 산업적 양식을 장려하고, 개인적인 표현을 거부하는 식으로 작동했다. 맥도널드에 의하면, 이 시기 할리우드에는 단 두 명의 '거장'이 있었는데, 오손 웰스(Orson Welles)와 에른스트 루비치(Ernst Lubitsch)가 그들이다. 세번째 시기, 즉 '두번째 시기 이후 혹은 사운드의 르네상스 시기(1956~)'에 이르러, 당초 영화가 지니고 있었던 가능성이 '발전된 사운드 영화의 미학'으로 다시 실현되었다고 맥도널드는 주장한다.32) 그러나 그는 할리우드에서는 이러한 전망을 거의 발견할 수 없었고, 대신에 '잉마르 베리만(Ingmar Bergman), 페데리코 펠리니(Federico Fellini), 미켈란젤로 안토니오니 (Michelangelo Antonioni), 프랑수아 트뤼포(François Truffaut), 알랭 레네(Alain Resnais), 루이스 부뉴엘(Luis Bunuel), 구로자와(Kurosawa Akira)' 같은 '예술'영화감독들에게서 그 가능성을 발견했다.33)

맥도널드의 작업에 따르면, 좋은 예술영화는 한 사람의 천재나 작가의 산물이다. 몇몇 소수의 관객들만이 그 작품을 보는데 그들은 미학적 약호와 영화의 관습을 알고 있는 사람들이다. 이에 반해 맥도널드는 상업영화를 나쁜 것으로 보았는데 왜냐하면 산업적 체제 속에서 기술자들이 만들어낸 영화이기 때문이다. 그 영화들은 쉬운 오락물을 원하는 관객들에 맞추어 조정되어 있다. 맥도널드에 의하면, 교양 있는 관객은 감독을 기준으로 영화를 고르는데, 그들은 개인의 천재성을 알아보기 때문이다. 대중관객은 스타에 의거해서 영화를 선택한다. 그러나 그 스타는 가공의 규격화된 인물로, 관객에게 허구적인 동일시의 지점을 제공한다. 이런 식으로 맥도널드는 문화적 권력을 지닌 사람들을 선호하는데, 그 사람들은 '어떤 것이 볼 만한 가치가 있는가' 그리고 '그것을 보는 올바른 방법은 무엇인가'를

32) Dwight MacDonald, op. cit., 1969, p.xviii
33) Dwight MacDonald, op. cit., 1963, p.56

알고 있다는 것이다.[34] 부르디외의 저작은 영화를 선택하고 관람하는 방식이 사회적 계층에 따라 항상 다르다는 점을 명확히 해준다.[35] 문화적 권력을 지닌 사람들은 대중적인 형식과 대중관객으로부터 거리를 둠으로써, 그리고 자신들의 문화가 본격적인 것이라고 주장함으로써 그들과 차이를 둔다.

아도르노와 호르크하이머는 자본주의 사회의 경제적 불평등에 관심을 집중함으로써 그들이 대중문화를 혐오한다는 사실을 숨기고 있는데, 그러한 혐오는 교양 있는 부르주아지라는 그들의 특권적인 위치에서 생겨난 것이다. 그러나 맥도널드는 자신이 엘리트임을 그리고 자유주의적인 문화적 민주주의를 거부하고 있음을 인정한다. 비록 자신의 말에 권위를 부여해주는 권력관계를 숨기고 있었더라도 말이다. 그는 '위대한 문화'와 대중을 위한 문화를 동시에 갖는다는 것은 모순이라고 믿었다. 그러면서 그는 소수의 고급문화를 적극적으로 옹호하는 것이 대중문화의 문제를 해결하는 하나의 방법이라고 제시한다.[36]

맥도널드의 작업이 정확하다면 그의 작업을 엘리트적이라고 거부하는 것은, 비록 그렇게 하고 싶겠지만, 현명한 일이 못될 것이다. 그러나 그 시기 동안에 몇몇 비평가들은 고급문화의 형식이 대중문화의 형식과 무조건 대립한다는 생각에 이의를 제기했다. 예를 들어 로버트 워쇼(Robert Warshow)는 영화 장르가 비록 특정한 관습들에 지배되지만, 그것은 왕정복고시대의 코미디와 같은 고급문화의 형식이라고 주장했다.

워쇼는 한 장르에 속한 영화들이 똑같은 관습에 의존하더라도 여

---

34) Pierre Bourdieu, *Distinction: A Social Critique of the Judgement of Taste*, London: Routledge, 1984, p.28.

35) Ibid., p.271.

36) Dwight MacDonald, op. cit., 1963, p.73.

전히 미학적인 장점을 지닐 수 있다고 주장했다. 예컨대 그가 <스카페이스(*Scarface*)>에 관심을 보인 것은, 하워드 혹스(Howard Hawks)가 갱스터 영화의 관습을 사용하는 방식 때문이었다. 워쇼는 할리우드와 예술영화를 구별하기보다는 오히려 창조적이고 정치적으로 진보된 할리우드 영화를 찾아낼 수 있다고 주장했다. 가령 대중영화가 삶에 대한 장밋빛 견해를 제공한다는 대다수 대중문화 비판가들의 주장에 반대하면서, 몇몇 갱스터 영화는 삶의 비극적이고 절망적인 면을 표현함으로써 '반대의 경향'을 보여준다고 주장했다.[37]

최근 들어 많은 비평가들이 이러한 견해를 따르게 되었다. 각각의 장르가 어떻게 기능하는가를 분석해보면, 실상 모든 대중영화가 다 같지는 않다는 것을 알 수 있다. 더군다나 1940~50년대의 멜로드라마와 공포영화를 다루었던 비평가들은 당시 영화들이 현실에 대한 비판을 담고 있음을 발견했다. 대중문화 비판가들이 지지하는 그런 비판이었다. 하지만 어떤 비평가들은 대중문화와 예술 간의 대립을 이용해 특정한 대중적 형식이 다른 대중적 형식보다 더 정당하다고 주장함으로써 현실을 비판하려고 한다. 공포영화가 자본주의의 모순을 폭로한다고 주장하는 로빈 우드(Robin Wood)가 그렇다. 예를 들어, <텍사스 전기톱 살인(*The Texas Chainsaw Massacre*)>은 부르주아의 가족제도가 끔찍하다는 것을 암시하면서, 사람들의 공포가 글자 그대로 타자에 의거하고 있음을 보여준다는 것이다. 우드에게 어떤 공포영화는 '진정한' 예술의 비판정신을 공유하고 있는 '묵시록적인 텍스트'다.[38] 그러나 이를 위해 그는 공포영화를 대중적인 상업영화와 급진적인 영화로 나누어 구분했다. 결과적으로 그는 <오멘(*O-*

---

37) 다음의 책을 보라.

    C. Brookeman, *American Culture and Society since the 1930s*, London: Macmillan, 1984.

38) James Collins, *Uncommon Cultures*, N.Y: Routledge, 1989, p.20.

*men)>*과 같은, 스튜디오에서 제작한 거대예산의 영화보다는 <텍사스 전기톱 살인> 같은 저예산 영화를 특권화하는 경향을 보였다. 캐럴 클로버(Carol Clover)는 공포영화에 대한 최근의 작업에서 유사한 전술을 사용한 바 있다.[39] 그러나 이런 류의 논의는 저예산 영화인 <터미네이터>를 설명할 수는 있지만, 거대예산의 블록버스터인 <터미네이터 2>가 동일한 정치학을 보여주고 있다는 사실을 설명하지는 못한다.

만약 스튜어트 홀이 주장했듯이, 비판가들이 문화산업의 생산물들을 '순전히 조작적이고 저급한 것'으로 보고자 고집한다면, 그것을 소비하는 사람들은 "품위가 없는 사람이거나, 아니면 영원히 허위의식의 상태로 살아가는 사람"[40]으로만 제시될 것이다. 즉 그들은 "문화를 잘 모르는 바보"라는 것이다. 이러한 가정들은 영화이론에 지속적으로 영향을 끼쳤다. 예를 들면, 1970년대의 '스크린 이론'은 대중문화 형식의 이데올로기적인 속성과 관객들의 수동성에 대한 프랑크푸르트 학파의 관심을 공유하면서, 아방가르드 영화를 미학적으로나 정치적으로 구원의 유일한 희망으로 제시했다.[41] 그러나 주디스 윌리엄슨(Judith Williamson)은, '대항적인' 아방가르드 영화는 그 영화들이 거부하고자 하는 부르주아 문화에 의해 가치를 인정받고 있다고 지적한다.[42] 게다가 아방가르드 영화는 주류 상업영화에 대한 반작용으로서 존재하기에, 그 자신이 무너뜨리고자 애쓰는 바로

---

39) Carol Clover, *Men, Women and Chainsaws: Gender in the Modern Horror Film*, London: British Film Institute, 1992.

40) Stuart Hall, "Notes on Deconstruction 'The Popular'" in R. Samuel(ed.), *People's History and Socialist Theory*, London: Routledge, 1981, p.231.

41) P. Brantlinger, *Crusoe's Footsteps: Cultural Studies in Britain and the United States*, New York: Routledge, 1990, p.167.

42) Judith Williamson, "Two Kinds of Otherness," *Deadline at Dawn*, New York: Marion Boyars, 1993.

그 관습들에 의존하고 있다는 것이다.[43]

또한 개인의 독특한 스타일을 표현하는 것이 예술이라고 생각하는 대중문화 비판가들은 자신들의 예술개념이 근대에 이르러 발명된 것이라는 사실을 간과하고 있다. 맥도널드는 오늘날 우리가 예술이라고 일컫는 산업화 이전의 문화형식이 사실상 공동체적 활동의 산물이었다는 점을 인정한다. 그러나 예술이란 무릇 개인의 독특한 스타일의 표현이어야 한다는 생각은 영화 연구에 계속 영향력을 행사하고 있는데, 작가이론이 바로 그것이다.

사소하지만 대중문화 비판이 지닌 또 다른 약점은 맥도널드가 두 부류의 관객이 존재할 수 있다고 언급했을 때 제기되었던 문제이다. 그는 「대중문화와 중간문화(Masscult and Midcult)」라는 글에서 1945년 이후 관객이 '나누어질 수 있게 된 것'을 낙관적으로 언급하기까지 한 바 있다.[44] 그렇게 하면서 그는 산업이 줄곧 알고 있었던 사실을 깨닫게 되었는데, 즉 전문적인 관객들도 돈이 된다는 사실이다. 영화가 상품이라고 해서 오직 대중관객들만이 영화를 보는 것은 아니라는 것이다. 맥도널드의 낙관론은 과거의 고급문화와 민속문화의 경우처럼 예술영화와 할리우드가 공존할 수 있다는 희망에서 나왔다. 그가 문화적 변화를 목격하고 있었는지의 여부는 논쟁의 여지가 있다. 짐 콜린스(Jim Collins)는 대중문화 비판가들의 주장과는 달리, 18세기 독서인구의 증가가 대량으로 생산된 텍스트를 읽는 독자의 증가로 이어지지는 않았다고 주장한다. 대신에 단일한 문화영역이 '일련의 독서계'로 나누어지게 되고, 문화적 표현형식들간의 경쟁을 가져왔다는 것이다.[45]

---

43) Frederick Jameson, "Reification and Utopia in Mass Culture," *Social Text*, 1, 1979, p.134.
44) Dwight MacDonald, op. cit., 1963, p.73
45) Jim Collins, op. cit., 1989, p.4

영화의 정치경제학

오늘날에도 정치경제학적인 입장의 비평가들은 여전히 문화의 산업화에 대한 분석을 계속하고 있다. 그러나 오늘날 이들 비평가들은, 이 과정을 과거 대중문화 비판가들이 했던 것보다 훨씬 더 복잡하게 이해할 필요가 있다고 주장한다. 또한 이들 비평가들은 현대 영화이론에 역행하고 있는데, 현대 영화이론은 영화를 하나의 본격적인 예술형식으로 인정하기 위해 산업적 과정과 실천이라는 문제를 회피하는 경향이 있다. 역사적으로 영화 연구는 이를테면 문학 연구와 같은 다른 예술의 연구주제를 모델로 하고 있었고, 사회과학보다는 예술이나 인문학 안에 자리매김되는 경향이 있었다. 그 결과 영화를 공부하는 학생들은 경제나 제도를 분석하는 데 필요한 조사기술을 배울 필요성을 거의 느끼지 못했다. 사실 인문학의 분석방법은 종종 사회과학의 경험주의와 대립했다. 하지만 어느 하나를 선택하거나 하나의 모델을 다른 것에 대해 특권화하는 것은 해결책이 될 수 없다. 대신에 필요한 것은 "어떤 하나를 다른 것으로 해소시키지 않은 채, 의사소통 과정의 두 가지 측면, 예컨대 물질적인 것과 담론적인 것, 경제적인 것과 문화적인 것이 맺는 관계를 개념화하는 일이다."[46]

현대의 정치경제학은, 영화 텍스트는 반드시 그것들을 생산하고 배급하는 문화산업의 맥락 안에서 이해해야 한다고 주장한다. 니콜라스 가넘의 주장에 의하면, 문화분석은 문화산업에 종사하는 사람들의 실천과 영화를 제작하는 산업적인 과정들을 꼭 고려해야만 한다. 예를 들어, 들어가는 예산이나 노동분업 구조는 무엇을 말할 수 있는지, 어떻게 말해야 하는지에 영향을 미친다.[47] 또한 대중영화의

---

46) G. Murdock이 David Morley, op. cit., 1992, p.4에서 재인용.

47) Nicholas Garnham, *Capitalism and Communication: Global Culture and the Economics of Information*, London: Sage, 1990, p.15.

분석은 사회적·경제적 인자들이 관객들의 영화관람을 어떻게 구조화하는지, 그리고 관객들이 영화를 어떻게 해석하는지를 다루어야만 한다.

가념과 같은 비평가들은 몇몇 대중문화 비판가들과 마찬가지의 선입견을 보여준다. 가념은 자본의 활동과 문화 생산물들을 분리할 수 있다는 생각은 어리석은 것이라고 주장했다. 사람들은 단지 시장을 통해서만 영화에 접근할 수 있다는 것이다. 그러나 가념은 대중문화 비판가들이 옹호했던 고급문화와 대중적 문화의 구분을 고수하지 않았다. 고급문화가 경제적·물질적 삶으로부터 절연된 채 자본주의 경제체제 바깥에서 독야청청할 수는 없다는 것이다. 고급문화 역시 정치경제학의 적용을 받는다. 대중문화 비판가들은 고급문화 전통의 가치를 정당한 것으로 옹호하지만 그러한 가치들은 "보편적이기는커녕 구조적 불평등성과 밀접하게 연관되어 있다."[48] 더욱이 가념은 문화적 엘리트의 견해가 문화에 대한 자금지원에 영향을 미친다고 주장한다. 후원은 여전히 국가의 재정지원 형태로 이루어지는데, 그러한 기금을 대개 고급문화와 새로운 '본격'문화 형식들, 가령 예술영화와 예술극장의 영화들을 지원하는 데 사용한다는 것이다. 이런 식으로 국가의 재정지원은 중간계급의 취향과 습성에 맞추어지기에 대중관객들은 무시당하는 경향이 있다.[49]

문화산업을 분석하면서 가념은 문화산업에 세 가지 중요한 특성이 있다고 주장한다. 첫째, 자본집약적인 테크놀러지를 대량생산과 대량배급의 수단으로 사용한다. 이로 인해 산업에 들어가는 비용이

---

48) Nicholas Garnham, "Towards a Political Economy of Culture," *New Universities Quarterly*, summer 1977, p.347.
49) 다음의 글을 보라.
  Nicholas Garnham, "Concepts of Culture: Public Policy and the Cultural Industries," *Cultural Studies*, 1(1), 1987.

높아졌고 다양성이 억제되었다. 둘째, 그것은 복잡한 분업의 위계조직으로 되어 있다. 셋째, 여타 다른 산업과 마찬가지로 그것의 주된 목적은 효율의 극대화와 이익의 창출이다.

가넘은 또한 문화산업이 특정한 문제들에 봉착하게 되었다고 주장한다. 첫째, 사람들이 문화적 취미에 소비할 시간과 돈의 양은 제한되어 있다. 둘째, 문화산업들이 특정한 문화상품의 '사용가치'를 고정시켜놓기는 어렵다. 예컨대 영화산업은 영화를 팔 시장이 있다는 것을 알고는 있지만 사람들이 어떤 영화를 보고 싶어하는지는 예측하기 어렵다. 결과적으로 영화산업은 가넘이 '문화적 레퍼토리'라고 부르는 것을 반드시 만들어내야만 하는데, 이는 다양한 종류의 영화를 만들어 위험을 분산시키기 위함이다. 한 영화가 실패한다 하더라도 다른 영화들이 그 손실을 충분히 만회할 정도로 성공할지 모르기 때문이다. 또한 영화를 소비할 수 있는 관객의 능력과 수에 맞추어 제작비용을 잡아야만 한다. 오늘날 할리우드에서 <쥐라기 공원(Jurassic Park)> 같은 블록버스터는 제작비가 많이 들어가기는 했지만 많은 관객이 보았기 때문에 장사가 됐다. 오늘날 할리우드 영화산업은 거의 모든 이들을 관객으로 겨냥하고 영화를 제작한다. 많은 수의 관객을 끌어들여야 하기 때문에 다양성과 혁신을 제한하는 압력을 받지만, 그러나 관객들을 계속 끌어들이기 위해서는 어느 정도의 다양성과 혁신을 필요로 한다.

가넘은 또한 오늘날 배급이 할리우드 산업을 통제한다고 주장한다. 영화 배급은 메이저 스튜디오의 지배를 받는다. 이들 스튜디오 역시 몇 편의 영화는 직접 제작하지만, 대다수의 영화는 독립제작자들이 만든다. 그러나 대부분의 독립제작자들은 배급뿐만이 아니라 많은 경우 재원 조달을 위해서 메이저 영화사에 의존하고 있다. 메이저의 호감을 사야 재정지원을 받을 수 있기 때문이다. 현대의 영

화산업에서 효율과 이익을 극대화할 수 있는 기회들은 제작이 아니
라 대부분 배급에 있다. 가넘은 "제작은 생산성이 제한되어 있기 때
문에 편당 관객을 가능한 한 최대로 늘리는 것이 항상 중시된다"[50]
고 주장한다. 그래서 배급업자들은 관객의 수를 최대로 늘리고, 그래
서 가능한 한 빨리 제작비를 건지는 것을 목표로 한다. 이로 인해 영
화산업에서는 판촉이 점차 강조되는 추세이다.

  뉴 할리우드에서 블록버스터가 지배를 점하게 된 것은 이러한 맥
락에서 이해할 필요가 있다. 블록버스터의 중요성은 그 이전부터 나
타나기 시작했지만, 토머스 샤츠(Thomas Schatz)에 따르면 1975년
<조스(Jaws)>의 성공을 계기로, 산업의 경향과 관행이 블록버스터
를 중심으로 통합되었다고 한다. 그에 따르면 "<조스>는 사회적·
산업적·경제적인 현상으로 영화적 아이디어와 문화상품의 시대가
도래했음을 보여주었다."[51] 예컨대 여름에 히트한다는 것을 강조한
것, 많은 돈을 들여 판촉을 벌인 것, 다른 미디어 형식을 끼워 판 것,
그리고 감독이 슈퍼스타가 된 것은 <조스>의 특징으로 역시 블록
버스터인 <쥐라기 공원>에서도 발견되는 것들이다.

  오늘날 메이저들은 영화를 배급해서 수익을 남길 뿐만 아니라 비
디오를 배급함으로써 돈을 벌고 있으며, 특히 케이블과 위성이 점차
중요해짐에 따라 텔레비전에 영화를 팔아 수입을 올리고 있다. 메이
저들은 대개 텔레비전, 음악 그리고 출판산업이 단단히 통합된 다각
화된 거대 복합기업의 계열사다. 예를 들면, 멀티미디어의 잠재성을
지닌 음악영화는 1977년 <토요일 밤의 열기(Saturday Night Fever)>
의 성공으로 그 잠재성이 실현된 이래, 지난 15년 동안 지배적인 형
식이 되었다.[52]

---

50) Nicholas Garnham, op. cit., 1990, p.185
51) Thomas Schatz, "The New Hollywood" in J. collins et al(eds.)., *Film Theory Goes to the Movies*, New York: Routledgs, 1993, p.19.

그러나 메이저의 수익이 몇 편의 거대한 블록버스터에 달려 있기는 해도 돈이 많이 들어간 프로젝트가 대중의 영화에 대한 요구를 다 채워주지는 못한다. 이 때문에 샤츠는 뉴 할리우드에서는 세 가지 유형의 영화를 제작한다고 주장한다. 먼저 특정한 의도하에 만들어진 블록버스터가 있고, 다음으로 <귀여운 여인(Pretty Woman)>처럼 예상 밖으로 히트할 가망이 있는, A급 스타가 나오는 주류 영화가 있다. 그리고 마지막으로 특정 시장을 목표로 하는, 컬트 영화의 지위와 저예산 독립영화가 있다는 것이다.[53] 두번째 부류의 영화들은 새로운 영화형식을 만들어낼 수 있고, 그럼으로써 탐색과 개발과정에서 일정한 역할을 한다. 예를 들면, 약 6백만 달러라는 적은 예산이 든 <터미네이터>는 공상과학영화의 새로운 하위 장르인 사이보그 영화의 토대가 되었다. 또한 이로 인해 1편보다 10배의 비용이 들어간 속편이 만들어졌는데, 이는 역대로 가장 많은 비용이 들어가고 가장 큰 이익을 낸 영화 중의 하나가 되었다.

이런 식으로 영화산업은 대중관객과 전문적인 관객 모두를 겨냥해서 영화를 제작한다. 영화제작, 영화 텍스트, 그리고 영화관객은 각각 다양하게 나누어져 있다. 그리고 영화산업은 관객들간의 차이를 없애거나 해소시키기보다는 오히려 그러한 다양성을 인정하고 이용한다. 예를 들어, 샤츠는 1950~60년대 이래 산업은 '젊은이들의 시장'을 매우 중요시 여기게 되었다고 주장한다. 그때 미국 영화계와 예술영화관에 '예술영화'와 '유럽 영화'를 보려는 관객들이 생겨나자, 할리우드는 유럽 감독들과 '유사-독립적인' 관계를 맺고 "예술영화를 주류 속으로 끌어들였다는 것이다."[54] 더욱이 짐 힐리어(Jim Hillier)는, "최근의 할리우드는 흑인을 다루는 주제나 흑인감

---

52) Ibid., p.23.
53) Ibid., p.35.
54) Ibid., p.14.

독에게 의욕을 보이는 경향이 있는데, 이는 흑인관객의 규모와 그들의 구매력을 인식하게 되었기 때문"[55]이라고 주장한다. 비록 '크로스오버'의 가능성을 가진 영화들이 장사가 될 가망이 더욱 크겠지만 말이다.

그러므로 왜, 어떻게 특정한 유형의 영화를 생산하고 배급하는지를 이해하기 위해서는 정치경제학이 필요하다. 이들 영화 텍스트들의 형식과 내용을 구조화하는 산업적 과정과 관행들을 이해하려면, 그리고 관객이 그것들을 어떻게 고르고 어떻게 해석하는지를 이해하려면 정치경제학이 필요하다는 말이다. 이것은 영화제작과 소비가 권력관계와 어떻게 연루되어 있는지를 이해할 수 있게 해주고, 영화를 더 역사적으로 분석할 수 있게 한다. 그러나 마르크스주의자들을 포함한 많은 비평가들은 그러한 형태의 분석을 비판하면서, 이러한 분석은 문화형식을 단순히 경제적 행위와 이해의 반영으로만 제시한다고 주장한다. 하지만 산업적·경제적 실천들을 고려한다고 곧바로 경제결정론에 빠지는 것은 아니다. 오히려 경제학은 문화적 생산관계가 텍스트의 형식적인 특성에 어떻게 영향을 미치는가를 분석해준다. 경제결정론을 피하고 싶어하는 이론가들은 빈번히 목욕물과 아이를 함께 버려왔고(중요한 것을 필요 없는 것들과 함께 버린다는 뜻-옮긴이), 문화적 형식의 자율성을 지나치게 강조해왔다. 게다가 정치경제학을 버리고 영화 텍스트의 이데올로기적인 특성들에만 초점을 맞추는 비평가들은 여전히 이러한 텍스트들이 지배계급의 이익을 대변한다고 생각하고 있지만, 어떻게 해서 그렇게 되었는지에 대해서는 연구하지 않는다.

가념과 같은 경제이론가들과 텍스트를 이데올로기로 여기는 이론가들은 모두 다 영화가 자본주의를 이데올로기적으로 지탱해준다고

---

55) Jim Hillier, *The New Hollywood*, London: Studio Vista, 1992, p.148.

믿고 있는데, 이는 단순히 영화가 자본주의 경제의 산물이라는 이유
때문이다. 그러나 영화가 관객을 더 많이 끌어들이기 위해서는 반드
시, 최소한 어느 정도는, 지배계급이 아닌 다른 사회적 집단이나 계
급의 가치와 열망을 보여주어야 한다. 영화는 자본주의적인 생산양
식을 벗어나서 생산될 수 없고, 그 시스템이 영화의 수익을 유지하
는 데 도움을 주기는 하지만, 반대로 그 시스템에 도전할 수도 있는
것이다. 물론 영화산업에 종사하는 모든 사람들이 반드시 똑같은 가
치를 공유하고 있지는 않다. 각 고용 분야들간에는 긴장이 있다. 예
컨대, 고전적 할리우드 시기에 많은 각본가들은 스튜디오 경영자들
이 자신들을 경시하고 착취한다고 느꼈다. 그런 상황에서 창조적인
직원들은 빈번하게 경제적 자본에 적개심을 키워왔다. 그 결과 상업
영화를 만들기 위해 고용되기는 했지만 그들이 만든 영화가 곧바로
지배계급의 경제적 이해를 대변하지는 않았다. 실제로, <터미네이
터 2> <토탈 리콜(*Total Recall*)> <커다란 칼(*The Big Knife*)> <브
로드캐스트 뉴스(*Broadcast News*)>와 같은 영화가 보여주듯이, 할리
우드 영화의 주인공들은 경제적 착취에 대항하는 것이 보통이다.

제 **2** 장
작가주의와 영화작가이론 | 헬렌 스토더트

ALFRED
HITCHCOCK'S
"The Birds"

대중문화이론이 주로 대중문화가 생산되고 소비되는 조건에 관심을 기울였음에 반해, 작가이론은 대중영화에 영향을 미치는 상업적 관행에 대해 별 관심을 보이지 않으면서 시작되었다. 이렇듯 처음에 시장을 빼놓은 것은 부분적으로는 영화의 중요성이 개인적인 표현형식에 있음을 지적하기 위해서였다. 그러나 나는 이 장에서 상업적인 요구에서 벗어나 있었던 초기의 낭만주의[1]에서부터 포스트모더니즘이라는 기치 아래 범지구적인 시장으로 새롭게 되돌아온 오늘에 이르기까지 작가주의 이론이 어떻게 변화해왔는지를 추적해보고자 한다. 작가주의이론을 연구하는 것이 매우 혼란스러우면서도 가치 있는 이유는, 팸 쿡(Pam Cook)이 말했듯이 "작가비평의 역사는 영화를 다르게 읽어온 방법의 역사, 즉 관객과 비평가와 영화 사이의 복잡한 관계가 변화해온 역사"이기 때문이다.[2] 많은 영화이론이 생산적인

---

1) 이 용어는 19세기 후반에서 20세기 초엽에 나타난 문학, 예술, 비평 그리고 철학 운동을 나타내는 것이다. 강렬한 개인의 감정을 표현하는 것이 그 운동의 두드러진 특징이었고, 사회보다는 자연과 상상력, 창조적인 개인이 필히 서로 연결되어 있다는 점을 강조했다. 다음을 보라.
Raymond Williams, *Keywords*, London: Fontana, 1983, pp.274-276; M. H. Abrams, *The Mirror and the Lamp*, Oxford: Oxford University Press, 1953.

도약을 이루거나 곤란을 겪은 것도 작가에 대한 논의를 통해서였다. 그러나 '누가 텍스트의 작가인가'라는 문제는 늘 '텍스트의 의미를 결정하는 이는 누구이며, 누구를 위한 것인가'라는 또 다른 문제를 안고 있었기에 이것은 영화이론의 핵심적인 논쟁이었으며 영화에 대한 토론과 분석의 모든 측면을 건드리는 것이기도 했다.

작가이론의 뿌리를 살펴보면, 당시 상황이 어떠했는지가 드러난다. 아마도 가장 중요했던 것은 1930년대 이래 감독과 비평가 들이 줄곧 지녀왔던 걱정과 의심, 즉 영화가 하나의 예술형식으로서 사회적 지위를 지니고 있느냐라는 문제였을 것이다. 물론 이것은 앞장에서 논의되었던 1950년대의 '대중문화' 논쟁을 배경으로 해서 이해할 필요가 있다. 프랑스 지식인들은 영화가 고급문화의 가치를 위협한다고 비난하기는커녕, 영화의 지위를 단순한 상품산업에서 '고전적인 예술'의 반열로 끌어올리려고 했다.[3] 유럽에서는 1940년대 후반 무렵에 이미 '진지한' 영화비평이 이루어졌지만, 주요인물인 프랑스의 앙드레 바쟁(André Bazin)과 독일의 영화사학자 지그프리트 크라카우어(Siegfried Kracauer)[4]는 주로 영화미학과 현실의 관계에 관심을 기울였고, 감독에 대한 관심은 부차적인 것으로 취급했다. 어떤 영화는 다른 영화보다 작품성이 있는 것으로 여겨졌고, 어떤 것은

---

2) Pam Cook, *The Cinema Book*, London: British Film Institute, 1985, p.183.

3) "미국 영화는 고전적인 예술이다. 그러나 그것이 칭찬할 만해서 숭배를 받는 것은 아니다. 그것은 감독의 재능, 시스템의 특징과 활발한 전통, 그리고 그 전통이 새로운 것과 만났을 때 나타나는 풍부함 때문에 숭배를 받는다."
André Bazin, "*On the Politique des Auteurs*,"(1957), trans. Peter Graham, in Jim Hillier(ed.), *Cahiers du Cinéma: The 1950s*, London: Routledge, 1985, p.258.

4) 다음을 보라.
Siegfried Kracauer, *The Theory of Film: The Redemption of Physical Reality*, Oxford: Oxford University Press, 1960.
그러나 짐 힐리어는 자신의 책 *Cahiers du Cinéma: the 1950s*의 서문 1-27쪽에서 *Revue du Cinéma*가 1929~31년까지, 그리고 1946~49년까지 영화비평에 중요한 기여를 했다고 강조했다.

'위대하다고' 간주되었지만 이 단계의 영화비평에서 빠진 것은 무엇이 영화를 '위대하게' 만드는가에 대한 지속적인 접근이었다.

작가정책

알려져 있다시피 작가정책이 그 문제를 다루기 시작했다. 이는 주로 예술가를 의미의 중심, 심지어 유일한 원천으로 간주하는 문학적이고 낭만적인 개념을 끌어들이는 것으로 이루어졌다.5) 영화작가에 대한 이러한 낭만적인 개념을 처음으로 표출한 사람은 알렉상드르 아스트뤽(Alexandre Astruc)으로, 그는 "영화는 이전의 모든 예술, 특히 미술과 문학이 그랬던 것처럼 다만 표현수단일 뿐"이라고 주장했다.6) 이것은 이후 작가정책의 중요한 세 가지 전제가 되었다. 첫째, 영화는 문학이나 '심원한 의미'를 지닌 다른 예술형식과 동등하다는 것,7) 둘째 영화는 새롭고 독특한 언어로 구성되어 있다는 것, 셋째 이런 상태가 감독에게 개인적인 표현수단을 제공해준다는 것이다. 즉 영화는 단순히 대중의 쾌락만을 다루는 대중예술의 형식이 아니라 작가 자신의 '강박관념을 나타내는' 형식이라는 것이다.8)

또한 작가정책은 독일 점령기간 동안 묵혀 있던 할리우드 영화가 갑자기 쏟아져나온 결과, 그에 따른 프랑스의 반응으로 보인다. 파리의 '시네마테크' 영화광들은 한꺼번에 한 감독의 여러 영화들을 동

---

5) 작가주의의 낭만주의적인 개념은 M. H. 아브람스의 다음 글에 요약되어 있다. M. H. Abrams, "Literature as a Revelation of Personality," *The Mirror and the Lamp*, pp.226-256.

6) Alexandre Astruc, "The Brith of a New Avant-Garde: Le Caméra-Stylo" (1948), reprinted in Peter Graham, trans(ed.), *The New Wave*, London: Secker and Warburg, 1968, p.17.

7) Ibid., p.20.

8) Ibid., p.18.

시에 볼 수 있게 되었고, 그래서 아마도 한 감독의 작품들을 관통하는 연관된 스타일이나 주제를 알아내기 쉬웠을 것이다. 장르에 기반한 미국의 여러 대중영화가 ≪카이에 뒤 시네마(*Cahiers du Cinéma*)≫에 실렸다. 미국의 장르 영화가 끼친 영향은 프랑수아 트뤼포의 선언 「프랑스 영화의 어떤 경향(Une Certaine Tendence du Cinéma François)」에서 확연히 드러나는데, 이 선언은 프랑스의 영화제작에 매우 큰 영향을 미쳤다.9)

트뤼포는 주로 다음과 같은 두 가지 문제에 집착했다. 첫번째 문제는 프랑스 영화가 '심리적 리얼리즘'을 지나치게 강조한다는 것이었다. 심리적 리얼리즘은 두번째 문제를 통해 사라지지 않고 계속되어 왔는데, 두번째 문제란 트뤼포가 프랑스 영화의 '질적 전통'이라고 부른 것에 있었다.10) 이는 마치 영화가 그 자체로는 예술적인 복잡함이나 문화적 명성이 없는 양, 프랑스의 문학 고전들을 영화로 각색하는 관행을 말한다. 대신에 트뤼포는 영화적인 특성, 그 중에서도 미장센(mise-en-scène), 달리 말해 그가 '대담함(audacity)'11)(영화를 문학과는 다른 것으로 만들어주는 것)이라 불렀던 영화의 시각적 측면에 관심을 갖는 방향으로 비평과 제작의 초점이 바뀌어야 한다고 강력하게 주장했다. 그는 진정한 의미에서 영화예술가 혹은 작가는 시나리오를 쓰는 사람이 아니라 감독이라고 주장했다. ≪카이에 뒤 시네마≫의 비평가들은 미국의 대중영화만큼이나 유럽 영화에도 관심을 보였지만, 미국 영화를 좀더 호의적인 모델로 생각했는데, 이는

---

9) 1954년도 ≪까이에 뒤 시네마≫ 31호에 처음 발표되었으며, 다음의 책에 재수록되어 있다.

François Truffaut, *Movies and Methods*, in Bill Nichols(ed.), Berkeley: California University Press, 1973, pp.224-236.

10) Ibid., p.234.

11) Jacques Rivette, "Six Characters in Search of Auteurs," in *Cahiers du Cinéma: the 1950s*, pp.31-46.

할리우드 감독들이 문학적 충실성이라는 문제에 구애받지 않고, 더 자유롭게 자신의 고유한 세계관을 담고 있는 시각적 스타일을 발전시켰다고 보았기 때문이었다. 프랑스 영화의 경우, 자크 타티(Jacques Tati), 장 콕토(Jean Cocteau), 장 르누아르(Jean Renoir), 아벨 강스(Abel Gance), 막스 오풀스(Max Ophuls), 로베르 브레송(Robert Bresson)과 같은 감독들의 작품이 그러하다.

역설적이지만 결과적으로 작가정책은 '진정한 작가'와 단순한 '장면연출자'를 구분하는 문제에 골몰하던 당시의 영화비평에 새로운 분류체계를 도입했다. 장면연출자는 예술가라기보다는 숙련공으로 간주되었는데[예컨대 윌리엄 와일러(William Wyler)나 프레드 지네만(Fred Zinnemann)], 진정한 작가와 장면연출자라는 두 용어를 택한 것으로 보아 작가정책은 산업적인 제작(혹은 대량생산)과 예술적인 창조를 중요하게 구분하고 있었음을 알 수 있다. 비록 장면연출자가 상당한 기술적 능력을 보여줄지는 모르지만, 결정적으로 그들의 영화에는 일관된 스타일이나 주제가 부족한 것으로 보았다. 진정한 작가는 장르에 구애받지 않고 자신만의 고유한 개성과 세계관 그리고 비전을 보여준다. 그리고 그것은 전체 작품에 걸쳐 감독을 드러내는 '개인적인 특징'[12]이나 흔적이 된다.

작가는 자신의 개인적인 표식을 시각적인 스타일로 영화에 남긴다. 예를 들어, 오손 웰스는 딥포커스(deep focus)와 롱테이크(long take)를 결합해 특히 바쟁으로부터 열렬한 찬사를 받았다. 밤 장면을 자주 사용한 니콜라스 레이(Nicholas Ray)도 트뤼포에게 '황혼의 시인'이라는 찬사를 들었고,[13] 자크 리베트(Jacques Rivette)는 오토 프레밍거(Otto Preminger)의 '투박한' 세트와 '즉흥적인' 화면에 기뻐

12) André Bazin, op. cit., 1957, p.255
13) François Truffaut, "A Wonderful Certainty," *Cahiers du Cinéma: the 1950s*, 1955, p.108.

했다.[14] 격렬함(violence)은 특별히 소중한 감정이었는데, 존재의 상태를 나타내는 이 전형적으로 낭만적인 감정 형식 덕택에 억눌린 개성을 시각적인 언어로 표현할 수 있어 작가의 원초적인 감정을 유용하게 전달할 수 있었기 때문이었다.[15]

그러나 시작부터 작가의 지위를 선택적으로 천명한 ≪카이에 뒤 시네마≫는 대중영화의 상업적이고 산업적인 원천을 소홀히하는 대가를 치렀다. 무엇이 한 감독의 영화를 대중적으로 만드는가에 관심을 쏟기보다는 개성적이고 독특한 것이 무엇이냐에 주목했던 것이다. 대중영화가 가능한 한 많은 관객을 끌어들이기 위해 제작되었음에도 불구하고, ≪카이에 뒤 시네마≫의 비평가들은 감독의 대중성을 무시하고 훌륭한 예술가인 작가를 골라내는 데 우선적으로 매달렸다. 작가는 '보기 드문 존재'였고 항상 예외였으며 대중영화의 규칙에서 벗어나 있었다.

그러나 또한 존 코이(John Caughie)가 지적한 대로, 작가정책의 글쓰기는 "다양했고 서로 상이했으며",[16] 그리고 어떠한 종류의 집단적인 발언도 하지 않았다는 사실을 염두에 두는 것이 중요하다. 예컨대, 바쟁이 작가주의의 비평에 관여한 것은 확실하지만, 그의 주장은 작가정책의 중심교의와는 어울리기 힘든 것이었다. 현실을 매개하지만 재구성하지 않는 것이 감독의 역할이라고 바쟁은 줄곧 주장했던 것이다. 그래서 그는 작가주의가 "작가를 찬양하기 위해 영화를 부정하게 될지도 모른다"고 우려했다. 또한 그는 항상 영화, 특히 미국 영화는 '대중적이면서 산업적인 예술'이기에 순수한 것이 아니

---

14) Jacques Rivette, "The Essential"(1954), *Cahiers du Cinéma: the 1950s*, 1954, p.132.

15) Jacques Rivette, "Notes on a Revolution," *Cahiers du Cinéma: the 1950s*, 1955, pp.94-97.

16) John Caughie(ed.), *Theories of Authorship*, London: Routledge, 1981, p.38.

라고 강조했다. 이는 여타의 비평가들이 작가정책이라는 이름 아래 종종 빠뜨리곤 했던 것이었다.[17]

당시 작가정책은 결코 고립된 비평현상으로 나타나지 않고 여러 예술분야의 비평들과 함께 하나의 스캔들로 나타났다. 그것은 전후의 문화적 침체분위기에 좌절하면서 지혜로 받아들여졌던 것을 의심하고 변화를 갈망하면서 과거의 모든 흔적을 없애버리고 싶어했던 영국(앵그리 영 맨)과 미국(비트 세대)의 예술가들의 운동과 나란히 자리매김될 필요가 있다. 1950년대 후반은 전통적 가치에 대한 젊음의 반항으로 규정되는 대항문화의 출현이 일반적이었던 것이다.

작가이론

프랑스에서 작가정책이 정점에 달했던 시기는 1951년에서 1961년 사이다. 이후 작가정책을 천명했던 비평가들은 이제 작가정책은 흘러가 버렸다고 선언했다.[18] 바톤은 영미 영화비평으로 건너갔고 짧은 기간 동안이나마 두 잡지에 받아들여졌다.

첫번째로, 영국의 정기간행물 ≪무비(Movie)≫는 빅터 퍼킨스(Victor Perkins), 마크 시바스(Mark Shivas), 이안 캐머런(Ian Cameron)이 1962년에서 1972년에 걸쳐 편집한 것으로 ≪카이에 뒤 시네마≫의 노선과 리비스(Leavis) 류의 문학전통 사이에서 하나의 일치점을 발견했다. 리비스적인 전통은 이론을 바탕으로 하는 분석보다는 지각 있고 '이상적인 독자'의 꼼꼼한 비평[19]을 더 높이 샀다. 리비스는 텍

---

17) André Bazin, op. cit., 1957, pp.251, 258.
18) Claude Chabrol, Jacques Doniol-Valcroze, Jean-Luc Godard, Pierre Kast, Luc Moullet, Jacques Rivette, François Truffaut, "Questions about American Cinema: A Discussion" (1963~64) in Jim Hillier(ed.), Cahiers du Cinéma vol. II: the 1960s, London: Routledge, 1986, pp.172-180.
19) Ian Cameron, "Films, Directors and Critics"(1962), Theories of Authorship,

스트를 분석하는 특정한 방법을 제시했을 뿐만 아니라 존 코이가 지적했듯이 "대중산업사회에서도 가치가 훼손되지 않는 문화와 전통"을 생각하고 있었고,[20] 그러한 생각을 지속시켜주는 일련의 비평적인 가치, 즉 도덕적 완전함, 정직, 깊이, 통일 그리고 개인적 비전을 넌지시 주장했다. ≪카이에 뒤 시네마≫의 비평이 대개 미국 영화의 산업적 기반을 무시했음에 비해, ≪무비≫의 이안 캐머런은 그것에 주목했다. 물론 약간의 거북함을 지닌 채.

> 할리우드 영화들은 주문 제작한다기보다는 수공업으로 제작한다. 그것들에 대한 책임소재는 나뉘어 있다. 그리고 최종 품질이 감독의 책임이 아니듯이 제작자, 세트 디자이너, 카메라맨 혹은 헤어드레서의 책임도 아니다. 단지 행복한 우연에 의해서만 이 산업적인 복합체에서 벗어날 수 있다.[21]

그러나 훗날 캐머런은 같은 잡지에서 영화의 최종 형태를 결정하는 인물로 감독을 꼽으면서 자신의 입장을 살짝 변경한다. 그리하여 '행복한 우연'은 일관된 예술적 성취나 개입이라는 생각으로 바뀌었다.

두번째는 앤드루 새리스(Andrew Sarris)에 의해 미국에서 이루어졌다. 그는 급진적인 아방가르드 잡지 ≪영화문화(*Film Culture*)≫에 글을 쓰고 있었는데, 1950년대 후반과 1960년대 초반에 걸쳐 작가에 대한 좀더 영향력 있는 견해를 일련의 논문으로 나타냈다. 이는 곧 작가이론으로 알려진다. 새리스 작업의 핵심은 예술가와 예술가의 작품을 분리하지 않는 데 있다. 이러한 조건에서 해석이란 예술가와 작품 사이에서 의미심장한 통일성을 찾아내는 것이다. 궁극적으로 이것은 전작품에 걸쳐 개인적인 서명이라고 할 수 있는 스타일상의

1981, p.58.
20) John Caughie, op. cit., 1981, p.49
21) Ian Cameron, op. cit., 1962, p52.

어떤 반복적인 특징을 근거로 작가를 따지고 정하는 것으로 귀착되었다.[22] 새리스는 또한 작가를 사고함에 있어 할리우드가 영리를 목적으로 하는 산업이라는 점을 다시 생각하도록 했다. 그러나 그가 ≪무비≫의 필자들과 다른 점은, 미국의 영화감독들이 할리우드 안에서 상업적인 제한과 '관습의 미로'로 인해 불리함을 겪고 있다고 보지 않고, 대신에 그러한 제한과 관습을 감독에게 능력을 부여하는 구조로 그리고 자격을 시험하는 것으로 보았다는 점이다.

> 작가이론은 정확히 그 표현의 장벽 때문에 한 감독의 개성을 높이 평가한다. 그것은 마치 꺾이지 않는 정신이 영화의 질량이 지닌 중력을 가까스로 극복하는 것과 같다. 할리우드 영화의 매력은 압력을 받으며 만들어진다는 점에 있다. 실로 어떤 예술가도 결코 완전히 자유롭지 못하며, 압박을 덜 받을 때라고 해서 예술이 꼭 번성하지도 않았다.[23]

이러한 장벽뿐만 아니라 협력자들(촬영기사, 제작자, 편집기사 등등)의 필연적인 제작 관여는 배경에 깔린 '잡음'으로 간주되었다[피터 울른(Peter Wollen)].[24] 작가의 '꺾이지 않는 정신'의 소리는 항상 그러한 소음을 넘어 들리는 것이었다.

전반적으로 보자면, 새리스는 도식화, 등급화, 목록화라는 형식에 집착하는 수학적인 사고방식의 비평가가 되어버렸다. 그는 그것으로 비평의 아마추어리즘을 교정할 수 있으리라 생각했던 것이다. 예컨대 그는 작가의 기법, 스타일 그리고 '내적 의미'가 교차하는 세 개의 '동심원'을 시각화하여 자신의 작가이론을 설명했다. 그가 "미국 영화는 다른 나라의 영화보다 줄곧 우월했기 때문에 깊이를 탐구할

---

22) Andrew Sarris, "The American Cinema"(1963) reprinted as "Towards a Theory of Film History," *Movies and Methods*, 1973, p.246.
23) Ibid., p.247.
24) Peter Wollen, "The Auteur Theory," *Signs and meanings in the Cinema*, London: Secker and Warburg, 1972, p.104.

만한 가치가 있는 세계 유일의 영화"라고 하는, 명백히 산술적인 주장을 한 것도 바로 이러한 의사-객관적인 방법론 때문이었다.[25] 불행히도 새리스에게 이러한 주장은 결국 취향과 가치를 방어하는 것이 되었다. 매우 악명 높게도, 작가를 목록으로 나열하려는 새리스의 충동은 위대한 작가들로 이루어진 비평의 '만신전(萬神殿)'을 구성하는 것으로 귀결되었고, 감독들은 그곳에서 더 위대한지, 덜 위대한지를 재는 불안정한 저울에 따라 등급이 매겨졌다. 작가는 전적으로 새리스의 개인적인 기준에 따라 등록했다. 하지만 이전의 작가비평가들과 달리 새리스는 할리우드 영화가 영리를 목적으로 하는 사업임을 두루 인식하고 있었고, 감독들이 그러한 어지러운 환경을 어떻게 도전적으로 초월하는지에 따라 가치를 평가했다.

요약하자면, 작가정책은 주로 낭만적인 지침에 기반을 두고 있었기에 지금은 그다지 급진적으로는 보이지 않는다. 작가정책은 금새 주류비평의 정설로 흡수되었는데, 그것은 시장의 요구를 초월하고 대중영화제작의 표식인 문화적·경제적인 조건들에 구애받지 않는 사람들을 낭만적으로 숭배하도록 북돋는 것이었다. 그런데도 비평에서는 두 가지 중요한 발전이 이루어졌다. 첫째, 작가주의는 사회학적 함의보다는 영화의 영화적인 성질에 좀더 관련된 체계적인 방법을 제공했다. 그 방법으로 인해 이전의 영화비평에서 알려지지도 않고 잊혀졌던 영화감독, 예를 들어 사무엘 풀러(Samuel Fuller), 니콜라스 레이, 하워드 혹스, 존 포드(John Ford)에 대한 많은 연구가 이루어졌다. 둘째, 코이가 주장한 바에 따르면 작가주의는 영화이론에 급격한

---

25) Andrew Sarris, "Notes on the Auteur Theory in 1962"(1962~63) reprinted in Gerald Mast & Marshall Cohen(eds.), *Film Theory and Criticism*, Oxford: Oxford University Press, 1979, pp.663, 660.
또는 새리스의 주장에 대한 폴린 카엘의 언급은 다음의 글을 보라.
Pauline Kael, "Circles and Squares"(1963), *Film Theory and Criticism*, 1979, pp.666-679.

변화를 몰고 왔는데, 작가주의는 점차 대안적인 미학과 새로운 비평의 압력을 받게 되었던 것이다.26) 달리 말해, 작가정책과 그 이후의 작가이론은 작가에 관한 낭만적이고 문학적인 이론을 영화와 같이 산업적이고 대중적인 예술에 적용함에 따라 모순에 봉착하게 되었고, 영화이론은 이러한 불안정한 낭만주의를 넘어서기 위해 새로운 비평을 받아들이게 되었던 것이다.

작가 또는 영화 구조주의

작가비평이 불가피하게 개인적인 독해를 산출할 수밖에 없다는 사실은 놀랄 만한 일이 아니다. 작가비평은 텍스트의 숨겨진 의미를 찾아내는 지각 있고 중립적인 비평가에 의존하는 바, 따라서 해석과정에서 영화의 사회적 의미를 배제하는 위험을 무릅쓸 수밖에 없다는 것이다. 그러나 로버트 랩슬리(Robert Lapsley)와 마이클 웨스트레이크(Michael Westlake)가 올바르게 주장하고 있듯이, 작가주의자들이 구조주의를 방어책으로 취하게 되면서 사정은 더욱 나빠지게 되었다.27) 영화이론의 구조주의적인 경향은 작가이론을 넘어서 여러 분야로 확대되었는데, 차츰 장르 이론에 스며들다가 결정적으로 1960년대 후반에 이르러 사회과학의 새로운 급진주의와 견해를 같이하게 되었다. 구조주의자들은 예술에 과학적 이론을 도입함으로써 새로운 형태의 분석이 가능하리라고 기대했다. 새로운 형태의 분석이란 사물의 표면 너머에 존재하는 숨겨진 것을 밝혀내고 그리하여 좀더 의미 있는 '깊은' 구조를 찾아내는 것이다. 작가주의 비평이 불명확한 의제하에서 주로 인상주의적인 독해만을 해왔음에 비해, 구

---

26) John Caughie, op. cit., 1981, p.11
27) Robert Lapsley & Michael Westlake, *Film Theory: An Introduction*, Manchester: Manchester University Press, 1988, p.108.

조주의자들은 비평적·정치적 입장(주로 마르크스주의)의 표명을 중
요하게 여겼다. 왜냐하면 그들에게 독해라는 것은, 드러나지는 않았
지만 기존의 일반적인 관행을 이데올로기적으로 지지해주는 어떤
것, 그것을 드러내고, 다시 쓰고, 그리고 거기에 도전하는 것이었기
때문이다.

작가 구조주의는 서로 다른 문화(주로 아프리카, 북남미)와 서로
다른 역사적 상황에서 반복적으로 나타나는 어떤 행동의 패턴을 설
명하고자 했던 프랑스 인류학자 클로드 레비스트로스(Claude Lévi-
Strauss)[28]에게서 그 방법론의 틀을 가져왔다. 그의 연구에 중요한 영
향을 미친 것은 영화 연구에 두 가지의 기본 전제조건을 가져다 주
었던 소쉬르(Saussure)의 언어학이었다.

첫번째로, 소쉬르는 언어가 자의적이며 구별적이라고 주장했다.
의미는 단순히 내재하는 것이거나 언어로 표현되기를 기다리는 것
이 아니라 서로 다른 언어들간의 관계를 통해서 그리고 그 관계 안
에서 만들어진다는 것이다.

> 언어는 상호의존적인 용어들의 체계이다. 그 체계에서 각각의 용어가
> 지닌 가치는 그 용어가 다른 용어들과 동시에 존재하는 데서 생겨난다.[29]

> 기의이든 기표이든 간에, 언어는 언어체계에 앞서 존재하는 관념이나
> 소리가 아니다. 단지 체계에서 생겨난 개념과 음성의 차이일 뿐이다. … 단
> 지 인접하는 용어가 바뀌었다는 이유만으로 어떤 용어의 가치가 변하는
> 것이 그 증거이다.[30]

---

28) 다음을 보라.
   Claude Lévi-Strauss, *Structural Anthropology*, London: Allen Lane, 1968; *The Raw and the Cooked*, London: Jonathan Cape, 1970.
29) Ferdinand de Saussure, *Course in General Linguistics*, London: Fontana/Collins, 1974, p.114.
30) Ibid., p.120.

그러므로 기표(단어를 나타내주는 소리나 형상)와 기의(기표와 연결된 개념. 자세한 것은 6장을 참조할 것)의 관계는 자의적인 것이다. 기표의 의미는 개념이나 대상 그 자체에서 유래하는 것이 아니라(필연적으로 대상과 관련되어 있는 것은 아니다), 다른 용어와의 관계에서 생겨난다. 그 결과 산출된 어떤 의미는 개인적이기보다는 필연적으로, 사회적이고 정치적인 과정의 한 부분을 구성하게 되고, 개별 화자의 통제를 벗어나 무의식적이거나 비의도적인 의미를 가지게 된다. 쿡이 지적한 대로, 언어작용을 이렇게 이해하면 작가주의가 자리잡고 있는 낭만주의적인 세 가지 기본 전제, 즉 개별성, 실제성, 의도성[31]은 완전히 흔들리게 된다. 예술가가 사용한 시각적이거나 언어학적인 용어가 전체 체계 속에서 다른 용어와의 관계를 통해서만 의미를 획득한다면, 그리고 마찬가지로 각각의 발화행위가 무의식적이거나 의도되지 않은 것의 간섭을 받는다면, 과연 비평가는 어떻게 작가가 의도한 명확한 의미를 밝힐 수 있겠는가?

두번째로, 구조주의의 관행은 텍스트를 '구조화하는 이항대립들' 또는 모순들의 유형을 발견하는 것이다. 피터 울른은 여타의 주목할 만한 구조주의자들과는 다르지만 아마도 가장 영향력 있는 영국의 구조주의자였을 것이다.[32] 울른은 블라디미르 프롭(Vladimir Propp)의 연구에 의지했는데, 러시아의 민속과 설화를 연구한 프롭이 밝힌 바에 의하면, 다양한 인물과 주제 아래에는, 그리고 각 이야기의 핵심에는 어떤 공통적인 '원 이야기'[33]나 레비스트로스가 '심층구조'

---

31) Pam Cook, op. cit., 1985, p.170.

32) 다음의 글을 보라.

  Geoffrey Nowell-Smith, *Luchino Visconti* (1967), New York: Doubleday, 1968; Charles Eckert, "The English Cine-Structuralists," *Film Comment*, vol.9, no.3, May-June 1973, pp.46-51

  짐 키체스의 서부영화 연구서인 다음의 책을 보라.

  Jim Kitses, *Horizon's West*, London: Secker and Warburg, 1969.

또는 무의식이라고 불렀던 것이 있다는 것이다. 그러나 중요하게는 구조주의적인 영화 비평은

유사나 반복을 지각하는 것에서 멈추지 않고 … 차이와 대립의 체계를 이해해야만 했다. 이렇게 텍스트를 오직 서로를 구별해주는 일반성의 차원에서만 연구할 수는 없었다. 물론 구조적인 분석이란 한 감독의 정통적인 정전(이것은 유사성의 집합으로 이루어져 있다)을 연구하는 것이 아닌, 일견 별나 보이는 영화를 연구하는 것을 의미한다.[34]

울른은 "감독은 한 편의 영화를 만들기 위해 전인생을 소비한다"는 르누아르의 주장에 동의하면서 그런 영화는 꼼꼼한 비평가만이 이해할 수 있다고 주장했다. 그러한 비평가는 한 감독의 총체적 작품을 가로지르는 모순(차이와 대립의 체계)들의 '유사성과 반복'만을 말하지 않고, 좀더 중요하게는 전작품에 걸쳐 숨겨진 구조, 즉 변주, 혁신 또는 '변덕'의 계기를 따지는 데 이러한 모순을 이용한다. 예컨대, 울른은 존 포드의 영화에서 "문명인 대 야만인, 그리고 유럽인 대 인디언 사이에는 동일성이 존재하는데, 그것은 이후 분리되고, 끝내는 반전되어 나타난다"고 주장한다. "<샤이엔 족의 가을(*Cheyenne Autumn*)>(1964)에서는 야만인이 바로 유럽인이고 영웅은 바로 희생자로 나타난다"[35]는 것이다. 이것이야말로 반복에 중요성을 부여하는 변화의 계기이다. 마찬가지로 반복의 중요성은 장르 내에 국한되지 않는다. <도노반의 암초(*Donovan's Reef*)>(1963)와 같은 영화는 이전에 비평가들의 비웃음을 샀지만 '방랑 대 정착'이라는 대립을 반복하기에, 오늘날 <수색자(*The Searchers*)>(1956) <독수리 날개(*Wings of Eagles*)>(1957)처럼 좀더 숭배되는 다른 텍스트와 연결되어 있는

33) Peter Wollen, op. cit., 1972, p.93.
34) Ibid., p.104.
35) Ibid., pp.95-96.

것으로 드러났고, 그래서 텍스트를 가로지르는 '전체의 복합적인 의미'를 드러내는 데 없어서는 안될 영화가 되었다.[36] 그러나 울른은 이러한 분석과정에서 평가를 빠뜨리지는 않았다. 그는 구조주의적인 시각에서 하워드 혹스를 연구한 결과 포드의 작품과 비교할 필요가 있음을 깨달았다.

> 내 견해는 포드의 영화가 혹스의 작품보다 훨씬 훌륭하며, 그것은 구조분석에 의해 드러난다는 것이다. 포드가 의심할 여지 없이 작가를 넘어 위대한 예술가일 수 있는 것은 작품에 나타난 대립의 관계가 풍부하게 변하기 때문이다.[37]

'만신전'의 유산은 계속 이어진다. 그러나 울른은 여기서 기법과 스타일이라는 새리스의 점검표를 취하는 대신, 제프리 노웰스미스 (Geoffrey Nowell-Smith)의 주장을 받아들인다. 제프리의 주장은 "기본적이고 때로는 심원한, 혹은 숨겨진 모티브의 핵심적인 구조"[38]가 작가를 드러낼 수도 있지만, 위대한 감독의 작품은 영화를 통해 변화하는 관계뿐만 아니라 특이성이나 이상함 그리고 예외를 특징으로 하고 있다는 것이다. 울른은 이 주장이 포드에게는 해당하지만 혹스의 경우는 그렇지 않다고 믿었다. 혹스가 '일련의 이항대립의 체계'를 제공하기는 하지만 그것이 너무 '표면적'이라는 것을 발견했던 것이다. 게다가 영화에서 작동하는 대립들간의 역학은 다만 두 장르 사이에만 나타나는데, 간단히 말하자면 혹스는 '모험극과 크레이지 코미디' 사이에서 작업했다는 것이다.[39]

그러나 중요한 것은 훗날 울른이 1972년에 다시 발간한 『기호와

---

36) Ibid., p.102.
37) Ibid.
38) Geoffrey Nowell-Smith, op. cit., 1968, p.10.
39) Peter Wollen, op. cit., 1972, p.102-104.

의미(*Signs and Meanings*)』의 부록에서, 그 책에 중요한 보충을 가했다
는 것이다. 여기서 그는 후에 작가 또는 영화 구조주의로 명명된 자
신의 작가이론을 기존의 작가이론, 즉 독창적이고 일관된 메시지나
세계관을 영화로 표현하는 '창조적 개인'을 작가로 보는 이론들과
구별하고자 했다.40) 오히려 울른은 작가 구조주의에 새로운 메타포
를 도입했는데, 이는 작가를 '무의식적인 촉매'로 보는 것이다.41) 레
비스트로스에 따르면, 신화는 사람들과 상관없이 계속해서 유지된
다. 울른 역시 영화감독들의 경우가 그러하다고 주장했다. 그가 감독
들의 이름을 따옴표 안에 집어넣는 것은 바로 그러한 이유 때문이
다. 그가 히치콕(Hitchcock)이나 포드라는 이름을 사용했을 때, 그것
은 사람 자체가 아니라 그들을 따서, 소급해서 이름 붙인 전체 구조,
즉 '작가의 약호'를 나타낸다.

감독이 문화적으로 중요한 구조화 모티브를 자신도 모른 채 이용
하는 한, 감독은 촉매제다. 그런데도 영화제작의 모든 구성요소들(스
튜디오의 이해, 장르의 관습, 스타의 연기 등) 가운데서 작품에 일관
성을 부여한다고 여겨지는 존재는 항상 감독이다. 감독은 넓은 사회
적 의미들을 낳는 힘이라기보다는 굴절시키는 중립적인 대리인으로
여겨진다. 존 포드의 영화에서 '정원과 사막'이라는 '주 모순'을 발
견할 수 있을지도 모른다. 그러나 울른에게, 그리고 짐 키체스(Jim
Kitses)에게 이것은 포드에 앞서 존재하는 미국문화의 이항대립을 나
타내주는 것으로, 다만 감독이 재작업하고 다시 언급함으로써 확인
되는 것이다. 여기에서조차 구조주의는 어째서 감독이 텍스트의 중
심적인 촉매자로 선택되어야 하는지를 결코 묻지 않고 있음이 분명
하다. 요컨대 구조주의에서는 감독을 중립적인 하나의 요소가 아니

---

40) Ibid., p.167.
41) Ibid., p.168.

라 매우 특별하고 개성을 발휘하는 구성요소로 보는 것이다.

작가—구조주의에 이와 같은 의미 깊은 주석을 덧붙임으로써 이루어진 중요한 진전은 작가를 텍스트의 결정요소로 보지 않고 독해 과정에서 형성되는 것으로 보게 된 것이었다. 그러므로 영화의 독해를 타당하게 해주는 미리 결정된 의도, 즉 작가 스스로 표명한 의도를 더 이상 운운할 필요가 없게 되었다. 동시에 울른은 할리우드 영화의 명백한 통합성은 '이차적 변형(secondary revision)'에 의한 것이라고 주장했다. 다시 말해 영화는 통합된 내러티브와 이데올로기를 관객에게 제공함으로써, 영화 속에 '의식되지 않고' 묻혀 있는 현실의 갈등을 숨긴다는 것이다.[42] 그러나 그는 그 간극과 침묵, 모순들이 감추어지는 계기들을 드러내고 질문하는 일을 짧게 끝내버렸다. 이 작업은 포드의 영화 <젊은날의 링컨(*Young Mr. Lincoln*)>(1939)에 대한 ≪카이에 뒤 시네마≫의 유명한 집단적인 분석을 통해서 이루어졌다. ≪카이에 뒤 시네마≫는 프랑스 마르크스주의자 이데올로기 비평, 그러니까 피에르 마슈레(Pierre Macherey)와 루이 알튀세르(Louis Althusser)에게서 영향을 받았는데, 완성된 또는 완성중인 의미의 구조들에 집중하지 않고 모순된 것, 말하여질 수 없는 것, 침묵된 것을 '감추는' 순간들에 주목했다. 그래서 "작품의 감추어진 질서보다는 실제로 작품을 결정하는 무질서(혼란)가 더 중요한 것이 되었다."[43]

---

42) Ibid., p.167.
43) Pierre Macherey, *A Theory of Literary Production*(1966), London: Routledge, 1978, p.155.
   또는 다음의 글을 보라.
   Louis Althusser, *Lenin and Philosophy and Other Essays*, London: New Left Books, 1971.
   ≪카이에 뒤 시네마≫의 편집진이 쓴 다음의 글을 보라.
   Cahiers du Cinéma editorial board, "John Ford's Young Mr. Lincoln," *Screen*, vol.13, no.3, 1972.

　끝으로 구조주의적인 분석을 적용하면서 나타난 중대한 결함은 브라이언 헨더슨(Brian Henderson)이 지적했듯이 구조주의적 독해가 레비스트로스를 제대로 적용하지 못했다는 데 있다. 레비스트로스는 개인 주체는 신화의 담지자가 아니라고 주장했다. 신화는 "기원도, 중심도, 주체도, 작가도 없다"는 것이다.[44] 그러나 그런데도 작가-구조주의는 반복된 구조에 감독 개인(이는 레비스트로스의 '교환되는 주체'와는 반대되는 것이다)의 고유한 이름을 갖다댐으로써 당초 그들이 따르고자 했던 구조주의의 입장을 벗어나버렸던 것이다. 헨더슨은 또한 작가-구조주의를 소통이 잘 되지 않는 비평의 2인놀이라고 비난했다. 그러니까 작가-구조주의는 "영화 연구를 작가주의와 구조주의의 혼합에 의존하는 신화"로 만듦으로써 "다른 연구 양식들을 효과적으로 배제하였고" "무엇보다도 자신에 관한 근본적인 물음을 제기하지 않는 담론"이 되었던 것이다.'[45] 헨더슨은 오히려 ≪카이에 뒤 시네마≫의 비평가들에게 더 공감했는데, 그들은 텍스트를 주어진 것으로 받아들이는 구조주의의 경험주의적이고 환원주의적인 경향을 거부했다. 그러한 경향의 구조주의는 텍스트의 핵심적인 의미를, 그것과 틀림없이 연관되어 있는 어떤 물질적인 조건의 산물이라기보다는 텍스트에서 단순히 파낼 수 있는 것('탈신화화된' 껍질을 뒤에 남긴 채 파낼 수 있는)으로 보았다.

　이와 같은 ≪카이에 뒤 시네마≫의 작업에 대한 유용한 테마가 다음의 책에 실려 있다.
　Rober Lapsley & Mike Westlake, op. cit., 1988, pp.115-117
44) Brian Henderson, "Critique of Cine-Structuralism", *Theories of Authorship*, Part 1, 1973, p.176.
45) Ibid., p.178.

후기구조주의와 그 너머

더 나아가 구조주의가 간과한 것은 관객의 쾌락이라는 개념이었
다. 구조주의는 영화에 반복적으로 나타나는 핵심구조들만 설명했
지, 관객들이 어떻게, 왜 영화와 작용하는지, 그리고 어떤 텍스트 전
략이 관객에게 쾌락을 주는지에 대해서는 설명하지 못했다. 해석/독
해 과정에서 주체가 어떤 역할을 하는지를 연구해야 한다는 주장이
후기구조주의 기호학에 나타나기 시작했는데, 이는 롤랑 바르트
(Roland Barthes)의 「작가의 죽음(The Death of the Author)」[46]에 가장
잘 드러나 있다. 이 평론은 낭만주의적 작가이론에 대한 의미 있는
거부였으며, 문학과 영화 연구 양쪽 모두에서 후기구조주의적인 사
고의 초석이 되었다.

파리의 영향력 있는 '텔켈(Tel Quel) 그룹'의 일원인 바르트가 새
롭게 강조한 것은, 의미가 의미화 과정을 통해서 산출된다는 것이었
다. 이 과정에서 독자는 텍스트 자체만큼이나 중요했다. 이러한 소위
'독자의 탄생'은 '작가의 죽음'을, 또는 적어도 작가에 대한 이전 개
념들의 죽음을 대가로 하고 있었다.[47] 그 이전 개념들에 따르면 작
가는 텍스트 뒤에 자리한, 또는 텍스트를 넘어서는 존재이고 텍스트
의 의미는, 의도된 것이든 아니든 간에 잘 닦여진 비평 작업을 통해
드러나는 것이다. 또한 텅 빈 기원과 근원의 상실을 줄곧 강조하는
바르트의 수사학에서 소쉬르가 끼친 영향은 쉽게 확인할 수 있다.
언술행위, 즉 말하거나 글을 쓰는 행위는 '텅 빈 과정'으로 여겨지는
데, 그 과정에서 '말하는 것은 작가가 아니라 언어'다. 말하는 순간
발화 주체는 '글쓰기가 시작됨'에 따라 '미끄러져 사라지거나' '죽음

---

46) Roland Barthes, "The Death of the Author"(1968), *Image/Music/Text*, London:
Fontana/Collins, 1977, pp.142-148.
47) Ibid., p.148.

속으로 들어간다.' 이런 방식으로 글쓰는 육체(사람)는 '기원이 없는
영역을 불가피하게 더듬어 가는' 언어('기입') 속 주체로 대치된다.
바르트에게 텍스트의 '뒤' 또는 '앞'에는 아무것도 존재하지 않는다.
의미는 반드시 그것이 이루어지는 현재의 순간에만, 즉 '여기 지금'
에만 존재한다. 의미의 원천이 존재한다면, 그것은 전적으로 텍스트
와 독자들 사이의 유동적인 관계에 놓여 있다. 결론적으로 최고의
독해, 즉 결정적이거나 과학적인('권위 있는') 독해란 존재하지 않는
다. 왜냐하면 그것은 그 어느 것도 기원이 아닌, 다양한 글쓰기들이
뒤섞이고 충돌하는, 언제나 '상호 텍스트성'으로 표시되는 '다차원
적 공간'이기 때문이다. 만약 의미가 잠정적으로 고정되는 지점이
있다면, 그곳은 텍스트의 출발점이 아니라 텍스트의 목적지(독자)일
것이고, 텍스트를 '해독하는' 것이 아닌 텍스트를 '풀어내는' 데 있
을 것이다.

　바르트의 테제가 지닌 가장 두드러진 문제점 한 가지는 작가의 무
덤 위로 성급하게 뛰어올라 독자가 무엇을 해야 하는지를 제대로 제
시해주지 않았다는 것이다. 그의 주장은 "독자를 역사, 전기, 심리가
없는 존재로 간주하라는 것이었다. 즉 독자는 씌어진 텍스트의 모든
흔적들(이 흔적들이 텍스트를 구성한다)을 한데 모으는 사람이라는
것이다."[48] 랩슬리와 웨스트레이크가 지적하듯이 바르트의 그러한
등한시는 문학 연구보다도 영화 연구를 좀더 곤란하게 만들었는데,
영화 연구는 줄곧 주체에 미치는 텍스트의 정치적 영향을 더 신랄하
게 강조해왔기 때문이다. 그러나 1968년 5월의 정치적 격변 이후 모
든 종류의 예술적 실천들은 고도로 정치적인 것이 되었다. 많은 후기
구조주의 글들은 텍스트, 주체 그리고 사회적 변화 사이의 역학을 설
명하는 데만 열중하지 않았다. 프루스트(Proust), 말라르메(Mallarmé),

---

48) Ibid.

발레리(Valéry) 그리고 초현실주의자들을 모델로 제시한 바르트처럼,
특별한 유형의 모더니즘 영화나 아방가르드 영화, 특히 작가의 존재
에 도전하거나 부분적으로 작가를 지워버리는 영화를 옹호했던 것이
다. 바르트는 비록 무엇이 '읽는 주체'에 결정적인 영향을 미치는가
에 대해서는 생각하지 못했지만, 텍스트성, 독해, 쾌락에 관한 논의
에 작가라는 문제를 다시 제기했고, 그래서 구체적인 주체(정치적·언
어적·성적·정신분석학적 주체)를 연구할 가능성을 제공했다.

  작가의 기능을 다시 설명하면서 논쟁에 불을 붙인 이는 미셸 푸코
(Michel Foucault)였다.[49] 그는 작가가 텍스트에 부재한다는 선언과
서구사회에 작가라는 제도가 존재하지 않는다는 말은 서로 다른 것
이라고 주장했다. 작가라는 제도는 확실히 역사적으로 결정된 방식
에 따라 변화를 겪으며 전개되어왔다. 푸코에게 작가의 이름은 단순
히 '다른 것들 가운데서 적절한' 하나의 명칭도 아니었고, 그 기능도
작가로 칭해진 사람에 의해 결정되지 않는다. 오히려 작가의 이름은
특정 양식으로 수용되는, 그리고 주어진 문화에서 특정한 지위를 지
니고 있는 하나의 언어다.[50]

  우선, 작가의 이름은 특정한 텍스트들을 '존 포드의 서부영화'라
는 표제로 묶고, '하워드 혹스의 서부영화'라는 또 다른 영화들과 대
조하는, 일종의 분류기능을 수행한다. 그리고 작가의 이름은 특정한
유형의 담론(이 담론은 그 이름의 작가가 쓴 책을 넘어서는 것이다.
예컨대 마르크시즘의 경우로 마르크시즘은 마르크스가 저술한 책
이상이다)을 나타내고, 그 이름 아래 유통될 때 지니게 되는 문화적
지위를 약호화한다. 두번째로, 작가로 하여금 자신의 작품을 책임지
게 하면서(형법상의 전유), 소유권을 부여해주는 법적인 기능이 있

---

49) Michel Foucault, "What is an Author?"(1977) in Paul Rabinow(ed.), *The Foucault Reader*, Harmondsworth: Penguin, 1984, pp.101-120.
50) Ibid., p.107.

다. 마지막으로, 푸코가 가장 관심을 기울인 것은 특정한 작가의 이름 아래 유포되는 담론들이 무엇을 표현하느냐가 아니라, 이러한 담론들이 어떻게 존재하게 되는지, '가치를 평가받고 귀속되고 전유되는' 과정이 어떤 변화를 겪느냐 하는 것이었다.[51] 이 과정에서 작가는 이제 의미를 확산시키는 근원으로 이데올로기적인 기능을 수행한다.[52] 푸코는 언어의 의미작용을 후기 소쉬르적으로 이해하면서, 말하거나 글쓰는 주체가 의미의 기원자, 말하자면 텍스트의 배후가 아니라고 주장했다. 그에 따르면, 보수적인 서구문화는 텍스트가 전복적으로 사용될 가능성을 우려해, 작가를 소설의 원천이자 소설을 통제하는 사람으로 설정해두려 애쓴다는 것이다.[53]

존 코이는 바르트한테 핵심적인 단서를 끌어오고 있는 것처럼 보이지만, 언어학과 정신분석학에 기반한 다양한 관객/텍스트 관계 이론들[크리스티앙 메츠(Christian Metz), 에밀 벤베니스트(Emile Benveniste)뿐만 아니라 푸코]을 오가면서 흥미롭고 영향력 있는 새로운 입장을 제시한다. 코이는 작가가 텍스트 뒤에 있는 것이 아니라 텍스트 내부에 있다고 본다. 코이에 따르면 관객은 통상 영화의 주체와 동일시하지만, 그러한 허구의 중심에서 잠시나마 벗어난 균열의 순간들이 또한 있을 수 있다. 그런데도 이러한 동일시의 상실이 "쾌락의 상실로 경험되지는 않는데, 왜냐하면 관객은 그 이탈의 순간에 작가를 인식하기 때문이다. 여기서 작가란 관객이 다시 구성한 인물로 영화를 수행하는 주체의 위치에 해당한다."[54] 그리하여 그 순간 관객은 작가의 작업이라고 여겨지는 것, 예컨대 특정한 유형의 편집, 연기, 음악의 사용을 인지하고 찬양하며 즐기게 된다. 코이는 상호

---

51) Ibid., p.117.
52) Ibid., p.118.
53) Ibid., p.119.
54) John Caughie, op. cit., 1981, p.204.

텍스트적인 일관성을 작가주의적으로 찾아내려 한다는 점에서 작가
주의를 다시 끌어들이고 있음을 인정하지만, 그렇다고 이것이 작가
의 창조적인 천재성을 나타내는 것으로 환영되어서는 안된다고 강
조한다. 대신에 "우리는 그것을 담론의 문제, 즉 담론의 작가(주체)
를 어떻게 생산하는가의 문제, 그리고 그러한 생산이 어떻게 관람하
는 주체를 생산하고 위치지우며 계속 재위치시키느냐의 문제로 다
시 보아야 한다"는 것이다.55) 이렇게 하여 코이는 바르트의 수행으
로서의 영화개념을 수행 내부에 존재하는 쾌락을 설명할 필요가 있
다는 푸코의 주장과 결합한다(여기서 수행은 작가주체와 관객주체를
생산하는 담론이다). 그런데도 스티븐 크로프츠(Stephen Crofts)가 지
적하듯이, 이 모든 것은 그러한 이탈의 순간을 어떻게 확인하고 정
의할 것인가라는 문제와 영화가 그러한 이탈의 순간을 보여주지 않
는다면 작가가 없는 것으로 보아야 하는지의 문제를 여전히 남긴
다.56)

　　1980년대 동안, 작가 문제는 영화 저널에서 거의 논의되지 않았기
에 후기구조주의가 승리한 것처럼 보였을지도 모른다. 그러나 앤디
메드허스트(Andy Medhurst)는, 작가의 왕관을 쓴 일련의 새로운 감
독들과 더불어 작가주의는 신문의 영화 리뷰난과 영화잡지에서 여
전히 최고로 군림하고 있다고 주장한다[마틴 스콜세지(Martin Scor-
ses), 알란 루돌프(Alan Rudolph), 리들리 스콧(Ridley Scott), 스파이크
리(Spike Lee), 로버트 알트만(Robert Altman), 캐서린 비글로(Kathryn
Bigelow), 우디 앨런(Woody Allen) 등].57) 게다가 작가이론을 재검토

---

55) Ibid., p.205.
56) Stephen Crofts, "Authorship and Hollywood," *Wide Angle*, vol.5, no.3, 1982,
　　pp.16-23.
57) Andy Medhurst, "That Special Thrill: Brief Encounter, Homosexuality and
　　Authorship," *Screen*, vol.32, no.2, 1991, p.197.

하기 시작했는데, 이는 부분적으로 새로운 종류의 영화들, 즉 앞서 거명한 감독들이 할리우드 바깥에서 만든 영화들에 대응하기 위해서다. 또한 신역사주의와 포스트모더니즘 그리고 포스트모더니티 이론을 수용하기 위해서이기도 하다.

메드허스트(Medhurst)가 데이비드 린(David Lean)의 영화 <짧은 만남(*Brief Encounter*)>(1945)을 분석하면서 다시 작가이론을 끌어들인 것은 노엘 코워드의 동성애를 전기상의 사소한 사건이 아닌, 영화의 각본에 중요한 영향을 끼친 약호로 인정해야 할 필요를 절실하게 느꼈기 때문이었다. 후기구조주의 비평은 감독의 일대기를 가지고 텍스트를 분석하려는 경향에 대해 못마땅해했는데, 메드허스트는 후기구조주의의 이러한 태도를 감독의 소외된 정체성을 지워버리는 위험한 것으로 보았다(<짧은 만남>의 경우에 작가의 정체성은 일종의 하위문화적인 것, 집단적인 동요로 나타나는데 바로 그러한 공통의 감정구조를 인식하고 분석하는 것이 메드허스트의 방법이었다).[58]

다시 말해, 전기적인 요소를 끌어들이는 것은 그것이 정치적인 기능을 한다면 정당화될 수 있다는 것이다. 여기서 정치적인 기능이란 감독의 소외된 정체성이 영화에 어떤 기여를 했는가를 밝혀내고 감독과 마찬가지로 소외된 정체성을 지닌 사람들이 그 영화를 보고 느끼는 쾌락과 감정을 드러내어 그들에게 힘을 부여해주는 것을 말한다. 사실 그 소외된 집단의 사람들이 영화를 보면서 쾌락을 느끼는 스릴의 순간을 아마도 코이가 말한 '균열의 순간'과 연결할 수 있을 것이다(코이에 따르면, 그 균열의 순간에 관객은 감독의 존재를 확인하고 즐거움을 얻는다). 다만 그 순간이 이제 특정한 문화적 의미와 집단적인 의미를 지니게 되었다는 점만 빼고 말이다. 메드허스트

---

58) Ibid., pp.204-205.

의 주장은 또한 푸코를 새로운 방식으로 고찰하도록 했다. 푸코는 작가가 어떻게 작품을 이데올로기적으로 그리고 '반동적으로 통제해왔는가'에 대해 설명했지만, 메드허스트는 숨겨져 있는 텍스트의 가치를 밝혀내기 위해 작가를 사용했다는 점에서 비교할 만하다.

그러나 메드허스트가 인정하듯이, 그의 주장은 많은 질문에 답하는 것만큼이나 문제를 제기한다. 예를 들어, 사회적으로 소외된 집단을 구성하는 것은 무엇이고, 전기상에 나타난 증거를 가지고 무엇을 지지해야 '정치적으로 정당한' 비평이 되는가? 메드허스트는 그의 분석에서 계급적 속물근성, 인종주의와 외국인 혐오증과 같은 코워드의 좋지 않은 정체성은 추적하지 않는다. 그렇게 빠진 것들을 어떻게 점검할 것인가? 모든 소외된 집단이 영화를 보면서 자신들의 정체성을 다시 확인하고 싶지는 않을 것이다. 사실 많은 예술가들은 여러 집단에 속해 있을 것이고 그래서 각기 다른 정체성들간에는 상당한 긴장이 존재할 것이다.

예를 들어, 레니 리펜슈탈(Leni Riefenstahl)은 여성이면서 동시에 나치 영화감독이었다. 또한 메드허스트의 주장은 소외된 집단이 통일된 정체성을 지니고 있다고 가정한다(즉, 시나리오 작가나 감독의 삶에 관한 정보를 통해 집단적 동일시를 조장하고 그럼으로써 소속감을 부여한다는 것이다). 그 결과로 집단에 포함되어 있는 다양한 하위 집단들간에 논쟁과 반박을 불러일으키겠지만 말이다. 스파이크 리가 아프리카계 미국인이라는 사실은 그의 영화에서 보나 미국 영화제작이라는 경제학에서 보나 미국의 흑인 관객에게는 정치적으로 중요한 정보일 것이다. 그러나 그의 영화들에 대한 비판적인 반응들, 특히 여성의 반응은 그렇지 않다는 것을 말해준다.[59]

---

59) 비록 이에 대한 언급이 영국에서 이루어졌지만 말이다. 다음을 보라.
Felly Nkweto Simmons, "She's Gotta Have It: The Representation of Black Female Sexuality on Film" in Terry Lovel(ed.), *British Feminist Though: A*

가장 최근에 작가 논쟁에 기여한 사람은 미국 비평가 더들리 앤드루(Dudley Andrew)와 티모시 코리건(Timothy Corrigan)이다. 그들은 포스트모더니즘 이론과 상업적인 은유의 소용돌이에 휘말려서 무엇보다 '소비자로서의 관객'에 관심을 보였다.[60] 두 사람은 영화의 작가에 관한 한, 작가이론이 가장 앞선 모델이라고 생각하면서, 이제 그 작가이론을 포스트모던한 비전에 맞춰 새롭게 변형한다. 예를 들어 코리건이 설득력 있게 주장하고 있는 바는, 영화감독은 자신만의 독특한 '스타 이미지'를 지닌 채 자의식적으로 양식화되어 자신을 판매한다는 것이다. 작가는 '작품'을 독해하는 방법에 영향을 주는 하나의 비평적 범주라기보다는 "관객의 수용을 조직하기 위한 하나의 상업적 전략"으로 보여진다는 것, 즉 "작가의 컬트적 지위를 확인하고 알려주는 것을 겨냥한, 배급과 판촉에 묶여 있는 비평개념"이라는 것이다.[61]

코리건이 그러한 상업적 전략의 영향을 알려준 것은 옳았지만, 작가를 의미 생산에 영향을 주는 많은 인자들 중의 하나가 아닌 텍스트의 독해를 결정하는 요인으로 지나치게 강조하는 것은 위험하다. 관객에게 영향을 주는 상업적 전략에 치중하는 것으로 보아, 앤드루와 코리건은 관객의 역할을 수동적인 소비자 이상으로 보고 있지 않다는 것을 알 수 있다. 예컨대, 코리건은 불쾌하고 잘난체하는 영화광 관객을 다음과 같이 묘사한다.

스필버그 영화를 보고 즐거워하는 것은 영화에 대한 평가를 거부하는 데서 온다[그 쾌락은 헤어조크(Herzog)의 영화를 보는 경우에도 똑같이 적

Reader, Oxford: Blackwell, 1990, pp.314-324.

60) Dudley Andrew, "The Unauthorised Auteur Today" in Jim Collins et al(ed.)., *Film Theory Goes to the Movies*, London: Routledge, 1993, pp.77-85; Timothy Corrigan, *Cinema Without Walls*, London: Routledge, 1991.

61) Timothy Corrigan, op. cit., 1991, p.103.

용될 것이다]. 그리고 그 쾌락의 많은 부분은 그 영화를 그냥 보는 데서 오는 것이 아니라, 그 영화의 의미를 이미 알고 있다는 데서, 즉 그 영화에 앞서 이미 알려진 감독의 이미지를 전체화하는 데서 온다.[62]

어떤 점에서 이것은 "관객의 쾌락이란 텍스트의 패턴과 일관성을 감독의 형상으로 찾아내는 데 있다"는 코이의 설명을 상기시켜준다(마찬가지로 앤드루는 작가를 '영화의 효과'로만 보는 입장을 기꺼이 받아들인다).[63] 그러나 코리건은 그러한 순간들 또한 관객에게 특정한 위치와 의미를 제공한다는 점을 인식하지 못하고 있다. 헤어조크 영화도 스필버그의 경우와 마찬가지 방식으로 수용된다고 보는 점에서 코리건의 관객 개념은 분화되지 않은(나눠지지 않은) 대중이라는 것을 알 수 있고 그래서 메드허스트의 입장과는 다르다는 것을 알 수 있다. 그러나 장기적으로 보면, 대중영화의 정서적 효과나 정치적 효과에 대한 논의의 방향을 다시 잡아주었다는 점에서, 그리고 관객 공동체를 인식하고 있었다는 점에서 메드허스트의 경우가 훨씬 유용해 보인다.

결론

영화작가이론의 다양한 수정·변형을 개관해보니, 영화에서 대중성은 항상 불쾌한 범주였음이 드러났다. 작가주의 비평가들은 할리우드의 뿌리인 시장을 제쳐놓았거나(≪카이에 뒤 시네마≫), 그것을 진정한 작가가 영웅적으로 출현하는 수렁으로 생각했다(캐머런, 새리스). 대중문화 이론가들의 경우와 매우 유사하게, 두 입장 모두 '대중적인 것'이란 상투적이고 진부하며 정치적으로나 형식적으로

---

62) Ibid., p.106
63) Dudley Andrew, op. cit., 1993, p.84.

보수적인 뜻을 지닌, 명백히 부정적인 용어였다. 비록 나중에 구조주의 비평가들과 후기구조주의 비평가들이 이러한 초기 입장에 이의를 제기했지만, 그런데도 비평방법을 적용하는 데서 여전히 대중영화에 비해 '예외적인 감독'을 특권시했다. 예컨대 <젊은날의 링컨>에 대한 ≪카이에 뒤 시네마≫의 이데올로기 비평이나 '이차적 변형'이라는 울른의 대중영화 개념에는 대중적 텍스트가 참으로 보수적이라는 그리고 오직 비평가만이 영화의 이데올로기적 무의식을 드러낼 수 있다는 생각이 내포되어 있었다. 그러므로 어떤 전복이나 급진적인 가능성은 텍스트 자체에 있는 것이 아니라 독해에 있었다. 코리건과 앤드루의 포스트모던한 접근 방법은 유럽의 예술영화와 할리우드 간의 차별을 없애려는 시도였지만, 아직은 여러 가지 점에서 대중문화이론의 이면처럼 보인다. 문화의 전반적인 상업화를 받아들이도록 재촉한다는 점에서 말이다. 어쨌거나 작가주의 원칙으로 되돌아가 예외적인 감독이나 스타 감독들에 비평의 관심을 두었다는 점에서 대중영화의 의미 형성에 영향을 끼치는 것은 무엇인가라는 질문에 대해서는 해결책을 제시하지 못했다.

제 **3** 장
장르 이론과 비평 | 피터 허칭스

장르 이론은 1960년대 말과 1970년대 초에 이르러 처음으로 영화 이론에서 이론적·비평적 주목을 받게 되었다. 장르 연구는 주로 할리우드 영화들을 다루었고, 적어도 처음에는 1950년대 이래 영화비평에서 매우 중요한 위치를 차지하고 있었던 작가주의 논쟁과 관련을 맺고 있었다. 어떤 비평가들에게 특정 장르에 대한 연구는 작가를 할리우드 내에 더 체계적으로, 그리고 아마도 더 믿을 만하게 자리매김할 수 있는 기회를 제공했다. 그리고 작가의 창조성이라는 개념을 문제삼고자 했던 여타의 비평가들에게 장르를 강조하는 것은 앤터니 이스트호프(Anthony Easthope)의 말처럼 "작가주의를 넘어서려는 전술적인 시도"를 의미하는 것이었다.[1]

장르를 둘러싼 다양한 비평활동이 과거와의 분명한 단절을 나타내는 것은 아니었지만, 영화 전반에 관해, 특히 할리우드 영화에 관해 새롭게 생각해볼 수 있는 가능성은 제공했다. 그러나 1970년대 장르 연구와 관련된 다양한 논문과 책들을 두루 훑어보면, 실현

---

1) Antony Easthope, "Notes on Genre," *Screen Education*, 32/33, autumn-winter, 1979-80, p.39.

되지 못했거나 좌절된 하나의 가능성에 대한 느낌, 즉 예리하고 통찰력 있는 작업이었지만 결국에는 아무것도 남지 않았다는 느낌을 받게 된다. 폴 윌먼(Paul Willemen)은 영화비평의 의제에서 장르가 실질적으로 사라져버리게 된 것은 1970년대 중반 이후, 스크린 이론의 득세와 더불어 영화이론이 좀더 일반적인 것에 관심을 두게 되었기 때문이라고 주장한 바 있다.2) 이러한 주장은 확실히 그럴듯하다. 그러나 장르 비평가들이 중요하게 여겼던 특정한 비평적 질문과 논쟁이 결국에는 효력이 없는 것으로 판명났기 때문이라는, 혹은 문제제기가 지속적으로 이루어지지 않았기 때문이라는 주장 또한 있었다.

이 장에서는 1970년대 장르 이론의 긍정적인 성과들을 기록하고 [여기에는 톰 리얼(Tom Ryall), 에드 버스콤(Ed Buscombe), 콜린 맥아더(Colin MacArthur), 더글라스 파이(Douglas Pye), 스티브 닐(Steve Neale), 윌 라이트(Will Wright)의 공헌이 포함된다], 아울러 장르 이론이 실패하게 된 몇 가지 이유를 확인해볼 것이다. 또 초기 장르 논의에 영향을 끼쳤던 앙드레 바쟁과 로버트 워쇼, 로렌스 앨러웨이(Lawrence Alloway)의 작업에 대해 이야기해 볼 것이다. 장르 연구에 관한 이 개척자들의 통찰은 1970년대에 이르러 발전하리라 예상되었지만, 그들이 제기했던 어떤 질문들은 이후의 비평가들에게 무시되었고, 많은 부분이 손상되었다. 마지막으로 이 장에서는 특정 장르, 가령 필름 누아르와 멜로드라마에 관한 1970, 80년대의 연구 등에 대한 중요한 연구들을 간략히 살펴볼 것이다 그와 같은 연구들은 이전의 장르 연구들이 지니고 있었던 특정한 이론적 야망을 놓치고 있었지만, 장르의 역사적·국가적 특수성을 좀더 명쾌하게 지각하고

---

2) Paul Willemen, "Presentation" in Steve Neale, *Genre*, London: British Film Institute, 1980, pp.1-4.

있었으며, 1970년대 이론가들이 제시했던 장르에 관한 사고방식에 하나의 대안을 제공했다고 여겨졌다.

이 대목에서, 장르라는 주제가 영화 연구의 전통적인 영역에서 항상 비껴나 있었음은 언급할 가치가 있다(스타라는 주제 역시 마찬가지다). 영화 연구의 역사에서 보자면 장르 이론은 작가주의 이후에 등장했지만, 영화산업과 관객에 관한 한 작가주의보다 더 쓸 만한데, 이는 작가주의가 영화적 경험을 분류하고 등급을 매기기 위해 작가 (감독)에 주목했기 때문이다. 작가란 산업의 구조에 맞서 존재하는 것이고, 비평가들이 영화에서 감지 또는 구축해내는 것임에 비해, 장르는 늘 산업적인 속성으로 존재한다. 장르는 영화제작자가 계속해서 흥행에 성공할 수 있는 수단을 제공한다. 이는 또 장르가 관객에게 특정한 종류의 지식을 제공한다는 사실과도 연결되어 있다(관객은 그 지식을 토대로 자신들이 본 것을 체계화한다). 물론 이것이 장르를 운위하는 비교적 기본적인 방법이다. 하지만 그런데도 많은 장르 이론들은 기본적으로 영화산업과 관객을 같은 등식으로 다루어야 한다고 생각한다(이것을 좀더 고전적인 형식의 작가주의와 비교해보라. 작가주의이론에서 영화산업은 누락되는 경향이 있고 관객은 대개 언급되지 않는다). 사실 장르 연구의 매력은 영화를, 특히 할리우드 영화를 산업적이고 대중적인 매체로 다룰 수 있는 기회를 제공한다는 데 있다. 이제 필요한 일은 이 작업에 착수했던 비평가들의 다양한 방법을 탐사해보는 것이다. 우선 이 분야에 손을 댄 초기 작업들에서 시작해보자. 차츰 어떤 문제점들이 명확히 드러나게 될 것인데, 이는 이후 수년 간 장르 연구를 선점하고 있었던 문제이다.

장르의 개척자들

여기서 논의될 세 명의 비평가는 앙드레 바쟁, 로버트 워쇼, 그리고 로렌스 앨러웨이다. 이들은 서로 생각은 달랐지만, 모두 장르가 나름의 의미나 중요성을 지니고 있다고 믿고 있는 사람들이었다.

세 사람 중 가장 잘 알려진 이는 아마도 바쟁일 것이다. 그는 ≪카이에 뒤 시네마≫ 및 작가주의 비평그룹과 밀접한 관련을 맺고 있었는데, 장르에 관한 그의 글들, 특히 「서부영화 혹은 뛰어난 미국 영화(The Western, or the American Film par Excellence)」 그리고 「서부영화의 진화(The Evolution of the Western)」는 바로 작가주의와 관련해서 이해할 필요가 있다(사실 바쟁은 「서부영화의 진화」에서 저자/작가를 장르 진화의 핵심적인 인자로 파악하고 있다).3) 바쟁에게 서부영화, 즉 그의 말로 하자면 뛰어난 미국 영화를 설명해야 할 중요한 이유 중 한 가지는 이 영화의 국제적인 인기였다. 아마도 이는 미국인이 아닌 비평가에게 적절한 임무였을 것이다.

> 서부영화는 아랍인, 힌두인, 라틴인, 게르만인, 그리고 앵글로색슨인들에게서 전폭적인 성공을 거두어왔는데, 미국의 탄생, 버펄로 빌과 인디언의 싸움, 철도 건설 그리고 남북전쟁 따위와 관련하여 도대체 무엇이 그들의 흥미를 끄는 것인가!4)

바쟁에게는 이 질문에 대한 답이 서부영화의 형식적 특징, 즉 특정한 세팅, 대상 그리고 시나리오에 있는 것이 아니다. 말하자면 "서

---

3) 앙드레 바쟁의 『영화란 무엇인가: 2권(What is Cinema: Volume 2)』(Berkeley: University of California Press, 1971)에는 「서부영화 혹은 뛰어난 미국 영화」와 「서부영화의 진화」가 실려 있다(이 두 글은 1950년대에 처음 출판되었다).

4) André Bazin, "The Western, or the American Film par Excellence"(1950), What is Cinema: Volume 2, Berkeley: University of California Press, 1971, p.141.

부영화는 형식을 넘어선 어떤 것이라는 말인데, 즉 거칠고 황량한 풍경을 질주하는 말, 싸움, 강하고 용감한 사람들이 그 장르를 정의해주거나 그 장르의 매력을 설명해주지 않는다는 것이다."5) 오히려 서부영화의 형식적 특징은 "심원한 현실을 나타내는 기호나 상징, 그러니까 신화에 있다는 것이다."6) 바쟁이 이해하고 있는 것처럼 신화란 보편적이고 무시간적인 것이다. 그리고 서부영화에서 신화는 악의 세력과 '진실한 대의를 지닌 기사들' 간의 마니교도적으로 투쟁이 나타난다. 바쟁은 이러한 신화적인 성질이 서부영화의 특정한 역사적 무대와 변증법적 관계를 지니고 있다고 주장한다. 그리고 이 관련성으로 인해 그 장르는 더욱 내러티브적이며 비극적인 성질을 지니게 된다는 것이다(바쟁은 내러티브적이고 비극적인 것을 막연하게 정의하고 있다).

「서부영화 혹은 뛰어난 미국 영화」는 바쟁의 이러한 생각들을 드러낸 논문인데, 거칠게 쓰여져 있어 서부영화에 대한 바쟁의 생각들은 상당부분 의심이 간다. 이 글에서 비록 바쟁이 서부영화의 국제적인 배급을 중요하게 인식하고 있었지만 말이다. 그러나 「서부영화의 진화」라는 글에서 그는 서부영화의 형식이 어떻게 역사적으로 변화하는가에 대해 분명한 설명을 한다. 그에 따르면 서부영화는 1930년대 말에 이르러 고전적인 형태로 완성되었고 그 이후에는 바로크적인 서부영화로, 그리고 소설적인 서부영화나 초(super) 서부영화로 다양하게 변화했다. 그러니까 서부영화는 기존의 형태에서 벗어나 새로운 형식으로 자리잡기 위해 계속해서 변화를 거듭했다는 것이다.7) 장르에 대한 바쟁의 글에서 특별히 흥미로운 두 가지 점을 분리해보자.

5) Ibid., p.142.
6) Ibid.
7) Ibid., pp.150-151.

첫번째, 서부영화에 대한 주목이다. 이는 거의 같은 시기에 이루
어진 워쇼의 작업도 마찬가지다. 그 장르는 1970년대 장르 비평의
주 관심사였던 것이다. 그러나 바쟁은 서부영화를 단지 언급만 했을
뿐, 제작조건을 살펴보거나 아니면 좀더 일반적인 장르 이론의 측면
에서 서부영화를 다루지는 않았다. 하지만 1970년대에는 서부영화,
그리고 많지는 않지만 갱스터 영화를 종종 장르 일반의 견본으로 사
용했다. 이는 서부영화의 형식적 구성요소를 찾아내는 데만 집중하
는 경우와 마찬가지로 많은 문제를 낳았다. 이것은 장르를 정의하기
에는 부적절하다고 바쟁이 반대했던 방법이다.

두번째, 바쟁이 '고전적인 것' '바로크적인 것'으로 시기를 구분한
것은 세월이 흐름에 따라 장르가 변한다는 것, 그리고 그러한 변화
가 무엇보다 장르의 형식적 구성에서 명백히 드러난다는 것을 말해
준다. 그러나 이제는 진부한 지적이 되겠지만, 바쟁 이후의 여러 장
르 이론들은 장르의 형식을 역사적으로 이해하려는 바쟁 식의 태도
에서 멀어졌다.

톰 리얼이 언급한 것처럼 서부영화와 갱스터 영화에 대한 워쇼의
글들은 바쟁에 비해 좀더 이데올로기적인 분석을 제공한다.[8] 워쇼의
작업에서 한 가지 얻을 수 있는 것은 이들 장르 영화가 문화적·역사
적 특수성(이러한 특수성에 주목하고 있다는 점에서 워쇼의 방법은
바쟁의 보편적인 방법과 결정적으로 구별된다)을 지니고 있다는 사
실을 알도록 했다는 점이다. 그러니까 장르 영화는 미국사회의 특정
한 문제와 모순을 상상적으로 해결해준다는 것이다. 예컨대 워쇼는
갱스터 영화의 매력은 지배적인 미국적 가치들의 모순을 드러내는

---

8) 다음의 글을 보라.

　　Robert Warshow, *The Immediate Experience*, New York: Atheneum, 1971.
　　이 책에는 "The Gangster as Tragic Hero"(1948년에 처음 발표)와 "Movie
　　Chronicle: The Westerner"(1954년에 처음 발표)가 실려 있다.

데 있다고 주장한다. 그러니까 갱스터 영화가 공식적으로 인정된 위대한 미국적 가치를 부정하는 것은 보통사람들이 일상의 삶에서 그와 같은 가치를 전혀 체험하지 못하기 때문이라는 것이다.[9]

동시에 워쇼는 장르가 단순히 기존의 사회적 현실을 반영한다고 보지 않았다. 바쟁과 마찬가지로 그는 장르의 미학적 중요성을 몇 번이고 강조했던 것이다. 그러나 바쟁과는 달리 워쇼는 장르의 미학적 특징을 영화산업의 체제와 관객의 기대에 연결했다.

> 갱스터 영화는 영화가 고정된 드라마 패턴을 부단히 만들어낸다는 사실을 말해주는 한 예일 뿐이다. 그 패턴은 수익을 적절히 기대하면서 무한히 반복된다. … 각각의 패턴은 관객의 기대를 제한한다. 그리고 독창성은 다만 그 기대를 근본적으로 바꾸지 않으면서, 예측된 경험을 강화하는 정도에서만 환영을 받는다. … 관객의 실제 경험에 호소하는 것은 궁극적인 의미에서만 그러하다. 좀더 단도직입적으로 말해 관객이 이전에 경험한 패턴에 호소한다는 것이다. 즉 한편의 장르 영화는 관객이 전에 관람한 그 장르의 영화에 근거를 두고 있다.[10]

마지막으로 1960년대와 1970년대 초반에, 1970년대 여타의 장르 비평과 겹쳐 있지만 상당히 다른 글을 쓴 앨러웨이는 바쟁이나 워쇼에 비해 관객의 경험에 대한 이해를 좀더 강조한다. "영화에 대해 글을 쓰려는 비평가는 자신들이 관객들 가운데 속해 있다는 소속감에서 출발해야 한다"는 것이다.[11] 중요한 것은 그가 '도상(iconography)'이라는 용어를 처음으로 사용하여 장르의 정체성을 분석한 비평가들 중 한 사람이라는 사실이다. 앨러웨이는 그 용어와, 그 용어의 비평적 관행을 예술사[특히 어윈 파노프스키(Erwin Panofsky)의

---

9) Ibid., p136.
10) Ibid., pp.129-130.
11) Lawrence Alloway, *Violent America: The Movies 1946-1964*, New York: Museum of Modern Art, 1971, p.19.

저작]에서 빌려와, 반복해서 영화에 출현하는 인물의 유형과 반복적인 상황을 찾아내는 데 적용했다.[12] 장르는 도상을 분류하는 예비단계였던 셈이다.

이런 식으로, 우리는 반복되고 변화되는 대중영화의 전형적인 패턴을 찾아낼 수 있다. 그리고 대중영화는 개인의 창조성보다는 도상의 견지에서 더 잘 추적될 수 있다. 영화에 감독이 공헌한 바는 오직 도상의 확인에 의해서만 제대로 드러나는 것이다.[13]

이렇게 보자면 앨러웨이는 바쟁과 워쇼처럼, 작가라는 전통적인 개념에 의지하고 있지만, 할리우드 스튜디오 체제 안의 집단적 작가라는 개념에 더 많은 관심을 가지고 있었다. 때문에 그는 장르를 하나로 통합된 전체로 보지 않고 영화들의 '집합(set)'과 '변화주기(cycle)'라는 좀더 단편적인 측면에서 제시하고자 했다. 혹자는 1930년대 갱스터 영화의 변화주기를 분석한 워쇼의 경우가 위와 같은 접근법을 바탕으로 하고 있다고 주장할 것이다. 그리고 이는 가치평가를 배제하고 서부영화를 시대별로 분류한 바쟁의 경우도 마찬가지이다.

일반적으로 이들 세 명의 비평가에게서 얻을 수 있는 것은 미국영화를 장르의 측면에서 바라볼 수 있는 가능성이다(이들의 견해나 이후 장르에 관한 논의에서 유럽 영화를 두드러지게 다루지 않았던 것은 유럽 영화는 예술로, 미국 영화는 상품으로 보는 상당히 미심

---

12) Lawrence Alloway, "Iconography and the Movies," *Movie*, no.7, Feb-March 1963, pp.4-6.
  또는 다음의 글을 보라.
  Erwin Panofsky, "Iconography and Iconology: an Introduction to the Study of Renaissance Art"(1955), *Meaning in the Visual Arts*, New York: Overlook Press, 1974, pp.26-54.
13) Lawrence Alloway, op. cit., 1971, p.41.

쩍은 접근 태도 때문이다).14) 특히 이들 세 명의 장르 비평가들은 어
떻게 장르를 비평적으로 다룰 것인가에 대한 생각들을 제공해주었
고, 도상에 대한 논의와 장르의 테마에 대한 논의들을 제공해주었다.
자세히 설명하기는 힘들지만, 중요한 것은 세 명의 비평가들이 장르
의 활력과 변화 가능성을 인식하고 있었으며, 또한 그러한 인식과
아울러 장르의 역사적 변화, 지정학적 분포 그리고 문화적 특수성을
알고 있었다는 점이다. 하지만 후자의 통찰이 이후의 장르 연구에서
항상 다루어진 것은 아니었다.

인자 X를 찾아서: 1970년대의 장르 연구

한 편의 영화를 서부영화라고 부르는 것은, 그 영화가 서부영화로 일컬
어지는 다른 영화들과 더불어, 정의하기 어려운 어떤 'X'를 공유하고 있다
는 말이다.15)

1970년대 장르 연구에서 두드러진 것 중 하나는, 많은 연구가 영
국에서 이루어졌다는 사실이다. 아마도 이 시기에 영국에서 장르 이
론과 비평이 발달한 것은 영화 연구를 영국교육기관이 인정할 만한
학문분야로 세우려 했기 때문인 것 같다[이러한 작업의 대부분이
분명한 교육적 대의를 갖고 있었던 ≪스크린(Screen)≫ ≪스크린 에듀
케이션(Screen Education)≫ 그리고 B.F.I(British Film Institute)에서 이
루어졌기 때문이라는 사실은 논외로 하더라도]. 영화 장르를 정의하

---

14) 앤드루 튜더는 유럽 예술영화를 하나의 장르로 본다. 다음 책을 보라.
   Andrew Tudor, *Theories of Film*, London: Secker and Warburg, 1973,
   pp.145-147.
   또는 다음의 글을 보라.
   Steve Neale, "Art Cinema as Institution," *Screen*, vol.22, no.1, 1981, pp.11-40.
15) Andrew Tudor, op. cit., 1973, p.132.

고 분석하는 문제와 관련하여 많은 방법론이 토론되었다. 확실히 이러한 논의는 부분적으로 바쟁과 워쇼의 통찰을 특정한 교육기관과 당대의 담론 안에 자리매김하는 기능을 했다. 그러나 동시에, 작가주의는 장르 연구와는 달리 할리우드 영화를 다루기에는 다소 무리가 있으며 이에 반해 장르는 영화를 대중매체로 다루는 수단이라는, 지금은 익숙한 믿음이 있었다. 예를 들어, 1970년대 버스콤은 "교육에 종사하는 사람이라면 누구나 지금 쓰여지는 대부분의 비평들이 일반 관객들이 영화를 보고 느끼는 방식과 다르다는 점에 우려를 나타낼 것이다"[16]라고 말한 바 있다. 일반 관객들에게 영화는 새로운 혹스나 포드, 페킨파(Peckinpah)가 아니라 새로운 서부영화라는 것이다.

톰 리얼은 「장르로 가르치기(Teaching through Genre)」라는 1975년도 논문에서 장르 연구의 매개변수(parameter)를 다음과 같이 설명했다.

　　우리가 어떤 영화를 서부영화라고 부를 때, 사실상 우리는 오직 그 영화에서만 유용한 특정한 의미의 범위를 가정하고 있다. 다시 말해 의미의 경계를 정하고 있는 것이다. 장르 비평의 주된 이미지는 예술가/영화/관객으로 이루어진 삼각형이다. 장르는 개별 영화를 넘어선 패턴/형식/스타일/구조로서 정의될 수 있다. 그리고 장르는 감독의 작업과 관객의 독해를 통제한다.[17]

그러나 리얼의 논문은 무엇보다 장르와 감독과 관객 간의 통제 관계에 대한 개념이 불분명해서, 스티브 닐에게 비판을 받았다.[18] 그러

---

16) Ed Buscombe, "The Idea of Genre in the American Cinema," *Screen*, vol.11, no.2, March-April 1970, p.43.

17) Tom Rayll, "Teaching Through Genre," *Screen Education*, no.17, 1975, pp.27-28.

18) 1970년대의 장르 이론에 대한 논의는 다음을 보라.

나 중요한 것은, 한 장르를 연구하는 것은 곧 그 장르의 "의미 영역을 제한하는 것이다"라는 리얼의 주장이다. 한 장르(또는 장르 일반)를 본격적인 연구대상으로 설정하게 되면 곧 그 장르에 대한 특정한 방식의 독해에 권위를 부여하고, 그리하여 필수적으로 다른 독해를 주변화하고 배제하게 된다는 것이다. 리얼의 논문뿐만 아니라 1970년대에 이루어진 대부분의 장르 연구에 있어 리얼의 주장이 의미하는 바는 한 장르가 지닌 의미는 그 장르에 속한 영화들을 독해함으로써 얻어진다는 것이다. 이것이 바로 장르의 진실이라고 여겨지는 바이다. 리얼의 견해는 종종 이와 관련하여 감독의 능동적인 역할을 인정한다. 그러나 리얼의 삼각형에서 세번째 요소인 관객이 무엇을 하는지는 잘 드러나지 않는다. 분명 관객은 중요하다. 부분적으로 관객의 존재는 장르 연구를 정당화하고, 엘리트주의적인 작가주의와 구분해준다. 그러나 장르 영화를 올바로 해석할 수 있도록 해주는, 장르의 관습을 숙지하게 됨에 따라 얻게 되는 특별한 지식과 능력 이외의 것을 주었는가? 이것은 분명 리얼이 관객을 어떻게 보고 있느냐의 문제이다. 리얼의 논문은 <수색자(The Searchers)>에 대한 권위적인 분석으로 끝을 맺고 있는데, 그 분석은 만약 관객이 적절한 지식을 지니고 있다면 자신이 분석한 대로 읽을 것임을 암시해주는 참고문헌들로 마치고 있다. 이렇듯 영화를 중심에 두고 접근하게 되면, 관객의 역할이란 비평가의 분석이 '정당하다는 것'을 보증해주는 일종의 수사적 수단으로 기능한다. 실제 관객은(버스콤이 말한 '보통 관객'에 비해) 때때로 너무나 멀리 떨어져 있어 보인다.

지금까지의 논의를 염두에 두면, 1970년대 많은 장르 연구들이 특정 장르들을 정의하는데, 그리고 그 과정에 연루된 방법론에 관심을 기울였다는 것은 그리 놀라운 일이 아닐 것이다. 한 가지 핵심적인

Steve Neal, *Genre*, London: British Film Institute, 1980, pp.7-17.

문제가 앤드루 튜더(Andrew Tudor)에 의해 확인되었다.

> 서부영화와 같은 하나의 장르를 분석하고 그것의 핵심적인 특징들을 열
> 거하는 것은 서부영화라는 통일체를 먼저 분리해 내야 하는 문제를 제기
> 한다. 그러나 서부영화라는 통일체는 개별 영화들에서만 발견되는 핵심적
> 인 특징들에 의거해서만 분리될 수 있다. 그러므로 우리는 순환 속에 붙잡
> 혀 있다고 하겠다. 왜냐하면 하나의 장르를 정의하기 위해서는 먼저 하나
> 의 기준이 설정되어야 하는데, 그 기준이란 실제 경험한 영화들의 공통적
> 속성을 토대로 만들어지는 것이기 때문이다.[19]

그렇기 때문에 고전적인 영화를 기준으로 장르를 정의하는 바쟁
과 워쇼의 방법은 인상주의적이고 대체로 불만족스러운 것이라고
통상 간주된다(비록 나는 이미 바쟁과 워쇼의 논문이 1970년대에 대
부분 무시되었던 장르의 역사적 전개라는 측면을 인식하고 있었다
고 주장하지만). 튜더는 자신이 '경험주의적 딜레마'라고 불렀던 이
와 같은 문제에 대해 두 가지 해결책을 제시했다. 첫번째는, 다소 자
의적인 것으로, 선택된 기준에 따라 영화들을 분류하는 것이었다. 두
번째는 "일반적인 문화적 동의에 의거해 서부영화를 정의하고 세부
적으로 분석해나가는 것"[20]이다. 다시 말하면 "장르는 그러하리라고
우리가 집단적으로 믿는 그 무엇이라는 것"이다.[21] 어떤 의미에 있
어서 두번째 선택이 경험주의적인 딜레마를 해결했는데, 서부영화
또는 다른 장르들은 공유된 믿음과 기대에 의해 이미 정의되어 있다
는 것이다. 그리고 튜더는 앨러웨이의 입장을 따라 얼마간 관객을
염두에 두고 있었다(그후 튜더는 이런 식의 방법이 장르 이론에 불
만족스러운 기초를 제공했다고 주장했다). 그러나 이런 식의 해결은
한 가지 문제를 단순히 다른 것으로 대체한 것에 불과했다. 다시 말

---

19) Andrew Tudor, op. cit., 1973, pp.135-138.
20) Ibid., p.138.
21) Ibid., p.139.

해, 장르를 '정의하는' '공통적인 문화적 합의'를 어떻게 확인할 수
있다는 말인가?

더글러스 파이(Douglas Pye)는 1975년 그의 논문 「장르와 영화
(Genre and Movies)」에서 장르를 규정하는 것에 좀더 회의적인 견해
를 밝히고 있다.

　　사실 장르 비평에서 거의 피할 수 없어 보이는 '정의'나 '분류' 같은 용
　어들은 아마도 혼동스러운 부분일 것이다. 말하자면 그 용어들은 실제로
　가능한 것보다 훨씬 엄밀한 방법을 요구하며, 또한 장르 비평은 장르의 경
　계를 설정하기 위해 존재함을 은근히 드러내는 경향이 있다. 장르의 경계
　는 명확하지 않을 것이고, 도표화할 수도 없을 것이다. 그러기에 장르 비평
　은 장르적 전통의 경향들을 찾아내고, 그 경향들과 관련지어 각각의 영화
　들은 자리매김하는 것에 더 관심을 기울여야 할 것 같다.[22]

파이는 앨러웨이와 마찬가지로 장르의 본성을 본질적으로 혹은
일방적으로 규정할 수는 없다고 본다. 그러나 파이는 앨러웨이와는
달리 수정된 작가주의의 맥락에 근거하고 있다. 수정된 작가론에 따
르면, 비평가들은 장르를 이해함으로써 감독을 "미국 영화의 풍부한
관습"[23]과 관련하여 자리매김시킬 수 있게 된다. 그리고 다소 덜 흥
미로운 것이지만, 수정된 작가주의는 '관객들로 하여금 영화의 관습
을 더 잘 이해하도록 해주었다.'[24]

일반적으로, 그리고 정의의 문제에 대한 폭넓은 토론에도 불구하
고 대부분의 비평가들은(무엇보다 실용적인 이유 때문에) 서부영화
와 갱스터 영화처럼 쉽사리 확인할 수 있는 실체가 존재한다고 생각
하면서 각각의 장르들을 묶어주는 요소들 하나하나에 대해 검토해

---

22) Douglas Pye, "Genre and Movies," *Movie*, no.20, 1975, p.29.
23) Ibid., p.30.
24) Ibid.

나갔다. 이러한 작업은 문학이론가인 르네 웰렉(Rene Wellek)과 오스틴 워렌(Austine Warren)으로부터 많은 영향을 받았다. 웰렉과 워렌은 자신들의 책『문학의 이론(*Theory of Literature*)』에서 "문학장르란 이론적으로 외적 형식(독특한 운율이나 구조)과 내적 형식(태도, 톤, 목적, 좀더 포괄적으로는 주체와 수용자) 모두에 기반을 둔 문학작품들의 집합으로 여겨야 한다"고 주장했다.[25] 확실히 문학 장르는 영화 장르와는 다르다. 그러나 비평가들은 웰렉과 워렌의 외적 형식과 내적 형식의 구분을 재빨리 영화용어로 변형했다. 그리하여 영화 장르의 외적 형식은 도상이 되었고, 내적 형식은 주제의 동일성이 되었다.

이러한 생각을 발전시킨 선구자 중 한 사람으로는 콜린 맥아더가 있다(물론 앨러웨이 이후이다). 그는 발표되지 않은 논문「장르와 도상(Genre and Iconography)」에서 장르의 도상을 연구하는 것이 영화를 기호학적으로 이해하는 데 도움이 될 것이라고 주장했다. 그는 갱스터 영화에 주목하면서, 그 장르의 도상적 동일성을 이해하는 수단으로 다음을 제시했다.

반복되는 이미지의 유형은 세 가지 범주로 나눌 수 있다. 첫째 배우와 그 배우가 연기하는 인물의 신체적 태도, 특성 그리고 의상과 관련 있는 것들. 둘째 등장인물의 주위 환경과 연관 있는 것들. 셋째 등장인물들을 처리하는 기법과 관련 있는 것들.[26]

---

25) Ed Buscombe, op. cit., 1970, p.36.
26) Colin McArthur, "Genre and Iconography," *British Film Institute seminar paper*, p.2.
여기에 포함된 생각들은 맥아더의 책에서 다루고 있다. 다음을 보라.
Colin MacArthur, *Underworld USA*, London: Secker and Warburg/British Film Institute, 1972.
맥아더에 대한 비판은 다음을 보라.
Steve Neale, op. cit., 1980, pp.11-13.

버스콤 또한 웰렉과 워렌의 개념에서 영향을 받았다. 그는 『미국
영화에서 장르의 개념(*The Idea of Genre in the American Cinema*)』이라
는 책에서 도상적 접근의 중요성을 강조한다. 그리고 "우리는 시각
적인 매체를 다루고 있기 때문에 화면에서 실제로 본 것을 정의할
기준을 확실하게 찾아내야만 한다"고 주장했다.[27] 그러나 버스콤은
맥아더에 비해 영화의 도상을 분류하는 도식에는 그다지 관심이 없
었다. 대신 그는 서부영화의 구성요소라고 생각되는 도상들(세팅, 소
품, 의상 등)을 열거하고 "이러한 것들이 형식의 요소로 작용한다"고
주장했다. 다시 말하자면, "소네트가 어떤 운율에서는 14행이 아니
듯이 영화에서 이들 도상 역시 다양한 형식을 이루어낸다"는 것이
다.[28] 그는 계속해서 이러한 형식요소들이 한 장르의 주제를 결정한
다고 주장했다. 예컨대 인간과 자연의 대립이나 문명의 수립과 같은
서부영화의 줄거리는 그 영화가 전개되는 배경공간으로 인해 설득
력을 지니게 된다는 것이다.[29]

　위의 인용문에서 명확히 알 수 있듯이 도상에 대한 많은 연구들은
내용과 형식을 구분하지 않았기에 비판을 받았다. 그러나 도상에 대
한 연구들은 영화는 작가와는 상관없이 의미를 지닐 수 있다는 점에
주목했다는 데에서 많은 유용한 통찰들을 지니고 있었다. 그래서 대
다수 이런 식의 설명들이 결국에는 작가주의 형식을 다시 받아들이
게 되고 그 결과 애당초 그 연구들이 보여주었던 지평(무엇보다 관
객이 의미의 영역에 관련된다고 보았던 점)에서 얼마간 벗어났다 하
더라도, 도상연구가 지닌 의미를 폄하해서는 안된다.

　1970년대의 비평가들에게 도상이 장르의 외적 형식을 제공했다
면, 심층에 깔려 있는 주제는 내적 형식을 구성했다. 주제로 장르를

27) Ed Buscombe, op. cit., 1970, p.36.
28) Ibid., p.38.
29) Ibid.

분석한 중요한 예로 서부영화에 관한 짐 키체스의 『서부의 지평
(*Horizons West*)』을 들 수 있다. 키체스는 미국 문화 내에서 서부라는
개념은 '애매하고 변하기 쉬운 개념'으로, 백인 문명의 진보에 대해
많은 양가적인 감정과 생각들을 지니고 있다고 주장한다. 이 '철학
적 변증법(philosophical dialectic)'을 설명하기 위해, 키체스는 일련의
대립적인 가치와 개념들을 도표로 열거했다. 이것은 서부영화의 근
본적인 주제적 관심사를 나타내 주는 것들이다.30)

   이렇듯 키체스는 주제의 매개변수를 느슨하게 정의함으로써 서부
영화를 "뿌리와 가지가 많은, 느슨하고 유동적이며 다채로운 장르"
로 기술하고 "그 장르를 고전적인 서부영화라는 한정적인 모델에 영
원히 고착시키려는" 비평가들을 비난했다[물론 키체스의 이러한 다
양하고 활기에 찬 장르 해석은 존 포드, 앤터니 만(Anthony Mann),
샘 페킨파(Sam Peckinpah)와 같은 작가들에게도 적용되었다].31) 물
론 이항대립적인 비교 목록이 여타의 장르에도 적용될 수 있느냐는
전적으로 별개의 문제로 이것은 곧 키체스의 접근방법이 장르 일반
에 적용될 수 있는가의 문제를 제기한다.

   키체스와는 달리, 윌 라이트는 『육연발총과 사회: 서부영화에 대
한 구조적 연구(*Sixguns and Society: A Structural Study of the Western*)』에
서 작가의 문제를 고려하지 않는다. 그러나 키체스와 마찬가지로, 이
방법이 서부영화 외의 장르에도 효과가 있는지는 의문스럽다. 무엇
보다도 라이트의 설명과 방법은 바쟁의 서부영화에 대한 설명을 강
하게 연상시킨다. 라이트는 서부영화의 특별한 구조적 유형을 서부
영화의 역사적 발전 속에서 찾아내고 그것을 더 넓은 미국사회의 변
화와 관련시키고자 했다. 라이트는 서부영화가 하나의 신화[인류학

---

    30) Jim Kitses, *Horizons West*, London: Thames and Hudson/British Film
        Institute, 1969, p.11.
    31) Ibid., p.17.

자 클로드 레비스트로스의 작업에 주로 의지하고 있는 그의 신화 개
념은 바쟁이 제시한 것과는 상당히 다르다]라고, 혹은 관객/수용자
를 특정한 사회적 질서에 결합시키는 신화들의 집합이라고 주장했
다. 즉 "신화의 구조는 당대의 지배적인 사회제도가 사회를 이해하
는 개념 구조인 것이다. 그러니까 신화의 구조가 역사적으로 변화하
는 것은 지배적인 제도의 구조가 변하기 때문이라는 것이다."[32) 라
이트가 말한 네 가지 주된 서부영화의 유형, 그러니까 고전적 플롯,
변주된 복수, 주제의 변형, 전문가적 플롯은 내러티브의 기능을

황야	문명
개인	공동체
자유	구속
명예	제도
자의식	환상
완전무결함	타협
이기주의	사회적 책임
자기중심주의	민주주의
자연	문화
순수	타락
경험	지식
경험주의	율법주의
실용주의	이상주의
야수적임	순화됨
야만성	인간다움
서부	동부
미국	유럽
변경 지방	미국
평등	계급
농민주의	산업주의
전통	변화
과거	미래

32) Will Wright, *Sixguns and Society: A Structural Study of the Western*, Berkeley: University of California Press, 1975, p.14.

기준으로 한 것으로 라이트에 의하면 각각의 특정한 유형의 영화들은 그런 기능을 공유하고 있다.

라이트의 책은 확실히 상세하고 부분적으로는 고심한 흔적이 보일 정도로 빈틈이 없다. 그리고 아마도 장르를 딱 부러지게 정의하려는 가장 야심적인 시도를 대표한다고 할 수 있을 것이다. 그러나 그런 철저함에도 불구하고 서부영화에 대한 설명은 무척 개략적이라는 느낌이 들어, 이 책에서 제시된 모든 세부적인 것조차도 더 많은 경우와 기능을 필요로 하고 있는 것 같다. 라이트의 접근은 많은 부분에서, 장르 연구는 경계를 정의하는 것에 관한 것이어야 한다는, 앞서 언급한 톰 리얼의 주장을 따르고 있다. 그러나 실제로 특정한 장르의 모든 경우들을 잠정적인 비평 모델 이상의 것에 통합하려는 기획은 불가능하지는 않더라도 매우 어려워 보인다. 라이트의 『육연발총과 사회: 서부영화에 대한 구조적 연구』가 흥미롭지만 문제가 있는 것은 문화적 생산물을 사회의 지배적인 제도와 연결시키는 기계적인 사고방식을 보여주고 있기 때문이다.

장르의 정체성과 의미를 규명하려는 1970년대의 장르 연구는 서부영화에 과도하게 매달림으로써 얼마간 어려움에 직면했다. 서부영화는 지금도 어느 정도까지는 장르의 전형으로 상징화되어 있어 그 장르를 이해하는 것이 곧 모든 장르를 이해하는 것으로 여겨진다. 서부영화는 매우 특정한 역사적·지정학적인 무대를 배경으로 하고 있기에(이러한 배경덕택에 영화감독은 주제에 걸맞는 소재나 도상을 확보할 수 있었다) 1970년대 비평가들이 장르를 연구하기에는 안성맞춤이었다. 그러나 밝혀진 바와 같이, 서부영화조차도 정의의 문제에서는 결코 쉽지 않았다. 그러니 언급되지 않은 장르의 경우는 더 말할 것도 없었다. 예를 들어, 공포 드라마나 멜로드라마는 서부영화가 보여주었던 시각적인 통일성과 도상의 통일성이 부족했다. 당시의 장르 비평에서 전개한 많은 생각과 모델들은 실제로 오직 서부영화를 위한 것이었고(그것도 제한된 범위 내에서만), 그래서 여타의 장르와 장르 일반을 좀더 폭넓게 이해하는 문제에서 상대적으로 미흡했던 것이다.

각각의 장르를 분석하고 그 장르가 무엇인지를 정의하려는 시도에는 각각의 장르들이 서로 분리되어 있다는 생각이 깔려 있었음을 알 수 있다. 장르가 서로 어떻게 관련이 있는지 또는 할리우드 영화의 구조와 관습과 어떠한 관련을 맺고 있는지에 대해 전혀 인식하지 못하고 있었던 것이다. 키체스와 더불어 파이는 "이들 모든 영화가 미국 극영화의 전통에 놓여 있음을 인식해야 한다"고 주장한 몇 안되는 비평가 중 한 사람이었다. "전반적으로 그것은 문제가 없는 것으로 취급되었던 것이다."[33] 1970년대 전반부 동안 불행히도 비평가들은 이 문제에 별로 매달리지 않았다. 그리고 서부영화에서 벗어나 더 포괄적인 문제에 대한 검토가 필요하게 되었을 때, 그 문제에 대해서는 별로 관심을 두지 않았다.

1980년대에 스티브 닐(Steve Neale)은 초창기 비평가들과는 매우 다른 시각에서 장르의 주제를 다시 평가했다. 닐은 자신의 저서『장르(Genre)』에서 개별 장르에만 논의를 국한시키지 않고, 장르가 고전적 내러티브 영화 내에서 어떻게 기능하는가라는 식의 좀더 포괄적인 장르 이론을 개괄했다. 《스크린》 이론에 영향을 받은 닐(그는 《스크린》의 기고자였다)은 "텍스트를 약호화하는 형식을 장르로 보지 않고, 산업과 텍스트와 주체 사이를 순환하는 정향(orientation)과 기대와 관습의 체계"[34]를 장르로 보았다. 그가 보기에 할리우드는 영화를 조금씩 다르게 만들어내는데 여기서 장르는 그러한

33) Douglas Pye, op. cit., 1975, p.31.
34) Steve Neale, op. cit., 1980, p.189.

차이를 조정하는 수단을 제공한다. 즉 "장르는 조절과 변화를 동시에 제공하는 기능을 한다"는 것이다.[35] 닐은 이러한 생각으로 할리우드를 하나의 제도로 이해한다. 그것은 관객이 영화를 경험할 때 지배감과 충만감을 느끼도록 하는 제도다. 이것은 한 번에 성취되는 것이 아닌 하나의 과정이다. 즉 평형과 통제의 순간, 변화와 불안정의 순간을 끊임없이 오가는 과정인 것이다. 닐이 보기에 장르는 이 과정을 조절하는 하나의 수단을 제공한다. "장르는 텍스트에서 텍스트로, 그리고 텍스트에서 내러티브 체계로 주체를 이동시키면서 영화적 제도가 지닌 지속적인 통합성 안에 주체를 묶어놓는다."[36]

여기서는 닐의 모델이 제기하는 이론적인 문제를 다루지는 않는다. 장르 이론과 비평에 관한 닐의 설명은 할리우드 영화에서 장르가 어떤 역할을 하고 있는지에 대해 곰곰이 생각해야 할 필요가 있음을 말해준다. 그러나 동시에 이러한 설명은 매우 추상적이어서 개별 장르 또는 장르 시스템 그 자체가 시대에 따라 어떻게 변화하고 발전해왔는가에 대해서는 설명하지 못한다. 이는 틀림없이 『장르』의 많은 전제들이 관념적인 영화이론에 터하고 있기 때문인 것 같다. 결과적으로 닐은 장르에 관한 이전의 적절하지 못했던 설명들을 효과적으로 다루고는 있지만, 이전의 작업들이 지닌 강점(특히, 특정 영화들이 어떻게 의미를 획득하는가에 대한 꼼꼼한 관심)을 잃어버렸던 것이다.

닐의 작업이 지닌 어려움 중의 하나는 1970년대 장르 이론과 마찬가지로 관객을 개념화하는 문제였다. 닐의 설명은 관객을 텍스트의 효과나 제도적 과정의 효과로 보는 경향이 있었다. 이것은 1970년대 스크린 이론에서 유래한 접근방법이 지니고 있는 특징으로, 짐

---

35) Ibid., p.51.
36) Ibid., p.49.

맥기건(Jim McGuigan)의 말로 하자면, "관객을 사회적인 측면에서 다루지 않고 텍스트의 구성물로만 보았던 것이다."[37] 이미 언급했듯이, 초기 비평가들은 항상 관객의 중요성을 인정하긴 했지만, 체계적인 방법으로 관객 혹은 관객들을 사고하려 하지는 않았고, 그보다는 오히려 감독과 장르 사이의 관계에 주목하려 했던 것 같다. 1970년대 장르 연구의 핵심적인 이슈, 즉 장르 규정의 문제는 장르 영화가 겨냥하는 관객들을 위한 것이 아니라 비평가만을 위한 것이었기에, 관객을 빠뜨린 것이 더욱 눈에 띈다. 그러니까 버스콤이 "보통사람들의 미학적인 기준"이라고 마지못해 언급했던 것과 관객은 비평가들이 생각했던 것보다 장르에서는 더욱 중요한 의미를 지니고 있었던 것이었다(그러나 이 장에서 논의된 기간 동안에 이 문제는 제대로 다루어지지 않았다). 장르 비평은 적어도 부분적으로 장르의 정체성과 의미, 즉 포착하기 어려운 인자 'X'를 잘못된 방법으로 추구했다는 점에서 문제가 있었던 것이다.

다른 설명들

장르에 대한 이러한 접근법과는 대조되는 많은 연구들이 있다. 대체로 이러한 연구들은 문제가 되는 장르의 존재, 장르 일반을 당연시하고, 그 장르들의 사회역사적인 맥락이나 이데올로기적·정치적인 의미, 또는 현재에 이르기까지 어떻게 변화해왔나를 분석한다. 미국 공포영화를 연구하는 것이나 페미니즘적인 시각에서 필름 누아르와 멜로드라마를 연구하는 것들이 그 예들이다.[38] 이러한 설명들

---

37) Jim McGuigan, *Cultural Populism*, London: Routledge, 1992, p.62.
38) Andrew Britton, et al(eds.)., *The American Nightmare: Essays on the Horror Film*, Toronto: Festival of Festivals, 1979; E. Ann Kaplan(ed.), *Women and Film Noir*, London: British Film Intitute, 1978; Christine Gledhill(ed.), *Home is Where the*

은 대체로 공포영화/필름 누아르/멜로드라마 장르가 실제로 무엇을
하며, 무엇에 관한 것인지를 논의한다. 그러나 이 장의 다른 부분에
서 논의했던 비평가들과 이론가들이 집중했던 문제들, 즉 정의의 문
제나 이론적이고 방법론적인 문제에 대해서는 별다른 논의를 하지
않는다.

바바라 클링거(Barbara Klinger)는 「영화/이데올로기/비평 다시 보
기: 진보적인 장르(Cinema/Ideology/Criticism Revisited: The Progres-
sive Genre)」라는 논문에서 그런 접근방법이 지닌 몇 가지 위험을 지
적했데, 특히 특정한 장르 자체를 진보적인 것으로, 즉 할리우드의
규범에 균열을 일으키는 장르로 규정하려는 시도가 그러한 위험에
해당한다.[39] 닐과 클링거 모두 주장했듯이, 그러한 균열은 어떤 의미
에서는 할리우드 시스템 안에 존재하는 것이고(장르는 그러한 균열
을 통제하는 수단이다), 그래서 이 점을 놓치게 되면 그러한 균열을
일으키는 장르에 과도한 가치를 부여하거나 그 장르를 잘못 독해할
위험이 있다는 것이다. 분명 클링거가 비판했던 몇몇 설명들은, 그
영화들이 '실제로' 무엇에 관한 것인가를 단순히 확인하려 하기보다
는 특정한 정치적·문화적 의제와 관련지어 그 장르를 다시 보고 자
리매김해보려는 시도였지만 말이다.

그러나 이러한 위험성에도 불구하고, 특정 장르를 이해하는 데는
매우 도움이 되었고 부분적으로는 장르가 역사적으로 어떻게 전개
되어왔는가를 분명히 하는 데 도움이 되었다.[40] 또한 컨텍스트(장르

Heart Is: Studies in Melodrama and the Woman's Film, London: British Film
Institute, 1987.

39) Barbara Klinger, "'Cinema/Ideology/Criticism'" Revisited: The Progressive
Genre" in Barry K. Grant(ed.), Film Genre Reader, Austin: University of Texas
Press, 1986, pp.74-90.

40) 예컨대 다음을 보라.

David J. Skal, Hollywood Gothic, London: Andre Deutsch, 1992.

를 둘러싼 컨텍스트)에서 파생된 문제들을 장르 영화가 어떻게 다루
는지에 대해 상세히 분석할 수 있도록 해주었다. 덕분에 그러한 연
구를 통해 장르를 더 잘 이해하게 될 것이다.

닐은 「장르의 제 문제(Questions of Genre)」라는 1990년의 논문에
서 장르가 특정한 역사를 가지고 있다는 생각에 보다 공감하면서 중
요하게는 장르들과 그 장르들이 놓여있는 제도 사이의 경계가 유동
적이라고 주장했다.41) 그는 또한 과거의 장르 연구에서 빠져있었던
요소들, 예컨대 문제가 된 영화들을 둘러싸고 있는 저널리즘적이고
상업적인 담론에 훨씬 더 많은 관심을 기울이고자 했다.

오직 영화에만 초점을 맞추는 데서 벗어난 이러한 경향은 유익한
것이지만, 더 이상 나아갈 수는 없었다. 닐 스스로가 인정했듯이 장
르는 미국 영화뿐만 아니라 다른 국가의 영화에도 존재했고, 미국
이외의 관객을 위해서도 존재했던 것이다. 장르가 이렇게 지역적으
로 분산되어 있음을 고려하면 할수록 장르는 더욱 파편적인 속성을
지니고 있는 것 같다. 예컨대 공포 장르의 경우, 영국, 이탈리아, 스
페인의 공포영화를 모두 통일된 전체로 묶어 파악하기보다는 특정
지역의 영화적 체제를 규정하는 제도나 실천들과 관련지어 해석하
는 것이 더욱 의미가 있을 것이다(멜로드라마, 스릴러, 어느 정도까
지는 서부영화를 비롯한 여타 국제적인 장르의 경우도 마찬가지이
다).42) 마찬가지로 서부영화에 대한 미국 관객의 반응도 유럽 관객

---

41) Steve Neale, "Questions of Genre," *Screen*, vol.31, no.1, spring 1990,
   pp.45-66.
42) 유럽의 공포영화에 관한 논의는 아직 연구되지 않았는데 다음을 보라.
   Peter Hutchings, *Hammer and Beyond: The British Horror Film*, Manchester:
   Manchester University Press, 1993; Leon Hunt, "A (sadistic) Night at the
   Opera: Notes on the Italian Horror Film," *Velvet Light Trap*, no.30, fall 1992,
   pp.65-75; Kim Newman, "Thirty Years in Another Town: The History of
   Italian Exploitation Part I," *Monthly Film Bulletin*, no.624, January 1986,
   pp.20-24; David Pirie, *A Heritage of Horror: the English Gothic Cinema 1946-72*,

의 반응과 동일하지는 않을 것이고, 따라서 서부영화를 연구할 경우
이 점을 고려해야만 할 것이다. 팬 문화와 유럽 대중영화에 대한 최
근의 연구는, 전통적이고 아카데믹한 텍스트 분석으로는 즉각 할 수
없는 독해와 해석을 특정한 관객이 어떻게 해내는가에 대해 어느 정
도 알려주었다.43) 적어도 그러한 독해가 장르를 구성함에 있어 어떤
역할을 하는지 고려해보는 것은 가치 있는 일이다.

결과적으로 장르 연구에서 이것이 의미하는 바는 어느 정도의 분
열이다. 특히 1970년대 장르 연구의 산물이었던 감독과 영화와 관객
간의 삼각관계는 서로 분리되었고 그리하여 여타의 문제들, 가령 국
가영화(national cinema: 민족영화로 번역하기도 한다)와 관련된 문제
들이 제기될 수 있게 되었다. 이것이 의미하는 바는 더 넓은 패턴이
나 관계가 그려져야 한다는 것이 아니라, 장르가 서로 다른 맥락과
제도를 가로지르면서 확산된다는 것을 이해해야 한다는 것이다. 이
처럼 영화의 중요한 영역인 장르를 더 잘 이해하려면 무엇보다 장르
의 '활력'을 인식해야만 할 것이다. 혹은 1970년대 장르 연구의 문제
점으로 판명된 정태적이고 배타적인 정의를 거부해야만 할 것이다.

London: Gordon Fraser, 1973.
이탈리아 서부영화에 관해서는 다음을 보라.
Christopher Frayling, *Spaghetti Westerns*, London: Routledge, 1981.
43) 팬에 대한 논의는 다음을 보라.
Henry Jenkins, *Textual Poachers*, London: Routledge, 1992; Lisa Lewis(ed.), *The Adoring Audience*, London: Routledge, 1992.
유럽의 장르 영화에 대한 논의는 다음을 보라.
Richard Dyer & Ginette Vincendeau(eds.), *Popular European Cinema*, London: Routledge, 1992.

제 **4** 장
스타 연구 | 폴 맥도널드

만약 산업과 관객에게 장르가 감독보다 더 중요한 범주였다면, 이는 스타 역시 마찬가지이다. 결과적으로 스타 연구는 1970년대에 얼마간 작가주의를 거부하면서 시작되었다. 당시는 감독을 연구하는 것보다 스타를 연구하는 것이 더 적절해 보였는데, 이는 산업이 관객에게 스타는 관심의 주된 대상이기 때문이었다. 스타 마케팅은 고정된 흥행수익을 보장하는 하나의 요령이었다. 그러나 수익의 보장은 스타가 관객들에게 즐거움을 줄 수 있느냐에 달려 있었다.

장르 이론과 마찬가지로 스타 연구는 산업의 체제, 개별 텍스트의 속성, 관객의 경험을 설명하고, 이 세 가지를 밀접하게 관련시키고자 했다. 그러나 불행히도 그러한 희망은 전혀 실현되지 않았다. 장르 이론이 산업을 조사하면서 관객을 무시하는 경향이 있었던 것처럼 스타 연구도 관객을 조사하면서 산업을 무시했던 것이다.

스타는 단순히 연기자를 말하는 것이 아니라 글래머, 카리스마와 특별한 관련을 맺고 있는 인물을 가리킨다. 그러므로 영화에 등장하는 사람들 모두가 스타가 되는 것은 아니다. 그러나 이러한 생각은 가끔 스타 연구 내에서 간과되고는 한다. 연구 대상을 계속 발굴해

야 하기 때문에 스타가 아닌데 스타인 체하는 조연을 더욱 분석하는
것이다. 사실상 스타의 지위는 그들의 연기력과는 직접적인 관련이
없다. 그러므로 스타는 연기를 못한다는, 형편없는 연기자라는 혹은
다만 자신을 연기할 뿐이라는 투의 대중영화 비평가들의 주장은 진
부하며 그러한 주장은 종종 잘못된 것이다. 뿐만 아니라 그러한 비
평가들은 대중의 취향을 거부하고 지배집단의 취향을 특권화하기
위해 스타와 배우를 구별한다.

이러한 경향은 실제로 스타 연구 내에서 확인할 수 있다. 스타 연
구는 대중문화와 본격문화를 딱 부러지게 구분하지는 않지만 그런
데도 대중영화를 본질적으로 보수적인 것으로 제시하고 스타가 지
배 이데올로기를 재생산한다고 주장한다. 때문에 단도직입적으로 말
할 수는 없지만, 배우들이 이데올로기적 기능을 하지 않는 영화와
대중영화를 암암리에 구분한다.

그런데도 스타 연구의 주된 임무는 스타의 매력을 설명하는 것이
었고, 이것은 주로 기호학, 상호 텍스트성, 정신분석학, 관객 연구,
네 가지 방법으로 이루어졌다. 기호학과 상호 텍스트성은 주로 텍스
트로서 스타에 주목하는 반면, 정신분석학과 관객 연구는 관객이 스
타와 어떻게 관계를 맺게 되는지에 집중했다. 이 과정에서 이들 접
근방식은 기본적인 네 가지 질문을 제기했다. 즉 스타는 어떻게 의
미를 획득하는가, 그 의미는 어떻게 역사적으로 생산되는가, 왜 관객
들을 스타와 동일시하는가, 그리고 마지막으로 관객이 어떤 방법으
로 스타와 동일시하는가.

이데올로기적 이미지로서 스타

아마도 스타 연구의 가장 중요한 출발이라 할 수 있는 책은 리처드

다이어(Richard Dyer)의 『스타(*Star*)』[1]일 것이다. 다이어는 스타의 매력이 독특한 개인의 카리스마에 의해 설명되는 것이 아니라 스타가 전달하는 독특한 의미에서 생겨난다고 했다. 그는 스타를 일종의 텍스트로 연구하는 것에 관심을 가졌는데, 그에 따르면 스타의 이미지는 특정한 이데올로기적 의미를 지닌 일련의 기호들에서 생겨난다.

스타와 스타의 이미지를 이렇게 기호학적인 방법으로 분석하게 되면 몇 가지 이점이 있다. 첫째, 기호학은 스타의 이미지 안에 내포된 기호를 정확히 분석함으로써 스타들간의 차이를 연구할 수 있게 해준다. 둘째, 기호학은 스타의 매력이 스타 개인의 어떤 독특하고 신비한 특징에서 생겨나는 것이 아니라, 계급, 젠더, 인종과 같은 어떤 이데올로기적 문제와 연관되어 있음을 알려준다. 마지막으로 스타와 관객의 관계를 단순히 산업적 조작이 아닌 문화적 정체성의 구성물로 볼 필요가 있음을 말해준다. 이러한 식으로 다이어는 관객의 반응을 순전히 개인의 취향이 아닌 이데올로기적 과정의 산물로 제시한다.

다이어가 이 책을 쓸 당시, 이데올로기의 주된 효과 중 한 가지는 통상 다음과 같다고 주장되었다. 즉 모순을 억압하며 표면상 통일되고 일관된 세계관을 제시해준다는 것이다. 그 결과 다이어는 스타의 매력이란 스타의 이미지가 이데올로기적 모순을 해결해주는 데서 생겨난다고 주장했다. 예컨대, 다이어는 여성스러움과 여성의 섹슈얼리티, 특히 순진함과 섹시함이라는 모순을 해결한 사람으로 마릴린 먼로(Marilyn Monroe)를 꼽았다. 그러나 그는 스타의 이미지가 '진정한' 개성의 순수한 표현이 아니라 구성된 것이라고 주장하면서 또한 이러한 이미지를 구성하는 기호는 누군가에 의해, 즉 실제의 연기자에 의해 표현된다는 점을 지적했다. 이 사실은 스타의 연기란

1) Richard Dyer, *Stars*, London: British Film Institute, 1979.

이데올로기적 모순을 해결하는 수단이라는 점에서 중요하게 여겨진다. 우선, 스타의 이미지가 모순된 요소들을 해결하는 것은 부분적으로 그 이미지가 한 개인의 특성으로 의미화되기 때문이다.2) 다음으로, 그 의미는 그 사람에게 부착되어 자연스러운 것이 된다. 그 이미지는 사회적으로 구성되었다기보다는 오히려 스타가 개인적으로 타고난 정체성의 한 측면으로 나타난다. 이렇게 스타의 이미지는 이중적으로 이데올로기적인 폐쇄를 이루어낸다. 그것은 모순을 화해시키고, 사회적인 것을 마치 자연적인 것처럼 제시하는 것이다.

결국 이러한 종류의 연구가 목적으로 하는 바는 이데올로기적 폐쇄를 떨쳐내고, 일관되고 자연스러워 보이는 것에서 모순되고 자의적인 것을 찾아내는 것이다. 그것은 숨어 있는 것을 보이게 하는 일이다. 존 톰슨(John O. Tompson)이 사용한 '대체 테스트(commutation test)'는 이런 점에서 유용하다.3) 이 시험은 기호가 기표와 기의로 나누어질 수 있다는 소쉬르의 명제를 전제로 하고 있다.4) 이는 또한 이러한 명제를 자신의 신화학에 적용한 바르트에 의지하고 있다.5) 바르트는 특정한 기표가 하나의 특정한 의미를 외연적으로 나타내지만, 그 기호는 더 깊은 의미를 내포하고 있다고 주장했다. 그는 프랑스 국기에 경례하는 흑인 병사를 의미하는, 또는 외연적으로 나타내는 특정한 사진의 이미지를 언급한다. 그렇지만 이 글자 그대로의 의미는 또한 다른 의미, 즉 흑인들은 프랑스에 충성한다는 의미를 내포하고 있다고 주장한다. 그 결과, 어떤 특정한 사진(기표)은 외연적으로는 영화의 스타, 예컨대 아놀드 슈워제네거(기의)를 의미하겠

2) Ibid., p.30.
3) John O. Thompson, "Screen Acting and the Commutation Test," *Screen*, 19: 2, 1978, pp.55-69.
4) Ferdinand de Saussure, *Course in General Linguistics*, London: Fontana/Collins, 1974.
5) Roland Barthes, *Mythologies*, London: Paladin, 1973.

지만, 이 이미지는 남성성과 미국인다움과 같은 보다 넓은 의미를 내포하고 있을 것이다.

이러한 대체 테스트의 유용성은 한 명의 스타를 다른 스타로 대체함으로써 특정한 스타가 내포하고 있는 다른 의미를 드러나게 한다는 데 있다. 많은 대체가 리메이크를 통해서 즉시 가능해진다. 예를 들면, <니키타(*Nikita*)>(프랑스, 1990)의 안느 파릴로(Anne Parillaud)에 대한 <니나(*The Assassin*)>(미국, 1993)의 브리지드 폰다(Bridget Fonda), <마틴 기어의 귀향(*Le Retour de Martin Guerre*)>(프랑스, 1982)에서의 제라르 드파르디외(Gerard Depardieu)와 나탈리 배(Nathalie Bay)에 대한 <서머스비(*Sommersby*)>(미국/프랑스, 1993)의 리처드 기어(Richard Gere)와 조디 포스터(Jodie Foster), <39계단(*Thirty-Nine Steps*)>(GB, 1939: 1959: 1978)의 세번째 판에서 로버트 도넛(Robert Donat), 케네스 모어(Kenneth More)와 로버트 파웰(Robert Powell), 또는 <안녕 내 사랑(*Farewell My Lovely*)>(미국, 1944: 1975)의 두번째 판에서 딕 파웰(Dick Powell)과 로버트 미첨(Robert Mitchum). 마찬가지로 영화 역사를 보면 스타들은 그들의 이미지에 맞춰 줄거리상의 역할을 맡아왔음을 알 수 있다.[6] 예를 들어 <남자가 여자를 사랑할 때(*Boxing Helena*)>(미국, 1993)의 경우 셰릴린 펜(Sherilyn Fenn) 대신에 킴 베이싱어(Kim Basinger)가 출연했다고 생각해보라. 그러면 셰릴린 펜의 이미지를 제대로 알 수 있을 것이다. <택시 드라이버(*Taxi Driver*)>(미국, 1976)의 트래비스 비클 역의 로버트 드 니로(Robert De Niro)를 대신한 제프 브리지스(Jeff Bridges), <바람과 함께 사라지다(*Gone With the Wind*)>(미국, 1939)의 비비안 리(Vivien Leigh)를 대신하는 베티 데이비스(Bette Davis), 라나 터너

---

6) 다음을 보라.
   L. Rosenkrantz, "The Role that Got Away," *Film Comment*, 14:1, 1978, pp.42-48.

(Lana Turner), 탈루라 뱅커드(Tallulah Bankhead), 조안 크로포드(Joan Crawford), 캐서린 헵번(Katherine Hepburn) 등등.

스타에 대한 컨텍스트적 접근

스타를 텍스트로 연구하는 것은 특정한 영화나 스타의 연기를 분석하는 것으로 한정해서는 안되고, 제한할 수도 없다. 스타의 이미지는 영화 텍스트가 판촉, 출판 그리고 비평이라는 비영화적인 텍스트와 상호작용한 상호 텍스트성의 산물이다.[7] 스타의 이미지는 자신의 이름과 몸으로 인해 고정되어 있지만 상호 텍스트적으로 복잡하게 연관되어 결코 제한되어 있거나 고정되어 있지 않고 완전한 것도 아니다. 스타의 이미지는 하나가 아닌 여러 개이다. 따라서 스타의 의미는 상호 텍스트성으로 인해 확장되며 스타가 지니고 있는 의미도 바로 그 상호 텍스트성에서 생겨난다. 그러니까 스타의 이미지는 이러한 상호 텍스트성 바깥에 존재할 수 없고, 그 바깥에서 알 수 있는 것도 아니다.

스타에 대한 다이어의 이후 저서인 『천상의 육체들(*Heavenly Bodies*)』은 이러한 상호 텍스트성을 조사하고, 스타를 직접 언급하는 여러 텍스트들 넘어로까지 연구를 확장한다.[8] 그러면서 여타 텍스트들(같은 시기에 유통되는)의 망이라는 컨텍스트 내에서 스타의 의미를 연구한다. 이들 여타의 텍스트들은 스타의 이미지를 읽을 수 있는 역사적 컨텍스트를 구성하는 데 이용된다. 예를 들어 다이어는 마릴린 먼로와 폴 로베슨(Paul Robeson)을 연구하면서 이들 스타의 이미지가 지닌 의미를 역사화했는데, 그럼으로써 섹슈얼리티와 인종성이

---

7) Richard Dyer, op. cit., 1979, pp.42-48.

8) Richard Dyer, *Heavenly Bodies*, London: British Film Institute, 1987.

복합된 상호 텍스트적인 담론들 속에서 스타의 이미지를 읽었다.

이러한 연구의 목적은 현대 자본주의 사회라는 컨텍스트 내에서 각각의 스타 이미지가 어떻게 개인의 정체성에 대한 감각을 생산하는지를 분석하는 것이다.

> 스타는 현대사회를 살아가는 인간이면 갖추어야 할 바를 나타내준다. 즉 그들은 우리가 생각하는 바의 특정한 인간을 표현해준다. … 스타는 그러한 인간이 지닌 희망과 어려움을 우리에게 보여주고, 우리는 그에 맞추어 살아가게 된다.[9]

스타 이미지가 이것을 이루어내는 한 방법은 스크린에 나타난 공적인 이미지(연기자)를 스크린 바깥에 널리 알려진 사적인 이미지(실제 인간)와 계속해서 병치하는 것이다. 그 두 이미지는 서로 잘 맞아떨어지거나 아니면 적대적으로 대립한다. 우리는 서구사회에서 공적 영역과 사적 영역이 분리됨에 따라(이는 자본주의의 도래와 함께 발달된 것이다) 우리들 자신의 진실, 즉 외양 뒤에 숨겨져 있다고 사료되는 진실을 확인하는 데 집단적으로 매달리게 되었다.[10] 이러한 역사에서 스타가 매혹적이라는 사실은 이해할 수 있는 일이다. 왜냐하면 그들의 연기는 사적인 자아를 공적인 볼거리로 만들어놓기 때문이다. 스타들은 마치 공개적인 장소에서 자신의 진실을 드러내놓는 것처럼 보인다.

프랑스 철학자 푸코는 진정한 자아가 사회적 삶에 의해 가려 있다거나 혹은 억압되어 있다는 생각을 비판했다.[11] 푸코는 섹슈얼리티의 역사에 관한 글에서, 통상 사람들은 자신들이 지닌 섹슈얼리티가

---

9) Ibid., p.8.
10) Richard Sennett, *The Fall of Public Man*, London: Faber and Faber, 1986.
11) Michel Foucault, *The History of Sexuality: An Introduction*, Harmondsworth: Penguin, 1984.

사회에 의해 억압되어 있거나 왜곡되어 있는 것으로 여긴다고 주장
한다. 그는 이런 식의 사고방식을 보여주는 예로 특별히 정신분석학
을 든다. 푸코에 따르면, '억압가설'이라고 불리는 이러한 입장은 권
력의 사회적 작동에 대해 잘못 이해하고 있다. 흥미로운 것은 섹슈
얼리티가 특히 억압되었다고 생각되는 시기에 오히려 섹슈얼리티에
주목한 텍스트가 대량으로 급격히 증대했다는 사실이다. 이러한 대
량의 텍스트는 단순히 섹슈얼리티를 억압하기 위해 작용했다기보다
는 섹슈얼리티에 관한 담론을 형성하는 데 결부되어 있었다. 섹슈얼
리티에 대한 담론은 연구하고자 한 그 대상을 생산했던 것이다. 이
시기 이전에는 섹슈얼리티라는 개념이 없었다. 사람들은 성적인 행
동을 해왔겠지만, 자신들이 특별한 성적 정체성, 즉 섹슈얼리티를 지
니고 있다고 느끼지 않았다. 결과적으로 푸코가 주장하는 바는 권력
이 억압을 통해서 섹슈얼리티와 관계를 맺은 게 아니라 능동적이고
창조적인 과정을 통해 관계를 맺었다는 것이다. 섹슈얼리티의 개념
은 그 과정을 통해 생산되었고, 그에 따라 특정한 성적 정체성이 정
의되고 통제되었던 것이다. 이런 식으로 섹슈얼리티와 주체성은, 그
둘을 동시에 생산하는 권력관계 내에서 서로 긴밀하게 결합해 있다.
오늘날 자아에 대한 감각은 개인 자신의 섹슈얼리티에 대한 감각과
밀접하게 결합되어 있는데, 그것은 사회적이라기보다는 자연적인 것
으로, 즉 구성된 것이라기보다는 타고난 것으로 여겨진다.

　　다이어는 마릴린 먼로에 대한 연구에서 그녀의 스타 이미지가
1950년대 미국 여성의 섹슈얼리티를 다시 정의하는 데 어떻게 도움
을 주었는지를 조사한다. 다이어는 섹슈얼리티와 여성성에 관한 당
시의 담론을 확인하기 위해 그 시기의 여러 텍스트들을 두루 읽는
다. 그리고 나서 여러 텍스트 가운데 ≪플레이보이(*Playboy*)≫와 ≪리
더스 다이제스트(*Reader's Digest*)≫를 참조하면서, 여성에게 바람직한

자질, 즉 남성과 여성 모두를 행복하게 해준다고 여겨졌던 성격을
획득하도록 고무한 컨텍스트를 재구성한다. 이러한 컨텍스트에서 먼
로의 공적·사적인 이미지는 여성의 바람직한 자질에 걸맞는 것이었
고, 일정 부분 그 자질을 구성했다.[12] 먼로의 금발과 연약함은 위협
적이지 않으면서도 자발적인 여성의 섹슈얼리티를 구성해주었던 것
이다.

　동시에 미국에서 정신분석학의 대중화는 섹스를 공적인 이슈로
뜨겁게 달구었다. 여성에 대한 킨제이(Kinsey) 보고서는 미국여성이
성생활에 만족하는지에 대해 질문을 했다. 이러한 컨텍스트에서 먼
로의 이미지는 여성의 오르가즘을 성심리적으로 구성하는 담론과
일치한다. 즉 그 당시에는 여성의 성적 만족을 질의 오르가즘으로
여겼다. 이러한 컨텍스트에서 먼로는 떨고 몸부림치며 유순한 섹슈
얼리티를 보여주었는데, 이는 질의 오르가즘을 시각적으로 나타내주
는 것이었다. 그녀는 신비함과 수수께끼를 재현했고 그것을 눈앞에
구체적으로 보여주었다. 다이어가 지적하고 있듯이, 1950년대에 여
성은 성적인 어필을 하도록 조장되었지만, 여성의 섹슈얼리티가 출
현함에 따른 막연한 두려움도 있었다. 그것은 남성의 섹슈얼리티와
상관없이 존재할 수도 있는 그런 섹슈얼리티였던 것이다. 이러한 맥
락에서 질의 오르가즘을 음핵의 오르가즘보다 높이 평가했다. 왜냐
하면 전자는 여성의 쾌락이 삽입에 의존한다는 점에서 남성의 섹슈
얼리티라는 견지에 의해 정의한 것이기 때문이었다. 이것은 먼로가
여성의 성적 자유에 대한 적극적인 이미지를 만들어내기 힘들었음
을 말해준다.

　역사를 상호 텍스트적으로 재구성하는 것은 프레드릭 제임슨(Fred-
erick Jameson)이 인식했던 문제와 직면한다. "역사는 텍스트가 아니

---

12) Richard Dyer, op. cit., 1987, p.42.

지만 텍스트의 형식으로만 접근할 수 있다는 것이다. 다시 말하면,
(재)텍스트화를 통해서만 접근된다"는 말이다.13) 텍스트는 역사를 알
수 있는 형태로 되돌려주지만, 그렇게 구성된 역사가 결코 완전하거
나 최종적인 것은 아니다. 역사를 상호 텍스트적으로 구성하는 것은
비텍스트적인 그때그때의 일상적인 실천을 빠뜨린다. 그런데 그 실
천은 텍스트의 기록을 참조함으로써만 상상할 수 있는 것이다. 두번
째로, 텍스트로부터 컨텍스트를 구성함에 있어 역사적 분석은 근본
적인 난제에 직면한다. 즉, 어떤 텍스트가 중요하고 어떤 텍스트가
중요하지 않은가를 어떻게 판단할 것인가? 그리고 컨텍스트를 수긍
이 가도록 재구성하려면 얼마나 많은 텍스트가 필요한가? 역사는 알
수 없는 것이 아니지만, 어떤 특정한 방법을 통해서만 알 수 있는 것
이다.

그러나 상호 텍스트적인 접근법은 특정 스타가 특정한 역사적 국
면에서 획득한 의미를 재구성해준다는 점에서 가치가 있다. 심지어
현재에 대한 분석조차도 재구성을 요구한다. 그러나 그러한 재구성
을 부분적이고 잠정적인 것으로 볼 필요가 있다. 이러한 독해와 독
본을 재구성함에 있어 기억해야 할 것은 이것이 가설에 의한 독해이
고 독본이라는 점이다. 텍스트들의 망을 구성하는 것은 끝이 없는
작업이고 그 결과는 다만 스타의 이미지를 읽을 수 있는 조건을 제
공할 수 있을 뿐이다. 스타를 읽어내는 여러 방법들이 있다. 그럼에
도 불구하고 기껏해야 잠정적인 결론만을 얻을 수 있을 것이다.

---

13) Fredric Jameson, *The Political Unconscious*, Ithaca: Cornell University Press,
   1981, p.82.

욕망의 대상

분명히 스타 이미지에 대한 기호학적이고 상호 텍스트적인 접근
은, 이들 이미지를 의미 있게 받아들이는 관객 혹은 수용자를 상정
한다. 그러나 이러한 방법은 텍스트의 의미가 관객의 주체성에 미치
는 효과보다도 텍스트의 의미 자체에 주목한다. 그 결과 스타에 대
한 다이어의 작업은, 인간의 주체성이 의미와 언어를 통해 구성된다
는 점을, 그리고 그 과정에서 스타가 출현한다는 점을 간과하고 있
다는 비판을 받았다.14)

존 엘리스(John Ellis) 역시 스타를 상호 텍스트적인 구성물로 간주
한다. 그러나 그는 영화 상영이라는 일차적인 요소와 저널리즘이나
가십과 같은 부수적인 요소를 구분한다.15) 관객들에게 스타 이미지
는 보조적인 텍스트들로부터 출현하지만, 그것은 영화의 상영을 통
해서만 완전하게 되는 '불완전한 이미지'이다.16) 그 결과 엘리스의
주장에 의하면, 관객은 스타의 이미지라는 수수께끼를 풀려는 욕망
에서 스타를 보러 가게 되는 것이다.

엘리스는 정신분석학적 주체이론에 의거해 관객들이 왜 스타에
매료당하는지, 왜 그들과 동일시하고자 하는지를 설명한다. 정신분
석학적 영화비평은 영화를 욕망이론에 결부시킨다. 예를 들어, 메츠
는 영화란 욕망을 상품화하는 제도라고 주장했다.17) 그에 따르면, 영
화제작의 산업적 경제는 관객의 쾌락이라는 심리적 경제가 재생산
한다. 다시 말하면, 영화는 쾌락을 제공하면서 돈을 버는데 그 과정

---

14) Pam Cook, "Star Signs," *Screen*, 20:3/4, 1979~80, pp.80-88.

15) John Ellis, *Visible Fictions*, London and New York: Routledge, 1982.

16) Ibid., p.91.

17) Christian Metz, *Psychoanalysis and Cinema: The Imaginary Signifier*, Basingstoke:
Macmillan, 1982.

에서 스타들은 관객들이 고정적으로 영화를 보러 가는 데 결정적인 역할을 한다는 것이다.

엘리스에 따르면, 영화의 상영을 통해 완성되는 스타의 이미지를 보려는 관객의 욕망은 주체성 내부의 문제, 즉 필연적인 불완전성으로 인해 생겨난다. 정신분석학적 영화이론에 의하면, 주제의 형성은 분열과 결핍을 수반하는데, 이것이 욕망의 동기가 된다는 것이다. 욕망이란 결핍을 채워주고, 주체를 완전하게 해주는 어떤 대상을 추구하는 것으로 여겨진다. 이 많은 이론들이 빚지고 있는 라캉(Jac-ques Marie Emile Lacan)에 의하면, 욕망의 형성은 무엇보다 보는 행위와 긴밀히 연관이 있고, 메츠가 감각의 열정이라 부른 나르시시즘, 관음증, 물신주의를 야기한다.[18] 그 결과 정신분석학적 비평은 관람 행위가 욕망이라는 이슈와 근본적으로 결합되어 있다고 간주한다. 그러면서 정신분석학은 그 욕망이 스타의 형상과 관련되어 있다고 본다.

영화 텍스트는 세 가지 유형의 보기를 중심으로 조직된다. 화면을 주시하는 관객, 화면에서 펼쳐지는 행위를 '주시하는' 카메라, 서로 바라보는 영화 속 인물들이 그것이다. 이러한 보기들은 관객이 특별히 동일시 과정을 통해 스타와 관계를 맺게 되는 상황을 만들어낸다. 라캉에 따르면, 아이는 6~18개월 사이에 '거울단계'를 통과한다.[19] 이 발달단계에서 아이는 비록 거울을 통해서지만, 독립된 자아로 여겨지는 이미지와 동일시함으로써 자율적이라고 느낀다.[20] 라캉이 '조각난 육체'라고 칭한, 무기력한 아이의 실제 몸과는 달리, '거울-이미지'는 완전하고 자기 마음대로 할 수 있는 것처럼 보인다. 자

---

18) Ibid., p.58.
19) Jacques Lacan, "The Mirror Stage as Formative of the Function of the I as Revealed in Psychoanalytic Experience," *Ecrits*, London: Tavistock Press, 1977.
20) Christian Metz, op. cit., 1982. p.49

신이라고 믿어지는 이상적인 에고(혹은 자아)를 제시해주는 것은 바로 자기애적으로 동일시하는 바로 그 대상인 것이다. 영화는 바로 이러한 아이의 발달단계를 되풀이한다고 주장되는데, 다만 거울이 화면으로 대치되었을 뿐이다. 영화는 자기애적인 동일시 과정을 재연한다. 관객은 그들의 이상이 구체화되어 나타나는 스타들과 자신을 동일시한다. 스타들은 관객에게 이상적 자아가 되는 것이다.

관객은 또한 스타들과의 관계 속에서 가학증적인 쾌락을 끌어내고 스타는 관객들에게 관음증의 대상으로 제시된다. 스타는 노출증적인 측면이 있고, 관객의 가학증적인 쾌락은 스타를 심적으로 좌지우지할 수 있는 위치에서 생겨나는데, 거기서 스타는 관객의 쾌락을 위한 볼거리로 제시된다. 이러한 관음주의는 또한 '부정한' 성격을 지니고 있다. 관객과 연기자가 같은 공간에 있는 연극과는 달리, 영화에서 관객과 스타는 시간적으로도, 공간적으로도 분리되어 있다. 이미지는 스타가 존재한다는 인상을 주긴 하지만 스타는 존재하지 않는다. 결과적으로 스타의 이미지는 관람자의 쾌락을 위해 존재하고 그것을 바라보는 관객을 모른 체한다. 엘리스가 말한 바와 같이, "영화의 화면은 스타 모르게 관음주의적인 효과를 낼 수 있다."[21] 마치 자신이 관찰당하고 있음을 알지 못하는 어떤 누군가를 감시하는 것처럼 말이다. 이러한 까닭에 영화는 또한 '폭로'의 성격을 지니고 있다. 스타의 연기는 관객에게 스타가 어떻다는 것을 힐끗 보여주고 그래서 완전하다는 인상을 주기 때문이다.

물신주의 또한 스타에 대한 관객의 관계에서 형성된다. 정신분석학에서 물신주의는 아이의 오이디푸스 콤플렉스에서 기원하는 것으로, 성차라는 기호를 어머니의 상징적인 거세로 느끼게 되는 순간을 말한다. 이러한 상황은 '믿음의 분열'을 낳는다고 여겨진다. 아이는

---

21) John Ellis, op. cit., 1982, p.100

무의식적으로 어머니가 남근을 소유하고 있지 않다는 것을 안다. 그러나 다른 대상을 물신화하여 그 결핍을 보상한다는 것이다. 아이에게 그러한 대상은 '마술적인' 성질을 지니고 있는 것으로, 그래서 아이는 어머니의 거세된 상태를 부정할 수 있게 된다.

영화의 이미지와 스타의 이미지는 또한 물신적인 부정과 같은 과정을 통해 작동한다고 생각한다. 이러한 경우, 관객은 부재하는 것이 사실상 존재한다고 믿는다. 관객들은 아마도 자신이 다만 스크린 위에 나타난 일련의 빛의 패턴을 보고 있다는 것을 알고 있지만, 실제로 진짜 장소에 있는 실제의 인물을 보고 있다고 믿으려 할 것이다. 관객들은 아마도 스타가 단순히 또 다른 한 인간에 불과하다는 것을 알고 있을 것이다. 그러나 여하간 관객들은 그 스타가 신비하고 특별한 사람이라고 믿고 싶어한다.

이러한 개념들은 특별히 페미니즘 영화이론과 연관이 있다. 로라 멀비(Laura Mulvey)는 영화의 쾌락이 성차와 성 정치학의 이슈들과도 관련을 맺고 있다고 주장한다.[22] 관객의 보기 그리고 카메라의 보기는 모두 남성 등장인물이 여성 등장인물을 바라보는 방식에 의해 중개된다. 관객의 이상적 자아로 행위하는 자는 바로 남성 스타다. 그는 욕망의 대상이라기보다는 동일시의 지점이다. 한편 여성 스타는 남성 스타의 응시 대상으로 규정된다. 그녀는 수동적인 성적 구경거리로 규정된다. 보기의 주체는 남성으로 규정되고 여성은 그 보기의 대상으로 한정되는 것이다. 이런 방식으로 영화가 제공하는 쾌락은 남성의 이성애적 욕망에 자리잡고 있고, 그래서 여성은 수동적으로 남성 욕망의 대상으로 설정된다.

그러나 관객은 물신주의와 관음주의 간의 긴장상태에 있다. 여성

---

22) Laura Mulvey, "Visual Pleasure and Narrative Cinema," *Screen*, 16:3, 1975, pp.6-18.

의 육체를 보는 것이 관음주의적인 통제의 쾌락을 제공하는 반면에, 그 육체를 보는 것은 언제나 다시금 거세의 불안을 일깨우는 위협을 안고 있는 것이다. 그 결과 대중영화는 거세 불안의 위협을 피하기 위해 여성의 육체를 물신화한다고 한다. 여성 신체의 부분들에는 거세를 부정하는 '신비로운' 특성들을 부여한다. 이 과정의 예로 가장 흔히 거론되는 것이 마릴린 먼로의 가슴, 리타 헤이워스(Rita Hay-worth)의 어깨, 베티 그레이블(Betty Grable)의 다리이며, 혹자는 줄리아 로버츠(Julia Roberts)의 머리카락을 포함시킬지도 모르겠다. 이런 신체의 부분에는 모두 힘과 의미를 부착된다. 그것들은 거세 불안을 잠재우고 대신에 완전한 의미를 지닌다. 스티븐 히스(Stephen Heath)는 이러한 물신화된 신체 조각들의 의미를 '집중'이라는 용어를 사용해 설명한다.

> 영화에서 육체는 순간이고 집중이다. 그것은 통일된 육체 바깥에 존재하는 어떤 것이다. 즉 영화는 파편들, 육체의 조각들, 몸짓들, 소망의 흔적들, 물신의 지점으로 이루어져 있다. 만일 여기서 우리가 물신주의를 그러한 파편 조각들에 욕망을 투여하는 것으로 간주한다면 말이다.23)

물신화는 또한 연기자의 몸짓이나 움직임에도 적용된다.

엘리스는 스타의 연기가 스타의 이미지를 완성해준다고 보았지만 이 완성은 보기와는 달리 결코 완전하지 않다. 그러니까 겉으로 보기에는 스타의 이미지가 완성될 것 같지만, 실상은 부분적일 뿐이고 결국 관객은 스타의 이미지를 끝내는 완성하리라는 기대 속에서 영화를 계속해서 보는 것이다.

많은 비평가들이 여성 관객의 쾌락을 무시하는 멀비의 주장을 비판해왔다. 멀비는 영화가 관객들이 마치 남성인 양 말을 거는데 그

---

23) Stephen Heath, *Questions of Cinema*, London: Macmillan, 1981, p.183.

결과 여성 관객은 오직 남성 주인공과 동일시 하거나 수동적인 성적
대상의 위치에 동일시한다고 주장했다.

그에 따라 어떤 정신분석학적 영화 비평가들은 그 문제에서 벗어
나는 하나의 방법으로 조안 리비에르(Joan Rivière)의 '가면으로서의
여성성(womanliness as masquerade)' 이론에 관심을 기울였다. 예를
들어, 메리 앤 도앤(Mary Ann Doane)은 대중영화에서 여성 관객은
여성성의 인위성을 인식하고, 그 작위성에 동일시함으로써 쾌락을
느낄 수 있다고 주장한다. 모든 이데올로기적 구성물들처럼 젠더 권
력도 성차를 사회적 구성물로 그리고 역사적으로 특수한 것으로 제
시하기보다는, 타고난 것으로 그리하여 변치 않는 것으로 제시함으
로써 그것을 당연한 것으로 만들어버린다. 그러나 가면은 여성성이
하나의 연기임을 드러내준다. 즉 여성성이란 자연적이고 타고난 것
이라기보다는 사회적으로 구성된 것이라는 말이다. 도앤에 따르면,
"물신화된 여성의 이미지가 자연스러운 것으로 받아들여짐에 반해,
가면은 여성성을 과시하여 관객으로 하여금 그 이미지로부터 거리
를 취하게 해준다. … 그러므로 가부장적 입장에서 영화를 보지 못
하게 하려면 여성성으로부터 거리를 취하게 만들어야 한다는 것이
다. 그러니까 정확히 말해서 여성성을 상상적인 것으로 제시하지 말
아야 한다는 것이다."24)

이와 유사하게, 바바라 크리드(Barbara Creed)는 슈워제네거와 스
탤론의 지나치게 용맹스런 육체는 남성성을 과시하는 것으로 이는
남성성이 타고난 속성이 아니라 하나의 기호임을 드러내주는 것이
라고 주장한다.25) 남성의 가면은 남성의 권력을 찬양하는 것이라기

24) Mary Ann Doane, "Film and the Masquerade: Theorizing the Female
Spectator," *Screen*, 23:3, 1982, pp.81-82.
25) Barbara Creed, "From Here to Modernity: Feminism and Postmodernism,"
Screen, 28:2, 1987, pp.47-69.

보다는 "최후의 위협임을 … 가면 뒤에는 아무것도 없다는 것"을 암시하고 있다는 것이다.26)

　가면을 영화에 적용하는 것은 스타의 연기와 성의 연기라는 문제를 야기하는데, 둘 다 사회적으로 구성된 것임을 암시해준다. 이것은 또한 남성 관객성에 대해 멀비의 가설이 지니고 있는 또 다른 문제를 지적해준다. 첫째, 이것은 대중영화가 지속적으로 여성이 아닌 남성을 보기의 대상으로 설정하고 있음을 보여준다. 만약 액션 영화에서 남성 주인공의 신체가 내러티브를 진행시키고 동일시의 지점을 제공한다면 그 신체 또한 보여지는 대상으로 제시된다. 폴 윌먼과 닐이 말하고 있듯이, 남성 등장인물들간의 시선은 가학증적으로 동기부여되어 있는데, 그것은 그러한 시선들이 동성애적인 의미를 지니지 않게 하기 위해서다.27) 설사 동성애적인 의미를 지니고 있지 않다 하더라도 대중영화에는 남성의 신체를 에로틱하게 쳐다보게 되는 순간들이 여전히 존재한다. <코만도(Commando)>(1985)의 타이틀 시퀀스에 나오는 슈워제너거의 신체를 물신적으로 파편화한 것은 어떠한 내러티브상의 이유로도 정당화되지 않으며, 그저 순수한 응시의 계기로서 나타날 뿐이다. 마찬가지로, <탑건(Top Gun)>의 발리볼 장면에서, 남성의 몸은 내러티브상의 목적을 지니지 않은 듯이 계속해서 보인다. 그 장면은 남성의 신체를 전시하기 위해 존재하는 것이다. 신체를 전시하는 형식과 그로 인한 쾌락은 사실상 멀비가 시사한 것보다 훨씬 더 다양하다.

　둘째, 이안 그린(Ian Green)이 말했듯이 여성 주인공, 냉담한 남성

---

26) C. Holmlumd, "Masculinity as Multiple Masquerade: the 'Mature' Stallone and the Stallone Clone" in S. Cohan & I. R. Hark(eds.), *Screening the Male*, London and New York: Routledge, 1993, p.218.

27) Paul Willeman, "Antony Mann: Looking at the Male," *Framework*, 15-17, 1981, pp.16-20; Steve Neale, "Masculinity as Spectacle: Reflections on Men and Mainstream Cinema," *Screen*, 24:6, 1983, pp.2-16.

캐릭터들 또는 성적 매력이 제거된 여성 캐릭터가 등장하는 영화들에서 볼 수 있는 것처럼 영화는 남성 관객들에게 통성적인 동일시의 가능성을 제공한다.[28] 그러니까 관객성이란 무척 복잡한 것이어서 남성 관객이나 여성 관객이 영화를 꼭 남성의 위치나 여성의 위치에서 보게 되는 것은 아니라는 말이다. 예를 들어 <터미네이터>류의 영화에서 터미네이터(아놀드 슈워제너거)만이 남성적 동일시의 대상인가? 사라 코너[린다 해밀턴(Linda Hamilton)]라는 인물에는 전혀 동일시가 일어나지 않는가?

결과적으로, 최근의 정신분석학적 영화이론은 관객이 내러티브상에서 한 명의 인물에만 동일시한다는 가정에서 벗어나, 내러티브 전체에 걸쳐 복잡하게 동일시한다고 주장한다. 그에 따라 내러티브가 관객에게 다중적이고 변화가능한 동일시 지점을 제공한다는 내용의 판타지 이론이 발전하기에 이르렀다. 이 판타지 이론에서, 스타와의 동일시는 앞서의 정신분석학에 비해 덜 중요하거나(이는 스타 개인이 더 이상 관객의 쾌락을 좌우한다고 여겨지지 않기 때문이다), 훨씬 더 중요하다(이는 동일시가 한 사람 이상의 스타들과 이루어지기 때문이다). 그래서 욕망은 내러티브의 진행을 따라 움직이고, 관객은 장면 내에서 스타들과 다양하게 관련을 맺는 것으로 보인다.

애착과 사칭

그러나 관객성에 대한 정신분석학 이론에는 몇 가지 곤란한 점이 있다. 첫째, 관객을 실제의 사회적 주체로 보는 것이 아니라 텍스트의 형식에 의해 구성되고 규정되는 하나의 위치로 보고 있다는 점이

---

28) Ian Green, "Malefunction: A Contribution to the Debate on Masculinity in the Cinema," *Screen*, 25:4-5, 1984, pp.36-48.

다. 이것은 두번째 문제로 귀결된다. 정신분석학은 관객에게 미치는 텍스트의 효과를 너무 간단히 추론해내는 경향이 있는데, 텍스트가 관객의 위치를 어떻게 구성해내는가를 분석함으로써 그 효과를 알아낼 수 있다는 것이다. 이런 경향은 관객이 본질적으로 수동적이라고 가정한다. 즉 관객들은 텍스트가 구성해주는 위치를 종속적으로 받아들이거나 취한다는 것이다. 이것은 결과적으로, 관객을 일종의 동질적인 대중으로 제시하는 경향이 있다. 관객들은 통일되고 획일적으로 반응한다는 것이다.

이런 식의 관객이론에는 유감스럽지만, 실제 관객들은 그들이 관람하는 영화에 수동적으로 반응하지 않는다. 즉 관객은 단순히 영화의 효과가 아닌 것이다. 사실 관객 구성원들은 이미 역사적으로 구성된 주체들이기 때문에 영화를 구경하러 가는 사람들이라고 생각하는 편이 낫다. 영화를 보러 가는 사람에게 영화 구경은 일, 교육, 가족관계, 섹스, 쇼핑, TV 시청 등과 같은 그저 하나의 행위일 뿐이다. 이것은 사회적 주체가 복합적이고 서로 다른 실천들을 통해 형성된다는 것을, 그 결과 영화에 대한 그들의 반응은 정신분석학 비평이 제시하는 것처럼 단순히 텍스트와의 만남을 통해서가 아니라 이전의 역사에 의해 형성된다는 것을 말해준다. 영화를 보러 가는 사람들의 정체성은 계급, 성, 섹슈얼리티, 인종, 민족, 나이가 제각각이다. 그리고 이런 정체성들로 인해 영화를 구경하는 사람들은 스타의 의미와 매력을 각각 달리 받아들이게 될 것이다.

그러나 이러한 인식은 스타 연구의 기호학적·상호 텍스트적·정신분석학적 전통에 문제를 제기한다. 첫째, 스타 이미지를, 더 이상 단일한 의미를 지닌 폐쇄적인 텍스트로 보지 않고 독해가 경쟁적으로 이루어지는 중심지점으로 다시 생각해야 한다는 것이다.[29] 이것은

---

29) V. N. 볼로시노프자 말한 기호의 '다중-강세' 개념에 대해서는 다음을 보라.

기호학적인 기획의 타당성을 부정하기보다는 관객들이 스타를 이해하는 사회적·역사적 맥락에 주목할 것을 요구하는 것이다. 역사적이고 상호 텍스트적인 접근은 관객들이 스타를 알아보는 데 필요한 조건을 상정하고 있으나 그렇다고 실제 관객들이 꼭 그러한 조건에 입각해서 영화를 본다고는 생각하지 않는다.

두번째, 판타지 이론은 관객이 텍스트와 관련하여 다중적으로 동일시한다는 사실을 받아들이지만, 그런데도 이 이론이 기초로 하고 있는 정신분석학적 이론은 실제 사회적 주체를 분석하는 데 여전히 방해가 된다는 점이다. 그러니까 아직도 관객보다는 텍스트 분석에 치중하고 있다는 것이다. 정신분석학은 단지 '외부의' 사회적 과정을 배제하고 내부의 정신적 과정(이 두 과정의 구분은 무척 모호한 것이다)에 특권을 주는 것이 아니라, 심리적 과정이 유아기를 거치면서 최종적으로, 그리고 결정적으로 구성된다고 주장한다. 또한 정신분석학은 주체의 구성을 일반화하기에, 스타에 대한 광범한 반응들을 사실상 설명하지 못하는 경향이 있다. 정신분석학은 우리가 왜 스타를 좋아하는지에 대해 일반적인 설명을 제공해줄 수는 있겠지만 특정 사회집단이 특정 스타들을 좋아하거나 싫어하는 이유를 설득력 있게 설명하지는 못한다.

결과적으로 기호학적·정신분석학적 접근이 현대 영화이론을 주도한다는 사실은 영화관객에 대해 그리고 관객이 스타와 어떤 관계를 맺고 있는가에 대해 아직 연구가 별로 이루어지지 않았다는 것을 말해준다. 특별히 중요한 하나의 예외는 재키 스테이시(Jackie Stacey)의 작업으로, 그녀는 1940년대와 1950년대 할리우드 스타들에 대한 여성들의 반응을 연구했다.30) 스테이시의 응답자들은 두 여성 주간지

V. N. Volosinov, *Marxism and the Philosophy of Language*, Cambridge, Mass.: Harvard University Press, 1973, p.23.

30) Jackie Stacey, *Star Gazing: Hollywood Cinema and Female Spectatorship*, London

에 나온 광고에 대해 다양한 유형의 동일시를 드러냈다. 첫번째로 스테이시가 제시한 것은 '영화의 동일시 판타지'로 여성들이 영화를 보면서 스타들과 관계를 맺는 것도 그런 식의 동일시 판타지에 해당한다. 스테이시는 응답자들의 편지를 분석하고 그 경향들을 다음과 같이 범주화했다.

① '애착' '숭배' 그리고 '존경'. 이는 여성 관람자들이 자신들과 구별되는 스타의 차이점을 찬미하는 상황을 이르는 말이다. 스테이시는 이러한 관계가 다소간 동성애적 애착에 근거하고 있다고 말한다.
② '초월'. 이것은 자신과 스타와의 차이를 극복하려는 영화 관람자의 소망을 말하는 것으로, 이렇게 해서 관람자는 스타를 더욱 좋아할 수 있다.
③ '열망'과 '고취'. 여기서 영화 관람자는 스타의 개성과 행동에 가치를 두고, 스타의 힘과 자신감이 자신에게 적극적인 역할 모델을 제공한다고 본다. 이것은 초월과는 다른 것으로 초월의 경우, 고무된 관람자는 자신의 정체성을 스타의 정체성으로 대체하기를 원한다. 관람자는 어떤 특정한 점에서 스타와 같아지기를 바라기 때문이다.

스테이시의 두번째 범주는 '영화 외적인 동일시 과정'과 관련이 있다. 이러한 범주들은 영화 바깥에서 일어나는 행동과 관계가 있는 것으로, 영화 관람자는 특정 스타와 동일시하고 그에 따라 행동한다. 첫번째 범주가 흔히 영화 관람자와 스타의 차이에 관한 것이라면, 두번째 범주는 대개 스타와 동일시하면서 스타와 유사하다고 느끼

and New York: Routledge, 1994.

는 쾌락과 연관이 있다. 그 유사성이 스타가 기존에 지니고 있든, 아니면 새로운 특성에 있든 간에 말이다. 이러한 범주는 다음과 같이 구분된다.

① '가장하기'. 이것은 어린아이들의 게임과 같은 것으로 참가자는 자신들의 행동이 꾸며진 것임을 충분히 알고서 자신이 스타가 되는 환상을 펼친다.
② '닮기'. 이것은 스타의 이미지를 연상시키기 위해 스타를 닮은 자신의 신체부위를 강조하는 것이다.
③ '흉내내기'. 이 경우 스타와 관람자의 유사성은 실제가 아니라 습득된 것이다. 흉내내기는 가장하기와는 달리 스타의 어떤 고유한 특성을 따라하는 것이다. 가령 스타가 노래하는 방식이나 춤추는 스타일을 따라하는 것이 그것이다.
④ '복제하기'. 이것은 유사성이 실제적인 것이 아니라 습득된 것임을 말해주는 또 다른 경우다. 그렇지만 특정한 행동 스타일을 모방하기보다는 헤어스타일과 같은 외모를 따라하는 것을 의미한다.

이런 식의 작업이 지닌 강점 중 하나는 동일시 작용의 각 유형들을 구별할 수 있다는 것이며 그 과정에서 스타에 대한 관객의 동일시가 수동적인 수용이라기보다는 능동적인 실천의 산물임을 보여준다는 점이다. 그러나 스테이시가 경고한 바와 같이, 이것을 곧 스타와의 동일시에 대한 무비판적인 찬양으로 귀결시켜서는 안 된다. 그러한 동일시는 단순히 이데올로기적 지배의 형식이지만 또한 그것은 여성성에 대한 지배적인 정의를 단순히 받아들일 것이냐 말 것이냐 사이에서 여성들 스스로가 자신들의 위치를 협상하는 것임을 염두에 두어야 할 것이다. 이러한 동일시는 여전히 권력의 조건하에서 일어난다.

그러나 이러한 작업에는 그 이슈들을 철저히 고찰하지 못하게 하는 제한들이 있다. 첫번째, 이러한 동일시의 분석은 이들 여성들의 일상적인 삶을 세세히 탐구하는 것과는 관련이 없다는 점이다. 스테이시의 작업이 실제의 영화 관객에 대한 독해를 고려하고 있음에도 불구하고, 이들 영화 관객들이 스타와 동일시하는 판타지와 실천은 그들의 삶을 이루고 있는 여타의 많은 사회적 실천으로부터 여전히 분리되어 있다. 이러한 동일시가 왜 형성되는지 그리고 어떤 효과를 발휘하는지 알게 된다면, 남아 있는 것은 각각의 능동적인 입장들을 분류하는 작업이다. 그리고 이 작업은 영화 관람자들의 삶을 좀더 자세히 고찰하는 형태이어야 할 것이다.

두번째, 이러한 작업은 여러 다른 유형의 동일시가 있음을 보여주고 있지만, 실제로 왜 특정한 관객들이 특정한 스타를 좋아하거나 싫어하는지 또는 무관심한지를 사실상 설명하지 못하고 있다. 마릴린 먼로의 스타 이미지가 젠더와 섹슈얼리티의 이데올로기를 구성하는 것과 관련이 있다는 사실이, 모든 영화 관객들이 마릴린 먼로와 동일시하거나 또는 스타로서 좋아한다는 것을 의미하지는 않는다. 어떤 스타를 좋아하느냐는 영화를 보는 사람들에게는 무척 중요한 문제이며 그들간에 벌어지는 논쟁과 토론의 주제가 된다.

그와 같은 좋아함은 순수하거나 개인적인 것이 아니다. 오히려 부르디외의 주장처럼, 취향은 사회적으로 구성되고 차별적으로 분배된다.[31] 상이한 집단은 상이한 취향을 구성하고 있다는 것이 그의 주장이다. 부르디외에게 계급 구성원은 특정한 형태의 경제적 자본을

---

31) Pierre Bourdieu, *Distinction: A Social Critique of the Judgement of Taste*, London: Routledge, 1984.

소유하고 있느냐에 따라 정해지기도 하지만 특정한 형태의 문화적 자본을 소유하고 있느냐 없느냐에 따라서도 정해진다. 그러나 문화적 자본은 또한 여타의 방식으로 경제적 자본과 연관되어 있다. 집단의 구성원이 되기 위해서는, 부모가 어린아이에게 피아노나 무용 교습을 시키기 위해 돈을 써야 하는 것과 마찬가지로, 경제적인 투자가 필요하다. 경제적인 투자는 그것이 지위가 되든 명예가 되든 미래의 어떤 이익을 위한 것이다.

그러나 부르디외는 어떤 사회적 집단이 다른 집단보다 더 많은 문화적인 자본을 가지고 있을 뿐만 아니라 각각의 집단은 상이한 형태의 문화적 자본을 지니고 있다고 주장한다. 그에 따르면 각 집단들은 각각 다르게 '인식하고 판단하고 기억할 수 있는' 능력과 성향을 발전시킨다.[32] 가령 영화의 경우, 어떤 사회적 집단은 영화를 장르와 배우에 따라서 분류하겠지만, 중산계급의 관객은 감독을 기준으로 해서 영화를 고르는 경향이 있다는 것이다.[33] 그러한 차이는 중요한 의미를 나타낸다. 그 차이는 종종 사회를 구별하기 위해 사용되는데 연기자의 경우도 그러하다. 예를 들어, 어떤 사람들이 유럽의 예술영화에 나오는 잘 알려지지 않은 배우, 예컨대 장피에르 레오(Jean-Pierre Léaud)를 좋아한다고 말한다면, 그들은 암암리에 자신들을 대중적인 배우를 좋아하는 사람들과 구분하고 있는 것이다. 그들은 '내 취향은 당신의 취향에 비해 고급스러운 것이다'라고 넌지시 말하는 것이다. 사실상 스타와 배우를 종종 구별하는 것도 바로 이 부분이다. 배우를 알아보는 것은 스타를 알아보는 것에 비해 '드문 취향'을 요구한다고 암묵적으로 말해진다. 이는 스타와 배우가 잘 구분되지 않는 할리우드 영화의 경우에도 적용할 수 있다. 예를 들어,

---

32) Ibid., p.28.
33) Ibid., pp.26-28.

실베스터 스탤론(Sylvester Stallone)이나 아놀드 슈워제네거를 좋아하는 것보다 로버트 드 니로를 좋아하는 것이 훨씬 더 제대로 된 입장이고 문화적으로 더 높은 지위를 가진 것처럼 보여질 것이다. 그러나 본격적이라 하기에는 다소 처지는 상업영화 내에서도 어떤 스타를 더 좋아하느냐는 것은 관객들간의 문화적 차이에 터하고 있다. 아놀드 슈워제네거, 멜 깁슨, 브루스 윌리스(Bruce Willis) 그리고 해리슨 포드(Harrison Ford)는 모두 액션 영화의 스타로서 명성을 날리고 있지만 각기 다른 스타 이미지를 가지고 있다. 분명히 어떤 관객들은 이들 네 사람을 모두 좋아하겠지만, 많은 관객들은 어떤 한 사람을 특별히 좋아하고 다른 이를 싫어할 것이다. 이들 각각의 스타들은 서로 다른 유형의 남성성을 보여주고 있다. 아마도 그들을 구별할 수 있는 능력과 성향이 없는 이들에게는 모두 유사하게 보일지도 모른다. 그러나 사실 관객에 따라서는 이들 네 사람이 매우 상이한 이미지를 가지고 있는 것이다. 그러므로 스타 연구는 실제의 관객뿐만 아니라 취향의 차별적인 분배에도 좀더 주의를 기울일 필요가 있다.

결론

그러나 실제 관객을 연구하는 문제와 취향의 구별이라는 문제는 여전히 관객과 스타의 관계에 그 초점을 두고 있다. 그렇기 때문에 영화제작이라는 컨텍스트 내에서 스타의 지위를 연구할 필요가 있는 것이다.

이 장에서는 영화나 문화연구 분야에서 이루어진 스타 연구의 주된 흐름을 개괄해보았다. 스타 연구는 텍스트와 관객의 관계라는 문제에 집착한 채, 경제적 생산을 배제하고 문화적인 소비만을 연구했다. 스타를 산업의 상품으로 검토하는 연구가 상대적으로 미흡한 것은 영화 연구와 문화연구 분야의 논쟁구조가 막연하다는 것을 암시해준다. 모리스(Morris)는 문화연구의 현황과 방향에 관해 다음과 같이 언급한다.

> 문화이론에서는 생산이라는 용어는 재이론화되지 못하고 퇴화하고 말았다. 오늘날 그것은 경제를 논하기 위한 약어로 종종 사용된다.
>
> 소비는 섹스, 예술, '문화 정치학', 오락에 관해 말하는 것을 의미한다. 그러나 그 말을 어디선가 들어본 적이 있다고 깎아내리기 전에 다음과 같은 생각을 해보는 것도 좋을 것이다. 그러니까 낭만주의, 모더니즘, 아방가르드 그리고 정신분석학이 지나간 20세기 말에 경제학은 사실상 섹슈얼리티보다 훨씬 더 수수께끼 같은 느낌이 든다는 생각 말이다.[34]

놀랍게도 영화이론가들은 스타덤의 경제학과 스타의 고용에 관해서는 그다지 관심들이 없었다.[35] 스타 연구는 스타를 둘러싸고 있는 산업적 맥락을 고려해야 할 필요가 있다. 이는 스타가 경제적인 측면에서 지니고 있는 우월성을 인정해주기 위함이 아니라, 우리가 소비하는 스타 이미지를 제대로 설명하기 위해서다. 그것은 왜 스타의 이미지가 생산되느냐라는 문제(이는 제작자가 시장을 통제하기 위해서 소비를 조절할 수 있음을 가정한다)라기보다는, 스타가 어떻게 생산되느냐의 문제이다.

문화연구는 스타의 의미를 서구의 섹슈얼리티라는 담론에서 효

---

34) Meaghan Morris, "Banality in Cultural Studies," *Block*, 14, 1986, p.24.
35) 그러한 관심의 예로는 다음을 보라.
   Barry King, "Stardom as an Occupation" in Paul Kerr(ed.), *The Hollywood Film Industry*, London and New York: Routledge and Kegan Paul, 1986; Barry King, "The Star and the Commodity: Notes Towards a Performance Theory of Stardom," *Cultural Studies*, 1:2, pp.145-161.

과적으로 다루었지만, 그러나 섹슈얼리티라는 비밀스러운 담론이 어디에서 생산되는지 여전히 설명을 요구하고 있다.

제 **5** 장
역사적 시학 | 헨리 젠킨스

그리스어 '능동적인 생산(poiesis)'에서 유래한 시학(poetics)은 예술 작품의 분석에 있어 우리가 알고 있는 가장 오래된 방법들 가운데 하나이다. 그 개념의 역사를 상세히 살펴보면, 멀리는 아리스토텔레스의 시학(주로 그리스 문학의 지배적인 형식인 서사시와 비극을 다루었다)에서부터 어윈 파노프스키, 곰브리치(E. H. Gombrich)와 같은 미술사가들, 그리고 미하일 바흐친(Mikhail Bakhtin), 빅토르 쉬클로프스키(Victor Shklovsky)와 같이 좀더 현대적인 문학자들의 작업에까지 걸쳐 있다.[1] 대체로 정의하자면, 시학은 예술작품이 구성되고 평

---

1) 곰브리치의 작업에 대해서는 특별히 다음을 참조하라.
   E. H. Gombrich, *Art and Illusion: A Study in the Psychology of Pictorial Representation*, Princeton: Princeton University Press, 1969.
   러시아 형식주의 전통에 관해서는 다음의 책에 잘 요약되어 있다.
   Landislav Matejka & Krystyna Pomorska(eds.), *Readings in Russian Poetics: Formalist and Structuralist Views*, Cambridge: MIT Press, 1971; Lee T. Lemon & Marion J. Reis(eds.), *Russian Formalist Criticism: Four Essays*, Lincoln: Nebraska University Press, 1965; Victor Erlich, *Russian Formalism: History-Doctrine*, The Hague: Mouton, 1969.
   영화적 시학에 관한 러시아 형식주의자들의 글은 다음의 책을 보라.
   Herbert Eagle(ed.), *Russian Formalist Film Theory*, Ann Arbor: University of Michigan Press, 1981; Richard Tayler(ed.), *The Poetics of Cinema, Russian Poetics*

가되는 과정들과 관습들에 초점을 맞춘다. 역사적으로 시학에는 주제론(예술작품들을 구성하는 모티프, 도상, 주제에 대한 연구), 구성의 형식(내러티브와 같은 커다란 조직 원리들의 연구), 양식론(기초적인 미학적 재료와 유형에 대한 연구)과 같은 영역들이 포함되어 있다.[2] 시학은 기술적 설명들(예술작품은 어떻게 구성되어 있는가)과 규정적인 논의들(예술작품은 어떻게 구성되어야 하는가) 두 가지 모두에 둘러싸여 있는 것이다.

가장 훌륭한 형식주의 글들은, 비정치적으로 예술을 위한 예술에 집착하고 사회적·경제적 실천들을 배제할 정도로 텍스트에 비역사적으로 매달린다는 비난에도 불구하고, 좀더 넓은 맥락에서 미학적 논점들을 다룬다. 예를 들어 보리스 에켄바움(Boris M. Ekenbaum)의 『오 헨리와 단편소설 이론(O. Henry and the Theory of Short Story)』은 잡지 시장이 어떻게 미국 단편 소설의 형식과 내용을 형성했는가에 주목한다.[3] 바흐친의 『라블레와 그의 세계(Rabelais and His World)』는 프랑스 희극작가의 언어와 구조를 소설의 초기 역사와 중세의 사회적 풍토, 계급적 위계, 문화적 실천들과 연결한다.[4] 미적 형식은 사

---

in Translation, no.9, 1982.

바흐친에 관해서는 특별히 다음을 참조하라.

Mikhail Bakhtin, The Dialogic Imagination: Four Essays, Austin: University of Texas Press, 1981; Problems in Dostoevsky's Poetics, Minneapolis: University of Minnesota Press, 1984; Mikhail Bakhtin & P. N. Medvedev, The Formal Method in Literary Scholarship: An Introduction to Socialogical Poetics, Baltimore: The Johns Hopkins University Press, 1991.

2) 다음을 보라.

David Bordwell, "Historical Poetics of Cinema" in Barton Palmer(ed.), The Cinematic Text: Methods and Approaches, Atlanata: Georgia State University Press, 1988(a).

3) Boris M. Ejxenbaum[Ekenbaum], "O. Henry and the Theory of the Short Story," Reading in Russian Poetics, pp.227-272.

4) Mikhail Bakhtin, Rabelais and his World, Bloomington: Indiana University Press, 1984.

회 맥락 안에 존재하고, 작품의 재료에 대한 당대의 생각들에 의거
하며 사회적 효과를 발휘한다는 것이다. 그러나 형식주의 전통은 역
사적 설명이란 작품 그 자체에서 출발해야 하기 때문에 전면적이거
나 초역사적인 이론을 채택하기보다는 직접적인 맥락으로 차츰 나
아가야 한다고 믿고 있다.

  오늘날 이처럼 다양한 시학의 전통을 대표하는 것은 역사적 시학
으로, 그것은 러시아와 슬라브 형식주의, 기호학과 구조주의, 독자
반응이론과 인지심리학에서 많은 것을 빌려왔다.[5] 영화에서 역사적

---

5) 여기서 인용된 보드웰의 글에 따르면, 역사적 시학이라는 그의 개념은 크리스틴
   탐슨의 신형식주의 비평개념과 복잡한 관계를 맺고 있다. 탐슨은 다음의 책에서
   자신의 방법을 언급하고 있다.
   Kristin Thompson, *Breaking the Armor: Neoformalist Film Analysis*, Princeton:
   Princeton University Press, 1988; *Eisenstein's Ivan the Terrible: A Neoformalist
   Analysis*, Princeton: Princeton University Press, 1981.
   역사적 시학이라는 용어는 보드웰과 그 주변의 몇몇 이론가들이 거의 일방적으
   로 채택했다. 보드웰은 역사적 시학의 입장을 놓고 배리 킹과 논쟁을 벌이다가
   곤란해지자 역사적 시학의 입장이 논자에 따라 다양하다고 주장했다. 다음을
   보라.
   Barry King, "The Wisconsin Project," *Screen*, 27(6), 1986, pp.74-88; Barry
   King, "The Story Continues…," *Screen*, 28(3), 1987, pp.56-82; David
   Bordwell, "Adventures in the Highlands of Theory," *Screen*, 29(1), 1988(b),
   pp.72-97; Janet Staiger, "Reading King's Reading," *Screen*, 29(1), 1988,
   pp.54-70; Kristin Thompson, "Wisconsin Project or King's Project," *Screen*,
   29(1), 1988, pp.48-53; Barry King, "A Reply to Bordwell, Staiger and
   Thompson," *Screen*, 1988, pp.98-118.
   보드웰은 「영화의 역사적 시학」에서 앙드레 바쟁, 레몽 벨루르, 티에르 쿤첼,
   롤랑 바르트, 넬슨 굿맨, 그리고 노엘 버치와 같은 여러 비평가들이 역사적 시
   학의 개념에 포함된다고 주장한다.
   David Bordwell, *Making Meaning: Inference and Rhetoric in the Interpretation of
   Cinema*, Cambridge, Mass.: Harvard University Press. 1989.
   보드웰은 위 책의 결론 부분에서 도널드 크래프톤, 앙드레 고드로, 톰 거닝, 찰
   스 머서, 재닛 스타이거, 찰스 울프, 리 제이콥스 그리고 리처드 맬트비와 같은
   근자의 이론가들이 느슨하게나마 역사적 시학의 영역 내에서 작업하고 있다고
   주장한다. 나는 보드웰의 이러한 주장에 동의하면서 몇몇의 이론가들을 그와

시학은 주로 데이비드 보드웰과 크리스틴 톰슨(Kristin Thompson)이 탐구해왔는데, 보드웰에 따르면 역사적 시학은 일반적으로 영화에 대한 다음의 두 가지 질문에 답하고자 한다.

① 영화를 구성하면서 영화가 특정한 효과를 발휘하도록 해주는 원리는 무엇인가?
② 이러한 원리들이 어떻게 그리고 왜 특정한 경험의 환경에서 생겨나고 변화하는가?[6]

첫번째 질문은 예술적 과정과 관습에 대한 시학의 전통적인 관심사를 나타낸다. 두번째 질문은 관객의 정서적·인지적 경험, 그리고 영화예술을 지배하는 규칙, 약호, 관습을 이해하는 데 역사가 중요하다는 것을 주장하고 있다.

에드워드 브래니건(Edward Branigan)이 「피안화(Equinox Flower)」에서, 할리우드가 일본 영화의 스타일에 어떤 영향을 끼쳤는가에 대한 논쟁과 관련해 야스지로 오즈의 공간구성을 상세히 고찰한 바 있듯이,[7] 역사적 시학은 매우 특정한 층위에서 그러한 질문에 접근할

같은 부류에 더 포함시키고자 한다. 여기에 추가된 이론가들 역시 자신들의 입장을 역사적 시학으로 개념화하고 있지는 않지만, 그래도 얼마간 역사적 시학의 기본전제나 가정을 사용하는 사람들이다.

6) David Bordwell, op. cit., 1988(a).
7) Edward Branigan, "The Space of Equinox Flower" in Peter Lehman(ed.), *Close Viewings: An Anthology of New Film Criticism*, Tallahassee: Florida State University Press, 1990, pp.73-108.
신형식주의 전통의 중요한 질문인 오즈의 공간 사용에 대해서는 다음을 보라.
Kristin Thompson & David Bordwell, "Space and Narrative in the Films of Ozu," *Screen*, 17(2), 1976, pp.46-55; Noel Burch, *To the Distant Observer: Form and Meaning in Japanese Cinema*, Berkeley: University of California Press, 1979; Kristin Thompson, "Notes on the Spatical system in Ozu's Early Films," *Wide Angle*, 1(4), 1977, pp.8-17; David Bordwell, *Ozu and the Poetics of Cinema*,

수도 있다. 혹은 데이비드 보드웰과 재닛 스테이거(Janet Staiger) 그리고 크리스틴 톰슨이 함께 쓴 책『고전적 할리우드 영화(*The Classical Hollywood Cinema*)』에서와 같이 전체 예술운동의 지배적인 미학적 원리들을 스케치할 수도 있다. 지금까지 나온 역사적 시학에 관한 책 중 가장 복잡하고 야심찬 탐구서인 이 책은 1915년부터 1960년까지 미국 영화를 지배한 규범들과 제도들을 검토한다.[8]

미학적이고 역사적인 연구

역사적 시학은 해석보다는 설명에 더 관심이 있다. 많은 영화비평이 영화가 의미하는 바를 밝히려는 노력을 했는데, 여기서 의미란 작가이론에서처럼 특정한 감독의 세계관에서 기원한다거나 혹은 많은 현대비평에서처럼 대체로 지배문화의 이데올로기들을 담고 있다고 여겨진다. 아니면 예술작품에 함축되어 있거나, 균열의 '징후적 계기(symptomatic moments)' 혹은 '구조화하는 부재(structuring absences)'를 면밀히 검토하면 나타나는 것으로 생각한다. 역사적 시학은 이 같은 의미를 탐색하는 대신 영화의 내러티브를 조직하는 방법이나 관객의 시각적·청각적 경험이 구조화되는 방법, 그리고 영화가 관객의 사전 지식과 기대들을 어떻게 이용하는가를 따진다. 역사적 시학이 일차적으로 기술적이고 설명적인 반면 여타의 현대비평은 미학적 또는 이데올로기적 의미에서 가치평가적이고 해석적이다.

역사적 시학은 조사과정에 좌우되거나 또는 보드웰이 언급한 것처럼 "문제와 질문을 중심으로"하고 "수집한 자료에 의지"한다. 미

Princeton: Princeton University Press, 1988.

8) David Bordwell, Janet Staiger & Kristin Thompson, *The Classical Hollywood Cinema: Film Style and Mode of Production to 1960*, New York: Columbia University Press, 1985.

학적 원리들은 역사적 사실로 이해되며 그 원리들은 영화의 제작, 유통, 수용이라는 좀더 넓은 맥락에서 기록되고 해석된다. 역사적 시학은 수집한 자료를 설명하고 맥락화하기 위해 이론상의 가정을 꼭 필요로 하지만 수집된 자료가 이론에 들어맞지 않을 경우 그와 같은 새로운 발견들은 거부하는 것이 아니라 자연스럽게 인정하고 받아들인다. 이는 형식적 방법에 대한 보리스 에켄바움(Boris Eichenbaum)의 언급에도 잘 나타나 있다. "우리는 우리의 연구에서 이론이 단지 사실들을 발견하고 해석하도록 도와주는, 작동중인 하나의 가설이라고 생각한다. … 우리는 특정한 원리를 상정하고 고수하는데 자료가 그 원리들을 정당화하는 한에서만 그렇다. 만약 그 자료가 원리를 개선하거나 변경하도록 요구한다면 우리는 원리를 바꾸거나 손질한다."9)

규범과 제도: 고전적 할리우드 영화와 그 너머

미학사에서 '역사적 시학'이 지니고 있는 중요성은 무엇보다 위대한 작품들과 위대한 작가들에서 벗어나 특정한 역사적 국면에 자리한 미학적 규범들을 조사한다는 점일 것이다. 스타일의 선택은 단지 비범한 예술가의 개인적인 표현수단이 아니다. 그것은 관습적인 제도나 좀더 넓은 미학적 동향에 자리잡고 있는 것으로 이해할 수 있다. 규범(norm)은 보드웰의 분석에서 핵심적인 개념으로, 이는 얀 무카로프스키(Jan Mukarovsky)의 저작에서 끌어온 것이다.10) 규범은

---

9) Boris Eichenbaum[Ekenbaum], "The Theory of the 'Formal Method'", *Russian Formalist Criticism: Four Essays*, pp.102-103.
10) Jan Mukarovsky, "The Aesthetic Norm," in John Burbank & Peter Steiner, trans(eds.)., *Structure, Sign and Function*, New Haven: Yale University Press, 1977, pp.49-54.

약호화되고 고정되어 있는 규칙이 아니다. 그것은 작품을 제작하기 위해 예술가가 이용하는 비교적 유연하고 상식적인 가정이다. '규범은 한 편의 영화가 어떻게 작용해야 하는가에 관한, 즉 영화가 어떤 스토리들을 어떻게 이야기해야 하는가에 대한, 그리고 영화기법의 범위와 기능, 관객의 행위에 대한 가정들의 집합인 것이다.'[11] 예술가들은 미학적 규범을 이해하고 받아들임으로써 다양한 표현을 할수 있다. 그리고 그러한 규범들을 고수함으로써 제작 체계와 관객 양쪽에서 쉽사리 인정을 받는 작품들을 제작할 수 있게 된 것이다. 그러나 그 규범들을 따르지 않는 것이 꼭 부정적인 행위는 아니다. 까닭인즉, 형식을 위반하는 행위들은 종종 예술적 혁신이나 새로움으로 환영받기 때문이다. 비록 어떤 작품이 미학적인 어휘를 확장하기 위해 체계 바깥에서 형식적 장치들을 빌려오더라도, 아마도 그것은 지배적인 미학 전통 내부에 무리 없이 흡수될 것이다. 역사적 시학의 형식주의 전통은 지배적인 미학 전통들을 변형하거나 '낯설게 하는' 작품들에 특히 관심을 기울였다. 그러한 예술작품들은 미학적 지각과 기대들을 다시 생각하게 하는데, 그 과정에서 세계를 새로운 눈으로 볼 수 있다.

『고전적 할리우드 영화』는 초기 영화의 미학적 규범들(이러한 특정한 규범은 잘 만들어진 연극이나 잡지에 실린 단편소설에서 끌어온 것이다)이 어떻게 무성영화 말기에 미국의 영화제작을 지배하게 되었으며 그 지배가 1960년대에까지 계속되었는지를 보여준다. 즉이 책은 그러한 규범들이 어떻게 할리우드의 제작 양식으로 구조화되었으며, 신문 잡지와 제작 매뉴얼에 오르내리게 되고 영화감독들과 관객들에 의해 받아들여지게 되었는가를 말해 주고 있는 것이다. 고전적 할리우드 영화에서 개인적인 표현은 이러한 규범의 체계가

---

11) David Bordwell, Janet Staiger & Kristin Thompson, op. cit., 1985, p.3.

정한 '차이의 한도' 내에서 이루어졌다. 목표지향적인 주인공에 초점을 맞추는 것은 바로 그러한 규범에 해당되는 것으로, 이는 인과관계로 구조화된 내러티브, 결말을 향한 진행 등을 구성의 원칙으로 하고 있다. 즉각적인 명료성과 연속성을 고집하는 것도 이에 포함된다. 그리고 시각적·청각적 스타일은 내러티브를 전개하기 위한 수단으로 사용했다.

다른 사람들은 이러한 고전적인 규범들을 영화 스타일의 다른 측면, 예컨대 음악, 의상, 연기, 색채에까지 확장했다. 예를 들어, 메리 베스 하랄로비치(Mary Beth Haralovich)는 테크니컬러(technicolor)필름이 어떻게 사용되어왔는가에 주목하면서 색채를 둘러싼 고전적 할리우드 영화의 관습들을 연구했다.12) 그렇게 색채의 형식을 연구한 탓에 그녀는 더글라스 서크(Douglas Sirk)가 <하늘이 허락하는 모든 것(*All That Heaven Allows*)>에서 비관습적인 색채를 어떻게 체계적으로 구사했는가를 알아낼 수 있었다. 존 커턴(John Kurton)은 하랄로비치의 설명을 수정하면서 할리우드 영화에 나타난 몇 가지 다른 색채 도식들을 밝혀내고, 서크의 색채 사용이 흔한 경우는 아니지만, 그런데 관습적인 일단의 관행들을 따르고 있다고 주장했다.13) 그러므로 규범들은 개별 작품들의 창조성이나 새로움을 이해하는 하나의 기준을 제공할 수 있다. 혁신적인 감독들은 전적으로 체계 내에서 작업하거나[이에 대한 예로는 에디스 헤드(Edith Head)가 어떻게 의상을 디자인했나를 연구한 제인 게인스(Jane Gaines)의 글을 보라14)] 아니면 지배적인 규범을 받아들이지만 얼마간 그 규범을 벗

---

12) Mary Beth Haralovich, "All That Heaven Allows: Color, Narrative Space, and Melodrama" in Peter Lehman(ed.), *Close Viewings: An Anthology of New Film Criticism*, Tallahassee: Florida State University Press, 1990.

13) John Kurton, "Red, White and Hot Color: The Technicolor Canon." 미간행논문.

14) Jane Gaines, "Costume and Narrative: How the Dress Tells the Woman's

어나기도 한다[예컨대 도로시 아즈너(Dorothy Arzner)나 오스카 미
쇼(Oscar Micheaux)의 최근 작품을 보라]. 역사적 시학은 또한 비할
리우드 영화감독들[세르지오 레오네(Sergio Leone), 오우삼 또는 파스
빈더(R. W. Fassbinder)]이 정치적·미학적 대안을 위해 고전적 영화
의 장르 관습들과 형식적 규범들을 어떻게 뜯어고치고 있는가를 보
여준다.

이들과 여타의 많은 예술가들[예를 들어 1968년 이후의 고다르
(Jean-Luc Godard)]의 경우 정치에 참여했던 경력은 그들이 어떤 조
건에서 활동했으며 어떠한 미학적 가정을 지니고 있었는지를 규명
하는 데 도움을 준다. 보드웰은 『의미 만들기(*Making Meaning*)』에서
해석적 비평을 보류해야 한다고 요구했는데, 이는 형식 분석과 이데
올로기 분석 사이에 간극이 있음을 말해주는 것이다. 예를 들어 보
드웰에 따르면, 역사적 연구는 "개개의 영화들을 풍부하고 새롭게
해석해내면서, 제반 의미들이 구성되는 새로운 조건을 구체적으로
찾아낸다."15) 그런 의미에서 역사적 시학은 이데올로기에 대하여 형
식을 특권화 한다기보다는 추상적 이론에 대하여 역사적 특이성을
강조하는 것으로 보인다.

Story," in Jane Gaines & Charlotte Herzog(eds.), *Fabrications*, New York: Routledge, 1991, pp.180-221.
15) David Bordwell, 1989, p.272.
보드웰이 받아들이고 있는 그러한 해석의 예들은 다음 책을 보라.
Lea Jacobs, *Reforming Women: Censorship and the Feminine Ideal in Hollywood*, 1929-1942, Madison: University of Wisconsin Press, 1981.

차이와 고전적 영화

기념비적이고 위협적인『고전적 할리우드 영화』는 특정 영화나 장
르, 시기, 감독과 관련이 있는 좀더 국지적이고 독특한 규범들보다는
고전적 규범들의 고정성과 연속성에 더 주목한다. 어떤 이들은 이 책
이 고전적 할리우드 체계가 지닌 '차이들'에 관심을 많이 기울이지
않는다고 비판한다. 이 책은 스튜디오 시절에 만들어진 영화가 단조
로운 구조로 이루어져 있다고 보는 경향이 있다. 가령 <군중(The
Crowd)> <역마차(The Band Wagon)> <악의 손길(Touch of Evil)>과
같은 영화들은 유사한 영화로 취급되기에 각각의 영화들이 지닌 고
유한 특징들은 잘 드러나지 않는다.16)

그러나『고전적 할리우드 영화』는 할리우드 영화들간의 차이에
대해 이야기한다. 대안적 미학이나 새로운 기술이 할리우드에 도입
되는 경우, 그러한 주변의 변화들에 체계가 완전히 적응하려면 꼭
과도기와 실험 시기를 거쳐야 한다. 유성영화 초기는 그와 같은 과
도기 중 중요한 시기였고, 필름 누아르 역시 그러했다. 비록 고전적
체계가 결국 다시 안정화된다 하더라도, 이 과도기적 단계는 지배적
인 관행에서 벗어난 영화들을 낳는다. 분석의 층위에서 보자면 이
작품들은 여전히 고전적인 영화들일 수도 있다. 하지만 다른 층위에
서 보자면 고전적 체계 안에 긴장이 있음을 시사해주는 영화들이다.

고전적 규범의 수용은 영화 제도 전역에 걸쳐 균일하게 이루어지
지는 않는다. 예를 들어 피터 크래머(Peter Kramer)는 어떻게 코미디
영화가 대부분의 다른 장르들보다 뒤늦게 고전적 규범들을 채택했
는가를 보여주면서, 그러한 미학적 저항과 동화의 과정을 버스터 키

---

16) 예컨대 다음을 보라.
　　Andrew Britton, "The Philosophy of the Pigeonhole: Wisconsin Formalism
　　and 'The Classical Style'," *Cineaction*, 15, winter 1988/89, pp.47-63.

튼(Buster Keaton)의 영화에서 추적한 바 있다.17) 어떤 장르들(뮤지
컬, 포르노그라피, 코미디언의 코미디)은 쇼를 보여주는데, 그 쇼가
이루어지는 동안에 내러티브는 직선적으로 진행되지 않으며 인물은
일관성이 없고 연기는 행해지지 않는다.18) 역사적 시학은 위반하면
심각한 혼란을 일으키는 엄격한 규칙을 규범으로 보지 않는다. 의미
를 고착시키는 약호(여기서 약호는 형식적 장치에 속하는 것이나)를
규범으로 보는 것도 아니다. 그렇기 때문에 역사적 시학은 어떤 형
식이 체계에서 벗어날 경우 그와 같은 일탈은 체계가 허용하는 한도
내에서 이루어진다고 본다.19) 장르는 자신의 규범(장르는 간혹 고전

---

17) Peter Kramer, "Vitagraph, Slapstick and Early Cinema," *Screen*, spring 1988,
pp.99-104; Peter Kramer, "Derailing the Honeymoon Express: Comicality and
Narrative Closure in Buster Keaton's The Blacksmith," *The Velvet Light Trap*,
spring 1989, pp.101-116; Peter Kramer, "The Making of a Comic Star: Buster
Keaton and The Saphead" in Kristine Brunslova Karnack & Henry Jen-
kins(eds.), *Classical Hollywood Comedy*, New York: Routledge, 1994.
비슷한 주장으로 다음을 보라.
Tom Gunning, "Crazy Machines in the Garden of Forking Paths: Mischief
Gags and the Origins of the American Film Comedy," *Classical Hollywood
Comedy*.
18) Rick Altman, *The American Film Musical*, Bloomington: Indiana University
Press, 1987; Jane Feuer, *The Hollywood Musical*, Bloomington: Indiana
University Press, 1982; Linda Williams, *Hardcore: Power, Pleasure and the
'Frenzy of the Visible*,' Berkeley: University of California Press, 1992; Steve
Seidman, *Comedian Comedy: A Tradition in Hollywood Film*, Ann Arbor: UMI
Research, 1981; Frank Krutnik, "The Clown-Prints of Comedy," *Screen*, 4-5,
pp.50-59.
크루트닉은 다음의 글에서 이와 같은 입장을 다시 개진하고 있다.
Frank Krutnik, "The Spanner in the Works?," *Classical Hollywood Comedy*.
19) David Bordwell, Janet Staiger & Kristin Thompson, op. cit., 1985, pp.70-84.
또는 다음을 보라.
Henry Jenkins, *What Made Pistachio Nuts?: Early Sound Comedy and the
Vaudeville Experience*, New York: Columbia University Press, 1992.
특히 1장을 보라. 그리고 다음 책의 서문을 보라.
Kristine Brunslova Karnack & Henry Jenkins, op. cit., 1994.

적 체계의 하위집합으로 여겨지기도 한다)을 지니고 있는데 몇몇 규범들은 여타의 다른 미학적 전통들에서 빌려온 것들이다. 각 장르가 지니고 있는 고유한 미학적 목적과 가정은 그렇게 해서 확립된다.

물론 장르들간의 차이를 형식적 규범의 차이로 환원할 수는 없다. 특정 장르에 적절한 주제가 무엇이냐 그리고 그 주제를 어떻게 전달할 것이냐의 문제는 형식적 규범들에 크게 의존하고 있지만, 거기에는 또한 사회에 대한 시각의 차이나, 관객의 동일시를 이끌어내는 방식의 다름, 그리고 문화적 경험을 구조화하는 방식의 차이들이 개재되어 있다. 앤드루 버그만(Andrew Bergman) 같은 사회학적 입장의 비평가는 마르크스(Marx) 형제의 <오리 수프(Duck Soup)>가 공황 시대 초기의 사회적 혼란을 직접적으로 표현하고 있다고 읽었겠지만 영화적 시학에 근거한 설명은, 활달한 주인공과 억눌린 적대자가 맞붙는 그러한 정치적 이미지들이 보드빌 미학의 분열적이고 화려한 장면들과 어떻게 관련있는지를 강조할 것이다.[20]

다큐드라마에서 보여지는 무질서하고 혼란스러운 장면은 풍자 만화영화의 경우에는 다소 관습적인 것으로 받아들여질 수 있는데, 이는 그러한 장면이 풍자 만화영화의 고유 규범이기 때문이다. 심지어 한 장르 내에서조차 차이가 존재하는데, 고전적 리얼리즘의 기법에 따라 제작된 디즈니 애니메이션 영화(이들 만화영화에서 등장인물의 몸은 현실감 있게 제대로 그려져 있다)는 정신 사나운 등장인물과 무질서한 내러티브로 구성된 척 존스(Chuck Jones)와 텍스 에이버리(Tex Avery)의 영화와는 다르다. 또 디즈니 애니메이션이 보여주는 고전적 리얼리즘은 UPA에서 발전한, 무척이나 추상적이고 혼란스러운 공간구성 양식과도 구분된다. 도널드 크래프턴(Donald Crafto

---

20) Andrew Bergman, *We're in the Money: Depression American and its Films*, New York: Harper and Row, 1971; Henry Jenkins, *What Made Pistachio Nuts?*

n)[21]이나 릭 알트만(Rick Altmam)[22]과 같은 비평가들은 전통적인 문법에서 벗어난 여러 형식 원리들, 예컨대 멜로드라마나 개그 영화에 나타나는 새로운 장면들에 주목하는데, 이러한 형식 원리들은 고전적 영화라는 틀 내에서 인과성이나 연속성과 같은 기존의 형식 원리들과 경쟁한다. 이들 영화에 대한 설명이 나름대로 의미를 지니려면 각각의 영화가 고전적 규범의 체계, 장르적 관습, 대항 미학의 전통, 그리고 영화 자체의 고유한 규범들과 관련하여 어떻게 작동하는지를 알아야 할 것이다.

이와 유사하게 역사적 시학은 작가를 고찰할 때 감독이 활용할 수 있는 형식에는 어떤 것들이 있으며 작가는 어떤 조건에서 표현을 이루어내는가에 주목해야 한다고 주장한다. 예를 들어 유럽의 예술영화는 감독의 표현성을 강력하게 드러내주는 형식적 체계라고 이해한다. 그래서 감독의 표현성은 영화의 주제적·형식적 패턴의 원천으로 여겨진다. 소비에트 혁명영화 같은 다른 체계들은 감독의 목소리를 더 큰 국가적 관심사에 복속시키거나, 아니면 유니버설 공포영화에 나타나는 표현주의적인 장면이나 MGM 뮤지컬이 보여주는 반영적(reflexive)인 양식과 같은 '집단적 양식'을 발전시키려고 한다. 형식적 규범들에 주목해 보면, 영화제작에 있어 서로 경쟁하는 목소리들을 찾아낼 수 있다[예컨대 스테파니 로스만(Stephanie Rothman)은 이러한 입장에서 로저 코먼(Roger Corman)의 영화에 나타난 페미니즘적인 형식과 주제를 탐구한 바 있다]. 동시에 역사적 시학은 고전적 체계에서 통상 벗어나 있는 것처럼 보이는 아방가르드 영화감독

---

21) Donald Crafton, "Pie and Chase: Gag and Narrative in Early Film Comedy," *Classical Hollywood Comedy.*
22) Rick Altman, "Dickens, Griffith and Film Theory Today" in Jane Gaines(ed.), *Classical Hollywood narrative: The Paradigm Wars, Durham*, NC: Duke University Press, 1992, pp.9-48.

이나 다큐멘터리 영화감독들이 영화적 관습들로부터 어떤 영향을
받았는가를 꼼꼼하게 살펴볼 수 있게 해준다.

고전적 시기와 구별되는 1915년 이전의 영화에 주목하고, 당시의
제도, 관행, 장르 들을 이해하는 것은 의미 있는 작업이다.[23] 영화형
식의 진화를 따짐에 있어 오랫동안 1915년 이전의 영화는 원시적
영역으로만 간단히 치부되었다. 왜냐하면 1915년이 지나서야 에드
윈 포터(Edwin S. Porter)나 그리피스(D. W. Griffith)와 같은 영화감
독들이 새로운 매체의 표현형식을 발견하고 통달했기 때문이다.

찰스 머서(Charles Musser)와 톰 거닝의 최근 연구들이 시사하는
바는, 포터나 그리피스와 같은 사람들의 작품을 여태껏 잘못 이해하
고 해석해왔다는 것이다. 그러니까 미학적 제도라는 더 넓은 맥락으
로부터, 그리고 당대의 발전들과 실천들(이는 아직 잘 알려지지 않
았다)로부터, 그리고 또한 제작, 상영, 수용이라는 맥락으로부터 유
리된 채 고찰해왔다는 것이다.[24] 예를 들어 거닝은 초기 영화를 '매
혹의 영화'라고 칭하면서 당시의 관객들은 우리가 생각하는 것과는
다른 방식으로 영화를 보고 있었음을, 그리고 초기 영화들은 더 보
드빌 미학을 고수하고 있었음을 강조한다. 그리고 거닝은 초창기 영
화의 제작을 지배했던 일군의 규범들을 밝혀내었는데, 그것은 지금

---

23) 이에 대한 전체적인 개괄은 다음을 보라.
   Noel Burch, *Life to Those Shadow*, London: British Film Institute, 1990;
   Thomas Elsaesser(ed.), *Early Cinema: Space, Frame and Narrative*, London:
   British Film Institute, 1990; John L. Fell(ed.), *Film Before Griffith*, Berkeley:
   University of California Press, 1983; Charles Musser, *The Emergence of Cinema:
   The American Screen to 1907*, New York: Scribner/Macmillan, 1990.
   이런 전통의 연구는 *Iris*와 *Griffithana*에서 자주 다루어졌다.
24) Charles Musser, *Before the Nickelodeon: Edwin S. Porter and the Edison
   Manufacturing Company*, Berkeley: University of California Press, 1991; Tom
   Gunning, *D. W. Griffith and the Origins of the American Narrative Film: The
   Early Years at Biograph*, Chicago: University of Illinois Press, 1991.

까지 알려진 것과는 달리, 매체 자체의 숨김보다는 드러냄, 인과적인 내러티브보다는 스펙터클, 통일성보다는 이질성, 닫힌 결말보다는 열린 결말, 연속성보다는 파편화를 특징으로 하고 있었다.[25]

미학적 평가에 대한 재고

특정한 영화 텍스트 그룹에 걸맞는 미학적 규범들을 제대로 이해하기 전까지는 가치평가를 중지해야 한다는 것이 거닝의 연구가 지니고 있었던 중요한 원칙이었다. 고전적 규범들을 기초로 하여 1915년 이전 영화들의 가치를 평가했기 때문에, 초기 영화사가들은 그 당시 영화의 풍부함과 복잡성을 보지 못했다. 역사적 시학은 제반 예술작품들을 하나의 보편적 기준(그러나 그 기준은 실상 구성된 기준이다)으로 평가할 수는 없다며, 역사를 제대로 이해하고 그것을 바탕으로 좀더 국부적인 평가를 해야 한다고 주장한다. 어떤 장르들은 고급 예술에 비해 본질적으로 가치가 떨어진다는 식의, 오랫동안 애를 먹어왔던 선험적 가치판단을 중단하면 대중영화에 대한 연구는 자유로워질 수 있다. 일단, 영화의 모든 형식들이 예술적 관습의 지배를 받으며 혁신이나 위반에 의해 형성된다고 생각하자, 고급 예술의 개인적 표현과 대중영화의 상투성 간의 진부한 구별은 무너지기 시작했다.

예를 들어 포르노그라피를 하나의 장르로 살펴보는 근자의 작업들은 성인영화에 대한 초기 논의들에 만연했던 도덕적·이데올로기적

---

25) Tom Gunning, "The Cinema of Attractions: Early Film, its Spectator and the Avant-garde," *Early Cinema: Space, Frame, Narrative*, p.59.
또는 다음을 보라.
Tom Gunning, "Non-Continuity, Continuity, Discontinuity: a Theory of Genres in Early Films"; "Primitive Cinema: A frame-up? Or, the Trick's on Us," *Early Cinema: Space, Frame, Narrative*.

평가들을 중지한다. 이들에게 도움을 준 것은 린다 윌리엄스(Linda Williams)의 포르노그라피 연구였다.26) 그녀는 장르적 관습[남성의 사정을 보여주는 '머니 쇼트(money shot)'], 형식적 관행들(여성의 육체를 나누어서 시각적인 볼거리로 제시하는 카메라 배치와 편집), 플롯 구조(성행위 장면이 전체 이야기 전개와 갖는 관계의 변화)라는 측면에서 포르노그라피 영화의 역사를 추적했다. 남성들만의 전용물이었던 초기의 관음적인 볼거리로부터 줄거리가 나름대로 잘 갖추어져 있는 <우울한 베토벤의 서막(*The Opening of Misty Beethoven*)>과 같은 영화, 그리고 칸디다 로열(Candida Royale)과 애니 스프링클스(Annie Sprinkls)의 페미니즘적 개입들에 이르기까지, 윌리엄스는 포르노그라피라는 단순한 개념을 좀더 다양한 의미를 지닌 장르 개념으로 대체한다.

　윌리엄스가 오로지 오직 형식적 문제들에만 관심을 기울인 것은 아니었다. 그리고 여기서 거론된 몇몇 다른 저술가들과 마찬가지로 자신의 연구가 역사적 시학이라는 범주에 포함되는 것에 아마도 반대할 것이다. 그녀의 책은 정신분석학적 페미니즘과 마르크시즘의 이데올로기 이론에 강한 영향을 받았는데, 이는 보드웰과 톰슨이 형식주의적 기획에 반대된다고 거부했던 이론이다. 그러나 그녀의 접근이 지닌 강점은 포르노그라피에 대한 당초 자신의 선입견에 도전하기 위해 기꺼이 형식의 원리와 규범을 탐구했다는 점이다. 여타의 저술가들이 이 장르를 면밀히 고찰하게 됨에 따라, 물신화나 대상화 같은 막연한 이론적 개념들은 영화적 섹슈얼리티의 생산과 재현에 있어 편집, 카메라 워크, 음향이 어떤 역할을 하는지에 대한 주목으로 대체되고 보완되었다. 예컨대, 에이스네 존슨(Eithne Johnson)은 여성적이고 페미니즘적인 새로운 포르노그라피가 보여주는 롱테이

---

26) Linda Williams, op. cit., 1992.

크와 부드러운 카메라 움직임이, 남성이 만든 전통적인 포르노그라
피가 보여주는, 해체되고 분열적이며 단편적인 편집과 어떻게 대조
를 이루는가를 연구했던 것이다.[27] 여성적인 스타일은 주류 포르노
영화에서 볼 수 있는 생식기의 강박적인 노출과는 확연히 다른 '전
육체의 에로티시즘'을 조장한다.

　가치평가를 영구적으로 중지할 필요는 없다. 가치평가를 배제하는
영화미학은 바람직하지도 않고 쓸모도 없다. 우리는 어떤 영화가 중
요한 영화에 속하는지를 결정할 때마다 항상 가치평가를 한다. 포르
노그라피의 다양한 재현 스타일들이 각각 어떤 이데올로기적 차이
를 유발하는지에 대해 이야기할 방법이 필요한 것이다. 즉 어떤 작
품들이 다른 작품들에 비해 형식적 수단과 제재를 훨씬 더 세련되고
혁신적으로 이용하는지를 알아낼 능력이 있어야 한다는 말이다. 그
러므로 문제는 평가를 할 것이냐 말 것이냐가 아니라 어떤 기준으로
텍스트를 평가할 것이냐의 문제인 것이다.

　말하자면 적절한 미학적 틀을 재구성하는 것이 역사적 시학의 과
업이나 내용에만 집중하게 되면, 내용이 형식의 관행들로부터 영향
을 받고 그에 의해 변형되거나 재형성된다는 사실을 무시하게 될 것
이다. 그리고 형식에는 그에 걸맞는 내용이 있음을 간과하게 될 것
이다. 역사적 시학은 내용과 형식의 단순한 분리를 거부하고, 형식의
이해는 내용을 고찰하는 데 필수적이라고 본다. 역사적 시학은 특정
한 영화적 제도에서 작동하는 형식의 기본 가정들을 꼼꼼히 밝혀내
어 기존의 문화적 위계질서가 자연스러운 것이 아님을 드러내준다.
용의 주도한 역사적 시학은 정전(正典)을 끊임없이 재평가할 것을
요구하는데, 그럼으로써 우리는 새로운 근거와 맥락에 기대어 정전

---

27) Eithne Johnson, "Excess and Ecstasy: Constructing Female Pleasure in Porn
　　Movies," *The Velvet Light Trap*. 출간예정.

들을 이해할 수 있다. 그리고 대중적 형식을 다시 전유할 것을 요구 하는데, 그에 따라 적절한 미학적 틀이 발전하게 된다.

역사적 시학과 수용

규범이란 예술가와 소비자가 공유하는 이해의 틀로 보여지는데, 두 집단 모두 형식적 체계들과 미학적 제도들과 관계를 맺고 있다. 역사적 시학은 관객성의 문제에 대해 두 가지 해법을 제시한다. 하 나는 텍스트의 특징들이 어떻게 관객의 반응에 신호를 주는가, 즉 영화가 어떻게 관객의 지식에 의존하고 있는가를 드러내는 전략이 고, 다른 하나는 상호 텍스트적인 요인이나 텍스트 외적인 요인들을 조사하고, 해석 공동체를 연구함으로써 그 해석 공동체의 활동을 지 배하는 관습들을 찾아내는 전략이다.

보드웰의 『극영화의 내레이션(Narration in the Fiction Film)』은 텍 스트를 바탕으로 영화관객성에 접근하는 하나의 가능성을 시사한다. 여기서 보드웰은, 영화의 상이한 내레이션 양식들(고전적, 사적 유물 론적, 예술영화, 매개변수적)과 내러티브를 이해하고, 추론하고, 가설 을 시험하는 인지 모델에 주목하면서 양자를 결합한다.[28] 관객은 전

---

28) 인지심리학 역시 보드웰이 자주 비판한 바 있는 정신분석학적 전통처럼 하나의 독트린이나 도그마로 여겨질 수 있을 것이다. 그러나 비평을 실천하는 방식에 서 인지심리학과 정신분석학은 중요한 차이를 보인다. 정신분석학적 모델은 형 식적 장치에 대한 해석의 범주를 제공한다. 이에 반해 인지심리학은 무엇을 의 미하느냐가 아니라 어떻게 의미하게 되느냐에 관심을 기울인다. 인지심리학은 지각, 인지, 정서의 과정을 다루면서, 그것들이 여타의 형식적·이데올로기 체계 에 적용될 수 있다고 본다. 그렇다고 인지심리학에 독트린이 없다는 것은 아니 다. 인지심리학은 인간이 기능주의적이고 목적 지향적이며 합리적인 특성을 지 녔다고 본다. 관객이 영화를 수용하는 데 정서보다 인지가 더 막강한 역할을 한 다는 것이다. 인지적인 접근이 취하고 있는 이데올로기적 전제에 대해서는 체계 적인 비판이 거의 이루어지지 않았다.

에 관람한 영화로부터 규범과 기대를 끌어내어, 새로운 영화의 내러
티브를 이해한다. 보드웰은 텍스트를 소비하는 '관객의 행위'를 인지
과학에 의거해 설명함에 따라 관객의 영화관람 경험을 보편화했다.
그런데도 그의 모델은 당대의 많은 영화비평을 지배하던 이른바 주
체의 위치설정(subject-positioning) 모델에 비해 관객이 역사적·문화
적으로 자리하고 있을 여지를 좀더 분명하게 보여준다. 보드웰은 영
화관람을 지각능력(움직임을 지각하거나 색채와 빛의 패턴을 인식하
는 것), 관객의 사전 지식과 경험[특수하지만 간주관적(intersubjec-
tive)이고, 역사적·문화적 맥락 속에서 많은 사람들이 공유하는], 영
화 그 자체의 제재와 구조("관객이 도식을 적용하고 가설을 검증하
게 해주는 단서들, 유형들, 간극들")29)간의 상호작용을 포함하는 '역
동적인 심리적 과정'이라고 보았다. 그리하여 보드웰은 영화의 형식
구조를 세밀히 고찰함으로써 관객의 인지적·지각적·정서적 활동을
이끌어내는 텍스트의 다양한 신호들을 밝혀낸다. 그리고 더 넓은 역
사적 경향들에 주목함으로써 관객들이 어떤 과정을 통해 기대를 습
득해내는지를, 그리고 그 기대를 어떻게 적용해서 영화를 읽어내는
지를 밝혀낸다.
　서로 다른 영화적 실천 양식들이 영화의 줄거리 정보를 각각 어떻

---

29) David Bordwell, *Narration in the Fiction Film*, Madison: University of
　Wisconsin Press, 1985, pp.32-33.
　인지 모델이 영화 이론에 어떻게 기여할 수 있는가는 다음의 글에 잘 요약되어
　있다.
　David Bordwell, "A Case for Cognitivism," *Iris*, 5(2).
　인지 모델을 사용하는 다른 작업으로는 다음이 있다.
　Edward Branigan, *Narrative Comprehension and Film*, New York: Routledge,
　Chapman and Hall, 1992; Noel Carroll, *Mystifying Movies: Fads and Fallacies in
　Contemporary Film Thory*, New York: Columbia University Press, 1988; Noel
　Carroll, *The Philosophy of Horror: Paradoxes of the Heart*, New York: Routledge,
　1990.
　「영화와 인지심리학」을 특집으로 다루고 있는 *Iris*, 5(2)를 참조하라.

게 다루고 있는지를 고찰하는 것은 이와 관련된 하나의 연구 분야이
다. 로베르타 피어슨(Roberta Pearson)과 윌리엄 우리치오(William
Uricchio)는 1915년 이전에 이루어진 문학작품의 각색을 연구한 바
있는데, 그 연구에 따르면 <햄릿(Hamlet)>이나 <톰 아저씨의 오두
막(Uncle Tom's Cabin)>을 10분 이하의 짧은 삽화로 축약한 무성영화
들은, 관객이 원작에 대한 상당한 지식을 가지고 있다는 전제하에서
만들어졌다. 피어슨과 우리치오는 원작 이야기를 영화로 바꾸면서
생겨난 간극들을 당시의 관객들로 하여금 채우도록 한 상호 텍스트
적인 망(그림엽서들을 통해, 또는 해학극을 가정에서 공연함에 따라
그 작품들이 대중화된 것도 이러한 상호 텍스트적인 망에 속한다)을
추적했다.30) 초기 영화에서 줄거리는 라이만 하우(Lyman Howe)와
같은 변사나 흥행사 들이 제공했는데 그들은 영화를 보조하면서 관
객들에게 하룻저녁 오락거리를 제공했다.31) 이와는 대조적으로, 고
전적 영화는 구조가 탄탄하여 별도의 도움을 필요로 하지 않는다. 고
전적 영화는 관객이 쉽게 이해할 수 있도록 상당한 정도 반복에 의존
한다. 알레상드로(Kathryn D'Alessandro)는 <그렘린(Gremlins)> <로
보캅(Robocop)> <백 투 더 퓨처(Back to the Future)>와 같은 현대 공상
과학 영화들이 특징으로 갖고 있는 장르의 혼성이 '다양한 기대들을
읽을 수 있는 관객의 능력(mixed competence)'에 어떻게 의존하고 있
는가를 조사한 바 있다. 그에 따르면 관객은 그와 같은 능력을 토대
로 미학과 주제가 끊임없이 변화하는 전통 속에서 혼성 장르를 익숙
하게 읽는다.32)

30) William Uricchio & Roberta E. Pearson, *Reframing Culture: The Case of the Vitagraph Quality Films*, Princeton: Princeton University Press, 1993.
31) Charles Musser & Carol Nelson, *High-Class Moving Pictures: Lyman H. Howe and the Forgotten Era of Travelling Exhibition*, Princeton: Princeton University Press, 1991.
32) Kathryn D'Alessandro, *Mixed Competence: The Tendency toward Hybridization in*

역사적 시학의 맥락적 접근은 제도가 어떻게 대중영화의 수용에 영향을 미치는지를 고찰한다. 재닛 스테이거는 <어리석은(*Foolish*)> <국가의 탄생(*Birth of a Nation*)> <젤리그(*Zelig*)> <양들의 침묵(*Silence of the Lambs*)>과 같은 영화나 유럽의 예술영화와 같은 좀더 다양한 경향의 영화들이 관객에게 어떻게 수용되는가를 연구하면서 독자반응 이론(reader-responce theory)에 의존했는데, 이는 저널리즘 비평가들과 대중관객들이 무엇을 전제로 영화를 보는가를 탐구하기 위해서이다.[33] 스테이거는 가령 영화작가나 내셔널리즘을 둘러싼 논쟁들 같은, 좀더 포괄적인 비평적 논쟁들과 주디 갈란드라는 스타를 동성애라는 입장에서 읽어냄으로써 사회에 대해 발언하는 것 등의 사회적 참여가 관객들에게 어떤 영향을 미치는가를 고찰하면서, 해석의 차이를 낳는 역사적인 요인을 이해하고자 했다. 스테이거와 동일한 전통에서 작업한 제프 스콘스(Jeff Sconce)는 에드워드 우드(Edward Wood)의 영화 <혹성탈출(*Plan Nine from Outer Space*)> <글렌 혹은 글렌다(*Glen or Glenda*)>와 같은 졸작을 좋아하는 수용 공동체(reception community)에 대해 연구했다.[34] 스콘스는 이 영화들의 미학적 특징들(어긋난 커트들, 서투른 연속성, 부자연스러운 연기, 이해할 수 없는 플롯, 내러티브의 혼란, 노골적인 '객담')과 저널 비평을 주름잡고 있는 작가에 대한 신뢰, 영화 스타일에 대한 생각, 해석과 평가의 기준 모두에 관심이 있었다. 해석의 맥락을 구별하는 것은 영화의 의

Post-1976 Science Fiction Films, University of Wisconsin-Madison, 1992. 미간행 박사논문.

33) Janet Staiger, *Interpreting Films: Studies in the Historical Reception of American Cinema*, Princeton: Princeton University Press, 1992; Janet Staiger, "Taboos and Totems: Cultural Meanings of The Silence of the Lambs," *Film Theory Goes to the Movies*, New York: Routledge, 1993, pp.142-154.

34) Jeffrey Allen Sconce, *Colonizing Cinematic History: The Cult of 'Bad' Cinema and the Textuality of the 'Badfilm*,' Master's Thesis, University of Texas-Austin, 1989.

미가 무엇이냐를 결정하는 것일 뿐만 아니라(이것은 영화 수용에 대
해 사회·역사적인 연구나 문화적 연구가 보여주는 독특한 관심사다),
그러한 해석에서 텍스트의 가장 두드러진 특징은 무엇이냐, 그리고
그 작품을 평가하는 데 어떤 미학적 틀이 채택될 것이냐를 결정하는
것(역사적 시학에 특히 중요한 질문들)이기도 하다.

시학의 정치학

정치적인 경향의 역사적 시학은 미학적 규범들과, 더 넓은 문화적
범주(부르디외가 언급한 바 있는 취향의 구별과 같은 범주)들이 맺
고 있을지 모르는 잠재적인 관계에 대해 탐구한다.35) 부르디외의 주
장에 의하면, 취향의 구별은 개인 특유의 선택이나, 자명한 것 혹은
사소한 것이 아니다. 오히려 그것은 특정한 사회경제적 맥락들에서
대두하는 것으로, 타인에 비해 얼마 만큼의 교육적·경제적 자원들을
지니고 있는가, 혹은 남들에 비해 특별한 미학적 전통을 얼마나 일
찍 습득했는가를 나타내주는 것이다. 취향은 어떤 상품을 소비할 것
인가를 정해주고, 서로 다른 사회집단들을 구분해준다는 점에서 차
별적이다. 부르디외는 부르주아 미학과 대중미학이 구분되어 있음을
언급한다. 부르주아 미학은 관조적인 거리, 형식적인 실험에서 얻어
지는 미적 쾌락, 예술작품을 분간해내는 감식안에 특권을 부여한다.
대중미학은 이에 비해 기능주의적으로 내러티브와 내용이 잘 이해
가 되지 않는 스타일을 거부한다. 또한 부르주아 전통이 거부한 강
력한 관객 동일시와 강렬한 정서적 경험, 이를테면 멋있는 사람들에
게서 더욱 흥분을 얻는 것 등을 가지고 있다.36)

---

35) Pierre Bourdieu, *Distinction: A Social Critique of the Judgement of Taste*,
Cambridge, Mass.: Harvard University Press, 1979.
36) Ibid., p.33.

그러나 부르디외의 분석은 다음의 이유 때문에 의심스럽기도 하다. 원래 프랑스의 고유한 맥락에서 나온 분석을 미국의 대중영화를 고찰하는 데 적용하는 것은 부르디외를 지지하는 많은 사람들이 생각하는 것처럼 쉬운 일이 아니다. 부르디외는 대중미학을 막연히 옹호했을 뿐 대중미학에 관한 본격적인 글을 쓰지는 않았다. 그러나 부르디외의 '구별'은, 그리고 그와 같은 구별이 사회적·경제적 조건에 대한 반응에서 비롯되었다는 가정은 영화의 역사적 시학에 유용한 것으로 밝혀졌다. 예를 들어 초기 영화에 대해 글을 쓴 이들은, 당시 '인기 있는 영화'에 나타났던 볼거리 위주의 선정적인 경향들이 어떻게 사라지게 되었나를 그리고 쾌락을 지연시키는 줄거리 중심의 영화가 어떻게 출현하게 되었는지를 추적했다. 그것은 당시 영화감독들이 중간계급 소비자들에게 어필하려 했기 때문으로, 중간계급의 관객들은 영화제작을 가능케 해주는 경제적 기반이었던 것이다.[37] 초기의 코미디 영화를 둘러싼 논쟁들은 '새로운 유머'의 대중미학(강렬한 감정을 즉각적으로 전달하는 것으로 보드빌의 희극 연기에서 보여진다)과 '진정한 코미디'의 좀더 절제되고 관조적인 미학 사이에 상당한 긴장이 있었음을 시사해준다. 금세기 초 미국의 부르주아 잡지들은 진정한 코미디를 장려했는데, 그 영화들은 고전적인 영화를 옹호했던 사람들이 받아들였다.[38]

대중영화의 역사적 시학은 부르디외의 이론에 입각해 어떤 형식적 장치가 관객의 정서를 직접적으로 고양시키고 동일시를 강화하는지를 탐구한다. 아울러 대중관객이 그러한 미학적 경험을 어떤 비평적 범주로 논의하고 평가하는지를 조사 한다.

37) 예컨대 다음을 보라.
Tom Gunning, "Weaving a Narrative: Style and Economic Background in Griffith's Biograph Films," *Early Cinema: Space, Frame, Narrative*, pp.336-347.
38) Henry Jenkins, *What Made Pistachio Nuts?: Early Sound Comedy and the Vaudeville Experience*(Chapter 2), New York: Columbia University Press, 1992; Charles J. Malland, *Chaplin and American Culture: The Evolution of a Star Image*,

부르디외의 저작은 대중영화를 미학적 측면에서 언급할 때 수반되는 정치적 이해관계를 밝히는 데 도움이 된다. 미학은 곧 권력의 담론이라는 것이다. 왜냐하면 미학은 지배계급만이 지니고 있는 자산으로 하층민들의 '타락한' 취향과 그 하층민들이 선호하는 문화를 거부하는 데 사용되기 때문이다. 문화를 차별하는 입장에서 보자면 대중문화는 교육을 통해 대체되어야만 하는 일종의 비문화로 거론되곤 했다. 이러한 구별은 종종 감정적(코미디, 멜로드라마) 쾌락과 육체적(공포영화, 포르노그라피 등) 쾌락에 지배되는 작품들보다 지적인 쾌락을 제공하는 예술작품들에 특권을 부여한다.[39] 따라서 대중영화를 '하나의 미학적 실천'으로 진지하게 다루는 역사적 시학은 예술의 생산에 위계가 있다는 그런 식의 설명에 강력히 도전한다. 간과될 수도 있었던 미학적 형식을 하나의 정치적 행위로 여기기에, 고급문화와 저급문화를 분리하는 미학적 규범과, 그 문화들이 표현하고 억압하는 사회적 구별의 자명성을 문제삼는 데 도움을 준다.

요즘 미국의 흑인영화에 대한 글들은 그러한 가정을 깔고 있는데, 예를 들어 지배문화는 지나치게 기교적인 시각적 스타일에 주목했기에 할리우드의 기술적·경제적 자원들의 지원을 받을 수 없었던 감독들을 제대로 알아보지 못했다는 것이다.[40] 여기에 대해 많은 비평가들은 스타일에 대해 내용(흑인을 다루는 내용)을 특권화하기보다는 오스카 미쇼(Oscar Micheaux)와 같은 감독들이 자신들의 처한 상

Princeton: Princeton University Press, 1989.
39) 이에 관해서는 다음을 보라.
 Linda Williams, "Film Bodies: Gender, Genre and Excess," *Film Quarterly*, vol.44, no.4, 1991, pp.2-13.
40) 예컨대 다음 책에 실려 있는 글들을 보라.
 Manthia Diawara(ed.), *Black American Cinema*, New York: Routledge, 1993; Jim Pines & Paul Willeman(eds.), *Questions of the Third Cinema*, London: British Film Institute, 1989.

황에 맞춰 어떻게 그들만의 미학적 실천들을 발전시켰는지를 이해
하려 했다. 이러한 입장의 비평가들에게 미적인 것의 범주는 너무나
중요하고 강력해서 무시할 수도, 없애 버릴 수도 없다. 예를 들어 테
스홈 가브리엘(Teshome H. Gabriel)은 프란츠 파농(Franz Fanon)의 정
치·문화적 이론에 의거하여 탈식민주의적인 영화제작의 여러 단계
들을 규정하는 경제적 제도들과 미학적 실천들을 설명했다.[41] 그는
기술적으로 조잡하고 미학적으로는 '후진적'이라고 폄하된 제3세계
영화들의 조명 스타일, 카메라 배치, 음악, 연기 스타일, 내러티브 구
조가 어떻게 대안적인 문화의 전통을 반영하고 있는지 보여준다. 가
브리엘에게 이와 같은 것들은 제3세계영화를 관람하는데 정치적·문
화적 힘만큼이나 중요한 것들이다.

　물론 역사적 시학은 '낯설게 하는' 미학에 매혹되어 위험스럽게도
미학을 구별하는 위계를 다시 세울지도 모른다. 몇몇 형식주의적인
설명은 대중영화를 기준(영도의 스타일)삼아 예술영화의 혁신적인
형식들을 식별하곤 했다. 크리스틴 톰슨의 말을 생각해보라. "거의
고전적인 영화들만을 보아 온 사람들은, 영화 관람이 도전적이고 어
렵기조차 하다는 생각은 하지 못할 것이다."[42] 이 말에는 위계를 세
우려는 가정이 함축되어 있다. 관람자들에게 좀더 어렵고 미학적으
로 '만족스러운' 작품을 감상하는 요령을 가르치라는 톰슨의 요구에
는 아무리 선의에 의한 것이라 할지라도 고급예술의 전통적인 특징
인 계급 구별이 새겨져 있다는 말이다. 요컨대, 톰슨이 같은 논의에
서 주장하고 있듯이, "낯설게 하기는 모든 예술작품에 들어 있는 한
가지 요소이지만 그것의 수단과 정도는 상당히 다르고, 한 작품을
낯설게 만드는 힘은 역사를 거치면서 변화한다"는 것이다. 낯설게

41) Teshome H. Gabriel, "Towards a Critical Theory of Third World Films,"
　　 Questions of the Third Cinema, pp.30-52.
42) Kristin Thompson, op. cit., 1988, p.33.

하기는 기존의 관습들에 의거하여 인지된다. 그리고 예술영화의 제도 안에서 활동하는 감독들(예컨대 브레송, 베리만, 펠리니)이 고전적 체계에 도전하여 관객을 놀라게 하는 것이 낯설게 하기라면 로스만이나 로열과 같은 감독들이 대중장르의 지배적인 관습을 변화시키는 것도 낯설게 하기일 것이다.

낯설게 하기의 개념이 함축하고 있는 바는, 감식력을 지닌 관객은 영화미학에 대한 어떤 지식이나 능력을 가지고 있어, 재능 있는 예술가가 그러한 관객들의 기대를 비틀거나 재형성하게 되면 즐거워한다는 것이다. 그러나 낯설게 하기는 학교에서 배운 지식에 의거하고 있는 만큼이나 마찬가지로 팬들이 알고 있는 지식에 의거하고 있다. 또한 낯설게 하기의 효과는 관객의 학식 정도에 **따라** 달라지듯이, 마찬가지로 대중 미학을 얼마나 이해하고 있느냐에 따라 달라진다. 그리고 낯설게 하기는 거리화를 끌어내는 것만큼이나 감정을 고양시켜주기도 한다. 그러므로 문제는 낯설게 하기의 개념에 있는 것이 아니다. 그보다는 대학교육을 받은 지식인들이 대중적인 맥락에서 비롯된 이해의 형식들과 평가 체계들의 가치를 평가한다는 데 있다. 부르디외는 고급예술을 감상하는 데는 전문적인 지식이 필요하듯이, 대중예술의 경우도 마찬가지라고 말한다. 실제로 일본 애니메이션의 열렬한 관람자나 대중소설의 독자 또는 텔레비전 연속극의 팬들은 이들 형식을 완전히 이해하는 데 필요한 미학적·장르적 관습과 해석 기술의 복잡한 망을 숙지하고 있다.

사례 연구: 고전적 할리우드 이후의 영화

대중영화를 언급하기 위한 하나의 방법으로서 역사적 시학이 지닌 유용성은, 좀더 확증적인 실례를 통해 설명할 수 있다. 포스트 고전적(post-classical) 할리우드 영화를 고전적 전통과 복잡한 관계를 가진 새로운 미학적 규범들의 출현으로 보는 것이 그것이다. 포스트모더니즘 비평가들은 현대 미국 영화에 나타난 일련의 근본적인 변화에 대해 기술했는데 그 영화들은, 고전적인 스토리 텔링 관습의 붕괴, 분리되어 있었던 장르들의 융합, 선형적 내러티브의 파편화, 인과관계보다 볼거리를 강조하는 것을 특징으로 하고 있다.[43] 어떤 포스트모더니즘 비평가들, 특히 제임슨은 이러한 변화를 다국적 기업들의 지배력이 증가하고 생산 중심 경제에서 정보에 기초를 둔 서비스 중심의 경제로 전환하는, 그리고 사회 공동체들이 분열되고 과거 안정적이었던 정체성들이 붕괴되는 후기자본주의 문화논리의 징후라고 본다. 포스트모더니즘이라는 용어는 건축에서 먼저 나타났는데, 후에 다른 예술들에서 자의식적으로 혹은 무의식적으로 발전한 리얼리즘과 모더니즘의 뒤를 잇는 새로운 미학적 전통, 특정한 경제구조와 연결된 전근대사회와 근대사회를 뒤따르는 새로운 사회문화적 논리, 두 가지 모두를 의미하게 되었다.

역사적 시학은 이러한 형식의 변화들을 이해하는 또 다른 방식을 제안한다. 여기서 '포스트 고전적'이라는 용어는 혼란스러운 포스트모더니즘이란 용어보다 더 나은 것 같은데, 왜냐하면 그것은 고전적 영화와의 연속성과 단절 모두를 시사하기 때문이다. 좀더 단도직입적으로 설명한다면, 포스트 고전적 영화는 1948년 파라마운트 사에

43) 예컨대 다음을 보라.
Scott Bukatman, *Terminal Identity: The Virtual Subject in Postmodern Science Fiction*, Durham, NC: Duke University Press, 1993; James Collins, *Uncommon Cultures: Popular Culture and the Postmodern*, New York: Routledge, 1989; Timothy Corrigan, *Cinema Without Walls: Movies and Culture After Vietnam*, New Brunswick: Rutgers University Press, 1991; Anne Friedberg, *Window Shopping: Cinema and the Postmodern*, Berkeley: University of California Press, 1993; Fredric Jameson, *Signatures of the Visible*, New York: Routledge, 1990.

대한 대법원의 판결 이후 스튜디오 시스템이 붕괴되고, 1960년 이래 고전적 규범체계가 소멸해감에 따라 출현했다. 『고전적 할리우드 영화』에 따르면, 일단의 스타일과 현대영화가 맺고 있는 관계는 모호하다. 그 책의 서론이 말해주듯이, 핵심이 되는 주장은 "1917년에서 1960년까지 하나의 독특하고 동질적인 스타일이 미국의 스튜디오 영화제작을 지배했다"는 점이다.[44] 이러한 주장은 뭔가 다른, 아니면 적어도 '덜 동질적인' 어떤 양식이 1960년 이후에 나타났음을, 혹은 그 시기 이후에 고전적 양식의 지배력이 도전을 받았음을 암시해준다. 그러나 그 책의 마지막 장에서 데이비드 보드웰은 <차이나 신드롬(*The China Syndrome*)>과 <도청(*The Conversation*)>과 같은 1960년 이후의 영화들을 고찰하면서, 그 영화들은 <만사형통(*Tout Va Bien*)> <확대(*Blow-Up*)>와 같은 예술영화들과 겉으로만 유사할 뿐, 고전적 할리우드 영화와 더욱 공통점이 많다고 결론을 내렸다. 그는 현대 영화가 "예술영화의 내레이션 전략들을 받아들였지만 장르라는 통일된 틀 내에서 그것들을 통제했다"[45]고 주장했다.

보드웰의 주장은 본질적으로 옳은 것 같다. 몇몇 명확한 사례들만 거명하자면, 프란시스 포드 코폴라(Francis Ford Coppola), 로버트 알트만, 윌리엄 프레드킨(William Friedkin), 밥 포스(Bob Fosse) 또는 월터 힐(Walter Hill)이 근자에 만든 영화들에서 발견할 수 있는 것은 내러티브의 생략, 돌연한 편집, 비일상적인 카메라 앵글과 카메라 움직임, 조화되지 않는 제재의 병치이다. 그런데 이와 관련하여 흥미로운 사실은, 본래는 예술영화가 거리화를 이끌어내기 위해 사용했던 그러한 형식적 장치들이, 이들 영화에서는 뻔한 장르적·정서적 경험을 강화하기 위해 사용되고 있다는 점이다.

---

44) David Bordwell, Janet Staiger & Kristin Thompson, op. cit., 1988, p.3.
45) Ibid., p.377.

보드웰은 할리우드 체계의 안정성을 강조하는 터라, 지배적인 고전적 체계가 외부의 규범들을 차용할 때 생기게 되는 실험과 적응이라는 불가피한 과정을 인정하지 못한다. 스튜디오 시스템이 붕괴하고 영화에 관해 많이 알고 있는 관객이 미학적 새로움과 차이를 끊임없이 요구함에 따라 할리우드는 계속해서 형식을 실험하는 시기로, 그리하여 제도가 변화하는 시기로 접어들게 되었다. 결과적으로 스튜디오 시스템하에서는 수십 년에 걸쳐 전개되었을 스타일의 변화가 현대의 할리우드에서는 대략 몇 년 만에 일어났던 것이다. 그러나 보드웰이 언급하듯이, 어떤 점에서는 이러한 실험이 할리우드가 작동하는 방식이나 영화가 스토리를 전달하는 방식에는 별 변화를 가져오지 못한 채, 상업적 오락의 일차적인 매력인 스타와 장르만을 계속해서 강조했다. 하지만 이러한 실험은 정보의 경제와 해석의 틀(감독과 관객 들은 그러한 정보와 해석의 틀을 통해서 영화에 접근한다)에 관한 모든 것을 변화시킨다. 따라서 영화의 역사적 시학은 안정된 미학적 규범들이 다양한 스타일의 실험을 오래도록 견디는 과정, 예술영화와 아방가르드에서 건너온 형식적 장치들이 오락 장르의 요구에 적응하는 과정, 비평가와 관람자들이 그러한 변화에 각기 다르게 반응하는 과정을 추적해야 한다.

고전적 '스타일'의 안정성과 일관성을 보장했던 제도적 구조들은 무너졌다. 영화감독들을 독립적인 계약자로 취급하는 새로운 제작 체계는 감독 개인의 시장가치를 올려주는 특유의 스타일을 특히 강조한다. 스티븐 스필버그(Steven Spielberg), 데이비드 린치(David Lynch), 브라이언 드 팔마(Brian De Palma), 데이비드 크로넨버그(David Cronenberg)와 같은 감독들은 영화의 팬들과 스튜디오의 간부들이 이미 알고 있는 것과는 다른 방식으로 내러티브의 틀을 짜고 카메라를 움직이고 장면을 편집한다. 1960년대에 출현한 작가이론 덕택에 이들 감독들은 그러한 스타일적 경향들이 지닌 독특한 가치를 주장하고 옹호할 수 있게 되었다. 개별 감독들이 행한 혁신들은 곧 영화 산업에 두루 복제되고, 특정한 장르의 고유한 규범들이 되었다. 슬래셔(slasher: 난도질) 영화의 특징인 길고 간혹 눈에 띄지 않는 주관적인 트래킹 쇼트가 그 예일 것이다.

이미 1965년에 미국 언론은 텔레비전에서 영화로 진출한 총명한 젊은 감독들로 구성된 할리우드의 '뉴웨이브'에 대해 언급했다. 노먼 주이슨(Norman Jewison), 아서 펜(Arthur Penn), 시드니 루멧(Sidney Lumet), 존 프랑켄하이머(John Frankenheimer), 스탠리 큐브릭(Stanley Kubrick), 조지 로이 힐(George Roy Hill), 마틴 리트(Martin Ritt)가 그들이다.[46] <보스턴 살인자(The Boston Strangler)> <꼭두각시(The Manchurian Candidate)> <토머스 크라운 어페어(The Thomas Crown Afair)>와 같은 그들의 영화는 야외 촬영, 즉흥 연기 등으로 찬사를 받았고, 빠른 패닝, 반복 행위, 줌, 점프컷, 과도하게 증폭된 사운드, 컬러 필터, 극도의 딥포커스, 바짝 다가간 클로즈업, 정지화면, 핸드 헬드 카메라, 분리 화면, 재즈 악곡, 사운드와 이미지의 불일치와 같은 잡다한 장치들을 유럽의 뉴웨이브로부터 빌려와 자의식적으로 실험했다. 이 세대의 감독들은 비평의 만신전에서 곧 '영화광'들에게 자리를 빼앗겼는데, 그 영화광들은 바로, 영화 기법을 능수능란하게 이해하고 할리우드에 진출한 스티븐 스필버그, 브라이언 드 팔마, 조지 루카스, 프란시스 포드 코폴라, 마틴 스콜세지, 폴 슈레이더(Paul Schrader) 같은 영화학교 졸업생들이었다. 그 이후의 세대들은 광고와 MTV에서 상업영화로 진출했는데, 이들은 아방가르드의 시각적 언어를 자유롭게 차용했다. 새로운 세대의 감독들은 새로운 형식적 요소들을 끌어들여 고전적 할리우드 영화를 한층 더

---

46) Peter Hart, "New Breed Scans Horizons," *New York Times*, 10 January 1965.

넓히고 시장 잠재력을 제고하면서 미디어에 익숙한 관객들의 새로운 요구에 부응했다.

관객들은 MTV를 시청해왔고, 끝없는 이어지는 텔레비전의 이야기와 세계의 모든 영화를 비디오로 시청해왔다. 이들 관람자들은 관심의 폭이 넓었고 비평가들이 주장하듯 이미 모든 스토리들을 알고 있으며 기꺼이 영화의 다른 측면, 즉 번지르르한 색채, 빠른 편집, 또는 자신들의 이해에 도전하면서 감정의 몰입을 강화해주는 현기증나는 카메라 움직임 등에 관심을 기울일 준비가 되어 있었다. 내러티브는 충분히 전개되지 않아도 알 수 있었고 여러 전통의 내러티브들은 서로 섞이고 결합하면서 어울려 새로운 혼성 양식의 오락을 낳았다.

영화 산업을 지배하는 새로운 복합기업들의 경제원리는 여러 미디어를 이용해 이야깃거리를 판매하도록 요구한다.[47] 미디어를 가로지르는 이미지의 순환은 심지어 영화미학에도 영향을 미쳐, 저스틴 와이어트(Justin Wyatt)가 언급한 바 있는 '하이컨셉(high concept)'이라 불리는 새로운 제작 스타일이 생겨났다. 그것은 내러티브의 깊이나 복잡성보다는 표면적인 도상이나 스펙터클에 집중하는 영화제작을 이르는 말이다. 스튜디오 시대의 영화제작 방식에서 벗어난 일련의 스타일이 취해진다 하더라도, 시간이 지남에 따라 그러한 실험적인 스타일은 흡수되고, 결국 영화는 인과성, 통합성, 연속성이라는 종래의 고전적 기준에 따라 완전히 이해할 수 있게 되어버린다. 이

47) Eileen Meehan, "Holy Commodity Fetish, Batman!: The Political Economy of a Commercial Intertext," in Roberta E. Pearson & William Uricchio(eds.), *The Many Lives of Batman: Critical Approaches to a Superhero and His Media*, New York: Routledge, 1991, pp.47-65; Justin Wyatt, "High Concept, Product Differentiation, and the Contemporary US Film Industry," *Current Research in Film,* 5, 1991, pp.86-105; Justin Wyatt & R. L. Rutsky, "High Concept: Abstracting the Postmodern," *Wide Angle*, 10:4, 1988, pp.42-49.

러한 새롭고 자의식적인 스타일이 자의식적인 작가의 영화들에서
매우 평범한 액션 영화로 옮겨가면서 그렇게 빨리 진부한 것이 되어
버렸다는 사실은, 고전적 규범들의 안정성에 대해, 그리고 다른 미학
적 전통들에서 빌려온 것들이나 혁신적인 스타일을 흡수하는 고전
적 규범의 능력에 대해 무언가를 시사해준다.

　포스트 고전적 영화에 대한 그와 같은 식의 접근은 궁극적으로는
문화적·사회적 변화를 포스트모더니즘의 입장에서 설명하는 것과
유사하겠지만 무엇보다 영화적 제도, 형식의 실천 그리고 해석의 틀
이라는 견지에서 설명하는 것이다. 역사적 시학은 이렇게 출현한 영
화 스타일을 제작, 배급, 흥행 조건의 변화와 관련해 이해하려고 한
다. 이런 식의 접근은 현재의 영화제작과 수용을 지배하는 미학적
규범들의 지도를 그릴 것이다. 이 영화들에 대한 비평적 평가가 의
미를 지니기 위해서는 새로운 평가기준이 발전해야 하고, 가치판단
은 그때까지 유보되어야만 한다. 그러나 동시에 세대간 취향의 차이
(이 차이는 포스트 고전적 영화를 보는 사람의 수가 변화함에 따라
더욱 커진다)는 이러한 새로운 형식 규범들과 더 큰 사회적·문화적
맥락, 예컨대 섹슈얼리티에 대한 생각의 변화 같은 것들을 연결할
것을 요구한다. 더욱 심화된 조사는 이러한 과도기적 단계가 사운드
의 도입, 딥포커스 촬영의 출현, 혹은 필름 누아르의 스타일 실험과
같은 여타의 역사적 경우들과 어떻게 같고 어떻게 다른지를 탐구해
야 할 것이다. 또한 역사적 시학은 차용된 형식적 장치들이 포스트
고전적 영화, 유럽의 예술영화, 아방가르드, 뮤직비디오, 광고 등에
서 어떤 식으로 서로 다르게 작동하는가, 그리고 동일한 내러티브가
새로운 오락의 상부체계로 건너갈 때 어떻게 변형되는가를 더욱 예
리하게 고찰할 것이다. 비교연구는 미학, 상업, 이데올로기 간의 상
호작용을 이해하는 데 유용한 방법이다. 그러한 방법은 특정 영화,

장르, 그리고 포스트 고전적 영화에서 활동하는 감독을 고찰하는 데 적절한 근거들을 제공한다. 뿐만 아니라 개작, 속편, 각색이 가져오는 미학적 결과들을 문제삼는다.

제 **6** 장
스크린 이론 | 마크 얀코비치

앞장에서 밝혀졌듯이 스크린 이론은 일련의 논쟁을 요약해서 보여준다. 스크린 이론[1]은 작가주의에 대한 반발에 입각해 작가이론에 내재한 '의사소통 모델'을 넘어서려는 시도로 전개되었다. 의사소통 모델은 작가 개인을 영화의 중심에 두고 작가가 영화 텍스트를 통해 자신을 표현한다고 생각한다.

역사주의 시학과 마찬가지로 스크린 이론도 부분보다는 전체를 다루고자 했다. 영화의 한 측면, 예를 들면 작가주의, 장르 이론, 스타분석 등을 분석하는 데 관심을 두지 않고 영화 자체의 형식을, 즉 영화의 고유한 형식적 특징을 분석하고자 했던 것이다. 또한 스크린 이론은 장르 이론, 스타분석, 역사적 시학이 작가주의에 내재해 있었던 의사소통 모델을 충분히 재구성하는 데까지 이르지 못했다고 주장하면서 그러한 입장들과 견해를 달리한다. 만약 작가주의가 기

---

1) 스크린 이론은 많은 글들이 발표된 영국의 영화잡지 ≪스크린≫을 따서 붙여진 이름이다. 그러나 스크린 이론은 획일적인 입장을 완벽하게 취하고 있는 것이 아니라 일련의 이론적 논쟁을 통해 출현했다는 점을 염두에 두어야 할 것이다. 또한 많은 핵심적인 입장들이 스크린 이론 내에서 자의식적으로 형성된 것이 아니라 프랑스에서 발표된 논문들에 의거하고 있다. 이 점을 주목해야 한다.

호체계를 자기표현의 수단으로 보았다면, 장르 이론, 스타 연구, 역사적 시학도 여전히 텍스트 내에서 의미를 구현한다고 보았다는 것이다.

이에 대한 반응으로 스크린 이론은 소쉬르의 언어학뿐만 아니라 알튀세르의 마르크시즘, 그리고 나중에는 특별히 라캉의 정신분석학에 의거해서, 의미가 텍스트와 관객의 만남을 통해 어떻게 생성되는가를 조사하려 한다. 그러면서 다음을 목표로 삼는다.

> 첫번째로, 관객과 영화의 관계를 더욱 잘 이해하는 방향으로 작업하고, 두번째로 그 과정이 지닌 이데올로기적인 함의를 평가하고, 세번째로 과학적인 정확성이나 고도의 학문적인 노력을 위해서가 아닌, 그보다 영화의 새로운 사회적 실천을 펼치려는 정치적 목표에서 영화를 연구한다.[2]

그러므로 이러한 기획에는 두 가지 주장이 함축되어 있다. 첫째, 이데올로기는 특정한 견해의 문제라기보다는 사람들이 어떻게 자신을 통합된 개인으로 지각하느냐의 문제이고, 둘째, 영화는 이데올로기가 유지되는 데 얼마간 연루되어 있고, 그래서 설명을 필요로 한다는 것이다. 이런 주장들 자체는 문제가 없을지도 모른다. 그러나 이러한 주장을 공식화하면서 스크린 이론은 몇 가지 곤란한 점을 낳았다.

예를 들어 첫번째 주장의 경우, 스크린 이론은 재현의 정치학(어떻게 사물이 재현되는가)보다는 의미화 작용의 정치학(의미화 과정의 이데올로기적 효과)에 관심을 가지고 있다고 주장했다. 그러나 이것은 두 가지 문제점을 낳았다. 첫째, 텍스트의 형식을 분석하겠다고, 그리고 의미화 과정에 관심을 두고 있다고 주장했지만 실제로 ≪스크린≫에 발표된 많은 논문들을 보면 그러지 못했음을 알 수 있

---

2) Pam Cook, *The Cineman Book*, London: British Film Institute, 1985, p.242.

다. 영화의 편집보다는 영화의 내러티브와 인물에 초점을 맞추고 있었던 것이다. ≪스크린≫ 진영의 이론가들은 자신들의 주장이 증명되었다고 너무 성급하게 생각하는 감이 있었고, 광범위한 분석이 요구되는 것들을 끌어들이는 경향이 있었다. 영화가 "자본주의의 유지에 영화가 도움을 준다는 생각이나 혹은 가부장제에 기여한다는 페미니스트들의 주장"이 그것으로[3] 이러한 주장들은 해결이 곤란한 많은 문제들을 낳았다. 스크린 이론은 자신들이 다른 곳에서 공격했던 바로 그 환원주의적인 기능주의에 너무 자주 빠져드는 것 같다.

이러한 모든 요인들은 두번째 문제로 귀결된다. 스크린 이론은 텍스트를 동질화하려는 경향이 강하고 그래서 "각각의 영화가 지닌 미묘한 차이를 제대로 평가하지 못한다는 것이다."[4] 스크린 이론은 너무 포괄적이어서 영화를 읽는 고정된 틀로 전락하는 경우가 많고 그 결과 틀에 맞지 않은 것은 무시하거나 억압했다는 것이다. 가령, 재현보다는 의미화 과정을 강조함에 따라 어떤 영화들은 이데올로기적 입장이, 예컨대 자본주의적인 입장이나 반자본주의적인 입장처럼 무척이나 다른데도 그와 같은 차이를 구분하지 못한다. 왜냐하면 스크린 이론에서 그런 영화들은 하나의 포괄적인 형식적 범주로, 그러니까 '고전적 리얼리즘 텍스트'라는 범주로 묶여버리기 때문이다.

'대중적인 것'이라는 이슈가 가장 문제가 되는 지점이 바로 여기이다. 스크린 이론은 대중영화를 본질적으로 이데올로기적인 체제로 보는 경향이 있다. 스크린 이론이 더러 예술영화를 공격해온 것은 사실이다. 고전적 리얼리즘 이론을 펼친 맥케이브(McCabe)의 경우,

---

3) Robert Lapsley & Mike Westlake, *Film Theory: An Introduction*, Manchester: Manchester University Press, 1988, p.vii.
   이 책은 많은 논쟁들을 유용하고 상세하게 소개하고 있지만 정신분석학적 입장을 지지하고 있으며 책의 내용도 무척 어렵다.
4) Pam Cook, op. cit., 1985, p.243.

"예술영화와 고전적 리얼리즘 영화를 구분하지 않았기에 지적인 속물근성이라는 비난을 면했다"고 항용 주장된다.[5] 예컨대 <분노의 포도(*The Grapes of Wrath*)>와 <사운드 오드 뮤직>을 같은 범주에 속하는 영화로 보았다는 것이다. 그러나 그와 같은 주장은 전적으로 틀리다. 스크린 이론은 대중영화와 엘리트 영화가 어떤 형식적 특징을 공유하고 있다고 보았지만, 대중영화를 가차없이 이데올로기적이며 보수주의적인 것으로 치부했다.[6] 고급문화와 저급문화의 대립이 아닌 아방가르드 영화와 비아방가르드 영화를 대립시킨 것이다. 몇몇의 예술영화가 대중영화와 같은 값에 넘어갈 수도 있겠지만, 어쨌거나 대중영화는 항상 이데올로기적이며 보수적인 것으로 간주되던 것이다.

스크린 이론은 닫힌 텍스트와 열린 텍스트 또는 쾌락의 텍스트와 희열의 텍스트를 구분하기도 한다. 닫힌 텍스트나 쾌락의 텍스트는 이데올로기적인 텍스트로 여겨진다. 그것은 관객의 지각에 도전하지 않기 때문에 쉽게 소비되는 텍스트다. 이에 반해 열린 텍스트 또는 희열의 텍스트는 급진적이고 전위적인 것과 연관이 있다. 그 텍스트는 관객의 지각을 혼란스럽게 하고, 이데올로기적인 모순을 해결하려 하지 않는다. 그 결과 많은 스크린 이론의 이론가들은 '읽는 텍스트'(쉽게 소비되는 쾌락의 텍스트)와 '쓰는 텍스트'(독자로 하여금

---

5) Ibid., p.243
6) 대중영화 중 찬양을 받은 것도 있는데, 대개 이 영화들은 대중영화의 이데올로기적 기획을 달성하지 못한 것으로 여겨진다. 그러니까 이들 영화는 이데올로기적 모순을 해결하지 못했다는 것이다. 하지만 이러한 입장은 여전히 대중영화를 보수적인 것으로 보고 있다. 예컨대 다음을 보라.
Cahiers du Cinéma editorial board, "John Ford's Young Mr. Lincoln," *Screen*, 13:3, autumn 1972.
그리고 다음의 책에 실린 몇 편의 논문을 보라.
Christine Gledhill(ed.), *Home is Where the Heart Is: Studies in Melodrama and the Women's Film*, London: British Film Institute, 1987.

쓰게 하거나 의미를 만들어내는 데 능동적으로 참여하게 하는 희열의 텍스트)를 구분한 바르트를 언급한다.[7] 따라서 이들 이론가들의 주장, 즉 "대중영화는 관객들이 원하는 바가 쾌락(이는 갈등과 모순을 얼마나 억압하느냐에 달려 있다)임을 알고 있기에, 바로 그 쾌락을 위해 복무한다"는 주장은 그리 놀랍지 않다.[8] 이런 식으로 스크린 이론은 정교함과 난해함에도 불구하고, 결국 대중문화이론으로 되돌아가고 만다.

구조주의 언어학에서 알튀세르의 마르크스주의로

이미 언급했듯이, 작가이론에 대한 스크린 이론의 반대는 주로 의사소통 모델에 집중한다. 작가이론은 시각적 언어를 사용해 자신의 세계관을 표현해내는 감독을 작가로 본다. 스크린 이론에서 이 모델이 지닌 근본적인 문제는 작가와 관객을 본질적으로 독립적이고 자율적인 개인으로 제시하면서 시각적 언어를 단순히 의사소통의 매체로 본다는 데 있다. 이와는 대조적으로 스크린 이론은 소쉬르의 언어학에 입각해 언어는 개인들에 앞서 존재할 뿐만 아니라, 사실상 그 개인들을 구성하는 구조·규칙·약호들의 체계라고 주장한다.

소쉬르에게 하나의 단어와 같은, 어떤 특정한 기호의 의미는 그 기호를 통해 자신을 표현하는 개인들에 의해 부여되는 것이 아니라, 언어체계 안에 자리한 위치를 통해 주어진다.[9] 그에 따르면, 기호는 두 가지 요소로 이루어져 있다. 기표와 기의가 그것이다. 기의는 이

---

7) Roland Barthes, *The Pleasure of the Text*, London: Jonathan Cape, 1975.
8) Constance Penley, "Time Travel, Primal Scene, and the Critical Dystopia(on The Terminator and La Jetée)," *The Future of an Illusion: Film, Feminism, and Psychoanalysis*, London: Routledge, 1989, p.129.
9) Ferdinand de Saussure, *Course in General Linguistics*, London: Fontana, 1974.

들 소리나 형상과 연결된 특정한 의미다. 그러나 'cat'이라는 기표가 'bat' 'cart'와 같은 다른 기표들과의 유사성과 차이를 통해서만 분간되듯이, 기의는 세계에 존재하는 어떤 외부 대상을 지시함으로써 정의되는 것이 아니라 여타 기호들과의 관계를 통해 정의된다.

우리는 세계가 마치 특정한 의미(단어를 통해 단순히 명명된다)를 지닌 일련의 개별적인 대상들로 이루어진 것인 양 경험할 수도 있지만, 소쉬르 언어학에 따르면 세계를 대상들로 나누고 그 대상들에 의미를 부여하는 것은 언어이다. 인간은 세계가 나무, 수풀, 관목과 같은 종류의 대상들로 이루어져 있다고 생각하지만, 사실상 언어학상의 용어에 의해 분리되고 구분되는 연속체만 있을 뿐이다. 아마도 이에 대한 가장 일반적인 사례는, 그 예가 정확하지 않을 수도 있지만, 바로 유럽과 에스키모 문화를 비교하는 것이다. 유럽 대부분의 언어에서 얼음을 나타내는 단어는 하나밖에 없지만(그것이 우리의 유일한 범주이다), 에스키모 문화에서는 얼음에 대한 각기 다른 단어들이 많다. 에스키모들에게는 하나(얼음)만이 아닌, 의미가 매우 다른 상이한 여러 대상들이 있는 것이다.

소쉬르는 또 언어의 계열체 구조와 통합체 구조를 구분하기도 했다. 계열체는 유사하지만 서로 다른 언어들 사이의 관계를 일컫는다. 예를 들면, 'feline(고양이 같은, 고양이과의)'은 'cat'과 바꾸어 쓸 수 있다. 통합체는 예컨대, 구문이나 하나의 문장에서 단어들이 결합하는 방식을 말한다. 사람들은 단어들을 단지 일렬로 배열하는 것이 아니라 단어들이 의미를 산출하도록 규칙에 따라 연결한다. 예를 들어, 가장 단순한 조합은 다음과 같은 문장에서처럼 주어, 동사, 목적어의 조합이다. 나(주어)는 벽(목적어)을 쳤다(동사).

이 이론은 중요한 것을 함축하고 있다. 언어는 사람들이 생각하는 방식을 구조화할 뿐만 아니라, 사람들이 느끼는 정체감(나는 누구인가)은 언어의 산물이라는 것이다. 구조주의자들에게 언어는 세계에 대한 지각을 구조화할 뿐만 아니라 바깥 세계와의 관계에서 독립적이고 자율적인 자아로 존재한다는 느낌을 구성해준다. 예컨대 '나는 벽을 쳤다'라는 문장을 보자. 여기서 외부세계(벽)에 특정 행동을 가하는(치는) 주체(나)가 있다고 생각할 수 있게 해주는 것은 바로 언어의 구조들이다. 만약 이 문장을 벽이 나를 쳤다고 바꾸어도 마찬가지다. 구조주의자들이 자아를 언어의 기능이라고 말하는 것도 바로 이런 까닭에서이다. 언어를 사용할 때, 사람들은 행위의 주체나 대상으로 위치가 정해진다. 말하자면 개인은 독립된 대상에 어떤 행동을 가하거나 아니면 행동의 대상이 되는, 독립적이고 자율적인 존재로 설정되는 것이다.

　이러한 이론적 전제는 스크린 이론에 의해 서로 관련된 두 가지 방식으로 발전했다. 첫째, 영화의 한 가지 주된 특징은 영화가 내러티브 형식이라는 것이다. 그러나 그렇게 된 것이 자연스럽거나 필수적인 것은 아니었다고 강조한다. 영화가 이런 식으로 발전해야 할 이유는 없었다는 것이다. 또한 내러티브는 재료를 구조화하고 질서를 부여하는 특정한 방식이라는 점이, 그래서 독자적인 구조·규칙·약호들을 지니고 있다는 점이 강조되었다. 분명 하나의 내러티브에는 시작, 중간, 끝이 있다. 이것은 두번째, 즉 리얼리즘 비판과 연결된다. 기호들은 현실의 대상들을 가리키지 않는다고 소쉬르가 주장했던 것과 같이, 스크린 이론가들은 텍스트가 현실을 지시하지 않는다고 주장했다. 예를 들어 시작, 중간, 끝이라는 내러티브 구조는 사실적으로 보이지만 그것은 세계를 구조화하는 특정한 방식으로, 그 특정한 방식에 따라 재료가 선택되고 거기에 질서가 부여된다는 것이다. 예를 들어, 많은 관객들이 농담으로 이야기하듯이, 하룻밤에 여덟 시간을 자는 주인공을 보여주거나 화장실에 가는 것을 보여주는 영화는 드물다. 그 장면이 내러티브상에서 특별한 동기를 지니고 있지 않다면 말이다. 영화의 내러티브가 '실시간'으로 나타나지 않는 것은 이 때문이다. 두 시간짜리 영화 한 편이 50년을 담고 있을 수도 있지만, 영화는 내러티브에 중요하다고 여겨지는 요소들만 선택한다. 내러티브가 어떤 문제를 해결하고 마무리 짓는 데 그와 같은 선택은 중요하다.

이러한 것들이 고전적 리얼리즘 텍스트에 대한 맥케이브의 이론에 깔려 있다. 맥케이브에게 있어 고전적 리얼리즘 텍스트는 리얼리즘의 '환영'을 유발하기 위해 작동한다. 그리고 그 환영은 어떤 이데올로기와 연루되어 있다. 고전적 리얼리즘 텍스트는 사회의 모순을 부정한다. 그 텍스트들은 서로 다른 많은 시점들을 보여주고, 그 시점들 사이의 갈등들을 반드시 포함한다. 하지만 궁극적으로 그러한 차이는 특권적인 시점에 의해 억압되거나 사라진다.

맥케이브의 작업은 19세기 소설을 분석하는 데서 시작하지만, 그 경우를 영화에 적용하기도 했다. 소설의 경우, 이 특권적인 시점은 보통 전지적인 화자, 즉 모든 것을 알고 있는 화자(심지어 소설 속 인물들의 사사로운 생각까지도 안다)가 제공한다. 이 화자는 '진실의 목소리'로 나타나며, 내러티브 속 인물들의 견해나 지각 들을 해석하고 보증해준다.

그러나 영화는 약간 다르다. 영화에는 전지적인 화자가 없다. 그 대신 관객은 카메라 앵글의 변화에 따라 각기 다른 시점들을 제공받을 뿐이다. 맥케이브는 카메라 자체가 진실한 보증인 역할을 한다고 주장하면서, 이 점을 예시하기 위해 <클루트(Klute)>를 예로 든다. 이 영화에서 관객들은 여주인공이 남자 주인공과 헤어질 것인가 말 것인가에 대해 모호하게 말하는 것을 듣지만, 카메라는 여자가 짐을 꾸려 남자와 함께 떠나는 것을 보여줌으로써 그녀가 실제로 무엇을 원했는지를 확실히 보여준다.

맥케이브에 따르면, 이런 형식은 제반 사회적 모순들을 효과적으로 부인하고 사회란 결국 제어하고 이해할 수 있는 것이라고 제시해준다. 뿐만 아니라 관객에게 특정한 이데올로기적 효과를 발휘한다. 고전적 리얼리즘 텍스트를 보는 관객들은 스스로 생각하지 못하고 진리에 대한 명백히 직접적인 평가를 제공받는다(이러한 입장은 제1장에서 논의된 대중문화이론의 '내재된 반응'이라는 개념과 매우 유사하다). 이 과정에서 관객들은 자신들 스스로가 독립적이고 자율적인 개인이라는 느낌을 재차 확인하게 된다. 관객들은 '모순과 행위 영역 바깥(생산의 바깥)에 놓이게 된다.[10] 그들은 마치 영화 바깥에 있는 것처럼, 그러니까 마치 독립적이고 자율적인 존재가 역시 독립적이고 자율적인 세계를 바라보는 것처럼 영화와 관계를 맺게 되는 것이다.

이런 입장은 직접적으로 알튀세르의 이데올로기 이론에 바탕을 두고 있다. 알튀세르의 주장에 의하면, 이데올로기는 특정한 관념이나 견해의 주입을 통해 기능하는 것이 아니라 주체의 '호명'을 통해 작용한다는 것이다.[11] 알튀세르는 마르크스주의자였지만, 무엇보다 당대(1960년대)의 구조주의적인 사고에 의지하고 있었다. 그래서 그는 개인들이 자신을 독립되고 자율적인 존재로, 즉 사회구조의 효과가 아닌 그 구조의 원인으로 보게 하는 하나의 체계를 이데올로기로 보았다.

알튀세르에 따르면, 이러한 상황은 개인들이 사회에 의해 호명되

---

10) Colin McCabe, "Realism and the Cinema: Notes on Some Brechtian Theses," *Screen*, 15:2, summer 1974, pp.21-27.

11) Louis Althusser, "Ideology and Ideological State Apparatuses: Notes Towards and Investigation," *Lenin and Philosophy and Other Essays*, London: Verson, 1971.

는 것으로 이루어진다. 호명은 부름을 받거나 말이 건네지는 것을 말한다. 이 이론은 이런 식으로 주체가 언어의 효과라는 소쉬르 언어학의 주장과 관련된다. 누군가 '당신'으로 불려질 때, 그 문장의 주어 또는 목적어로 지위를 부여받게 되는 것처럼, 알튀세르에게 있어 주체들은 사회에 의해 말이 건네진다. 인간은 사회구조가 정의해 준 사회적 위치를 점하게 된다. 그들에게 이들 위치는 자연스러운 것도 타고난 것도 아니다. 그런데도 개인들은 그러한 위치가 자연스럽고 타고난 것이라고 '오인'하고 오해하고 있는 것이다.

이런 방식으로 알튀세르는 개인주의에 대한 비판을 시도한다. 그에 따르면 개인주의는 하나의 잘못된 이데올로기로 사회를 하나의 구조, 즉 주체를 생산하는 구조로 보지 않고, 독립적이고 자율적인 존재들이 상호작용하는 것으로 보고 있다. 그러나 그러한 오인은 알튀세르에 따르면 단순히 그릇된 환영이 아니다. 물론 그는 자신의 이데올로기 이론이 기존의 허위의식 이론과는 다르다는 점을 강조했지만 말이다. 홀은 자본주의 시장을 빗대어 다음과 같이 주장했다. "시장은 물론 실제로 존재한다. 그것은 그 누군가가 상상으로 꾸며 낸 것이 아니다. 어떤 종류의 관계, 즉 사회적인 관계를 매개하여 다른 종류의 관계, 즉, 개인적인 관계로 나타낸다."[12] 사회는 마치 독립적이고 자율적인 존재들로 이루어진 것처럼 구성되어 있지만, 실은 주체들에게 위치를 부여해주는 것은 사회구조이다. 단지 이러한 상황이 숨어 있을 뿐이다.

실제로 알튀세르의 이데올로기 이론은 내러티브가 근본적으로 주체를 중심으로 조직된다는 것을 지적하는 데 사용되곤 했다. 그것은 대개 중심인물의 이야기로, 주인공의 관심사를 특권화한다. 이러한

---

12) Stuart Hall, "Culture, the Media and the 'Ideological Effect'," *Mass Communications and Society*, James Curran et al(eds.), London: Edward Arnold, 1977, p.323.

구성양식은 사회적 갈등을 개인적인 것으로 만들어 기존의 사회구조를 정당화하는데, 이는 고전적 리얼리즘 텍스트가 사회의 모순을 다루지 못한다는 맥케이브의 주장과 상통한다.

내러티브가 제공하는 쾌락은 갈등과 모순이 해결되는 내러티브의 완결과정에서 생겨난다고 주장되어왔다. 이미 언급했듯이, 내러티브는 질서가 잡힌 상황에서 출발하여(시작), 무질서와 갈등의 시기를 거쳐(중간), 마침내 혼란스러운 요소들이 봉쇄되고 해결되는 종국과 완료지점에 도달한다. 그래서 애초의 질서가 다시 세워지게 된다. 관객의 쾌락은 내러티브가 그렇듯 특정한 유형의 결론에 도달하리라는 기대에 달려 있고, 결국 그러한 기대는 충족된다. 이렇게 내러티브가 완결됨에 따라 관객은 지배감과 통일감을 얻게 되고 또한 기존의 사회체제가 정당화되는 것이다.

따라서 갈등과 싸움은 내러티브에 필수적인 것이지만, 사회구조가 안고 있는 고유한 모순의 산물로는 제시되지 않는다. 오히려 그것은 개인적인 것으로 치부되어 개인의 잘못이나 도덕성의 결과로 나타난다. 주체를 중심으로 하는 형식인 내러티브는 사회구조를 개인적인 행위의 결과 그 이상의 어떤 것으로는 취급하지 못한다. 그래서 끝내는 모든 사회적인 문제들을 현재의 사회체제 내에서 해결할 수 있다고 제시한다. 결과적으로 이러한 주장이 전하는 바는 다음과 같다. 즉 내러티브 구조가 말해주는 것은 기존의 사회구조(이는 개인의 행위를 통해서는 다루어질 수 없다) 자체에는 잘못된 것이 없다는 것으로, 그래서 사회를 살아가는 우리의 방식을 근본적으로 바꾸어야 할 이유는 없다는 것이다.[13]

---

13) 예컨대 다음을 보라.
   Roland Barthes, op. cit., 1975; "Introduction to the Structural Analysis of Narrative," *Image-Music-Text(Selected and Translated by Stephen Heath)*, London: Fontana, 1977.

　　그러므로 맥케이브의 요점은 텍스트가 호명이라는 양식을 통해
'주체를 이데올로기 안에 위치지운다'는 것이다. 앞에서 보았듯이
호명작용은 영화의 경우 소설에 비해 무척 까다로워 보인다. 그러나
통합된 시점을 제공하여 영화의 의미를 고정시킨다는 점에서 어느
정도 호명양식을 따르고 있다. 고전적 리얼리즘 영화는 관객에게 말
을 걸도록 구조화되어 있기 때문에 관객은 영화의 각기 다른 시점들
이 모두 통합되어 의미를 알 수 있게 되는 위치에서 영화를 보게 된
다는 것이다.

　　또한 맥케이브의 입장에 따르면, 다른 시점들에 대해 하나의 시점
을 특권화하여 그 시점을 투명하거나 명백한 것처럼 보이게 한다는
점에서 그 과정은 이데올로기적이다. 그것은 하나의 특정한 시점이
라기보다 진리로 제시된다는 것이다. 그러나 맥케이브의 이론은 심
각한 문제점을 안고 있는데, 이는 적어도 얼마간은 알튀세르의 이데
올로기 이론에 기대고 있기 때문이다. 알튀세르의 이론은 부르주아
이데올로기에 대한 이론일 뿐만 아니라 이데올로기 일반에 대한 이
론이기도 하다. 알튀세르는 서로 다른 이데올로기들이 있겠지만 '이
데올로기 일반'은 '영원하고 보편적'이라고 주장했다. 그것은 사회
적으로 특수한 모든 이데올로기들이 공유해야만 하는 기본구조로
심지어 공산주의 혁명이 도래한 이후에도 지속된다는 것이다. 이데
올로기가 그 안에 주체를 위치지우는 것이라면, 모든 사회는 이데올
로기를 필요로 한다는 말이다.

　　그러나 알튀세르주의 마르크스주의자들은 '이데올로기 일반'을
지나치게 강조함으로써 서로 다르거나 심지어 경쟁하는 이데올로기
들을 구분하기 힘들게 만들었다. 이렇게 맥케이브와 같은 많은 알튀

그리고 다음을 보라.
Pierre Machery, *A Theory of Literary Production*, London: Routledge, 1978.

세르주의자들은 영화의 내용보다는 형식에 관심이 있다고 주장했지만 '이데올로기 일반'에 대한 알튀세르의 정의를 따르고 있었기에, 모든 텍스트들은 동일한 효과를 발휘한다고 주장하게 되는 위험을 무릅써야만 했다. 그러니까 모든 영화가 똑같이 지배질서를 재생산한다는 것이다. 실제로 맥케이브를 비롯한 많은 알튀세르주의자들은 이 점을 공공연하게 언급했다. 요컨대 맥케이브의 작업이 지닌 문제는 이데올로기의 내용보다는 이데올로기의 형식에 주목함에 따라, 이데올로기의 내용이 각각 무척이나 다름에도 불구하고(자본주의를 반대하는 영화와 친자본주의적인 영화) 모든 텍스트들이 똑같이 자본주의 관계들을 재생산한다고 보았다는 데 있다.

또한 맥케이브의 리얼리즘 이론도 알튀세르의 '이데올로기 일반' 이론(이 이론은 여러 가지 점에서 다만 부르주아의 개인주의라는 역사적으로 특수한 이데올로기를 비판하고 있는 것으로 보인다)처럼, 리얼리즘의 형식이 변화한다는 생각을 무시하고 있다. 사실, 고전적 리얼리즘 텍스트에 대한 이론은 적어도 맥케이브가 기술하고 있듯이, 초역사적인 구조를 다루고 있는 것 같지는 않다. 단지 19세기 말 주로 유럽에서 발달했던 소설의 한 형식을 일컫는 것으로 보인다. 이런 개념을 다른 시대나 다른 문화적 전통에서 파생된 형식들에 적용하는 것은 문제가 될 것이다.

그러나 맥케이브가 고전적 리얼리즘 텍스트에 대한 대안으로 제시한 것들을 살펴보면 그러한 문제들은 극명해진다. 그는 먼저 진보적인 텍스트와 전복적인 텍스트라는 두 가지 대안을 언급한다. 그의 주장에 따르면, 진보적인 텍스트는 고전적 리얼리즘 텍스트의 모델을 따르지만, 지배적인 질서와 대치되는 시각에 특권을 부여한다. 예를 들어, 파업 노동자들의 시각에서 말해지는 <대지의 소금(*Salt of the Earth*)>과 같은 영화가 그렇다. 다른 한편, 전복적인 텍스트는 어느 한쪽의 관점을 특권화하지 않고, 대립되는 견해들을 해소하지 않는 한도에서 고전적 리얼리즘 텍스트와 단절한다. 그러나 이런 대안들 중 어느 것도 특히 급진적이거나 중요해 보이지는 않는다. 맥케이브에게 진정 대안으로 보이는 것은 오직 혁명적인 텍스트, 예컨대, 제임스 조이스의 문학과 고다르의 영화 같은 것들뿐이다. 그의 주장에 따르면, 이 형식만이 상당 정도 '이데올로기 일반'의 구조에 시비를 건다. 이와 같이 분명 맥케이브는 '이데올로기 일반'과 역사적으로 특수한 이데올로기들 간의 차이라는 문제를 해결하지는 못했던 것이다.

맥케이브는 이후 자신의 주장을 수정하고 확장했지만, 그러나 그 과정에서도 여전히 의미의 통합성을 보장해주면서 쉽게 이해되는 텍스트에 주로 관심을 기울였다. 그리하여 불행히도 이데올로기 일반과 역사적으로 특수한 이데올로기를 구분하는 문제는 계속해서 중요한 문제로 남게 되었던 것이다.

알튀세르의 마르크스주의에서 라캉의 정신분석학으로

맥케이브 이론의 토대였던 알튀세르의 이데올로기 일반 이론은 많은 부분에서 라캉의 정신분석학에 의존하고 있었다. 알튀세르의 호명이론은 라캉의 거울단계(유아의 발달단계) 이론을 끌어왔다. 그러나 맥케이브 이후의 영화이론들은 알튀세르에게서 확인된 몇 가지 문제를 해결하기 위해 차츰 라캉으로 되돌아갔다. 이 문제들은 두 개의 주요 분야에서 확인할 수 있다. 첫째, 알튀세르의 이데올로기 이론은 주체의 구성을 설명하고자 했으나 사실상 그 이론이 설명하고자 했던 주체의 존재를 이미 상정하고 있었다는 것이다. 달리 말해, 호명개념은 어떻게 개인이 자신을 자율적이고 독립적인 존재로 보게 되는지를 설명하고자 했으나 이 이론은 '사회구조가 자신에게 말을 걸었다는 것'을 이미 알고 있는 개인을 미리 전제로 하고 있었다는 것이다. 그 결과 알튀세르 마르크스주의의 문제들을 해결하기 위해 라캉의 정신분석학으로 방향을 바꾼 다수의 이론가들은 라캉의 이론이 알튀세르의 이데올로기이론에 비해 주체의 구성이나 주체성 일반을 더 잘 설명한다고 주장했다.[14]

둘째로, 맥케이브의 이론은 고전적 리얼리즘 텍스트 또한 정태적이라고 주장했다. 맥케이브에게 관객은 단순히 전지적 시점을 지닌 존재로 간주되었던 것이다. 그래서 이후의 작업은 관객이 영화의 형식과 만나는 과정에서 어떻게 이해와 통합성의 위치가 생산되는가에 좀더 관심을 두게 되었다.

이러한 발전과 더불어 세번째 중요한 변화가 있었다. 많은 페미니스트들에게 섹슈얼리티와 성차에 대한 라캉의 정신분석학적인 설명은 주체의 구성뿐만 아니라 젠더화된 주체의 형성에 대해서도 더 나은 설명을 제공해주었던 것이다.[15] 라캉의 정신분석학은 가부장제가 재생산되는 과정을 설명해주는 것으로 보였으며, 그래서 영화비평의 수사학은 마르크스주의에서 페미니즘으로, 즉 자본주의 비판에서 가부장제 비판으로 논의를 옮기게 되었던 것이다. 그러나 정신분석학을 페미니즘에 적용하는 데는 몇 가지 문제가 있다(제7장 참조).

장루이 보드리(Jean-Louis Baudry)의 작업은 이러한 변화를 이해하는 데 유용한 출발점이다. 보드리는 맥케이브처럼 영화가 어떻게 주체에게 지배감과 통합성을 구성해주는가에 관심을 가졌다. 그러나

---

14) 예컨대 다음을 보라.
　　Rosalind Coward & John Ellis, *Language and Materialism: Developments in Semiology and the Theory of the Subject*, London: Routledge and Kegan Paul, 1977.
15) 예컨대 다음을 보라.
　　Juliet Mitchell, *Feminism and Psychoanalysis*, London: Penguin, 1975.

맥케이브와 달리 그는 이 구성이 관객의 특수한 행위를 포함하고 있는 훨씬 더 역동적인 과정이라고 보았다. 예를 들어 「기본적인 영화 촬영 장치의 이데올로기적 효과(Ideological Effects of the Basic Cine-matographic Apparatus)」16)라는 논문에서 그는 카메라 렌즈가 르네상스 회화의 원근법 체계와 동일한 이데올로기적 효과를 생산하기 위해 고안되었다고 주장했다. 영화는 관객의 시점에서 세계를 조직하며 그렇게 해서 관객을 세계의 중심으로 설정한다는 것이다.17) 그러나 보드리는 또한 영화가 단일한 시점에서 구성되는 것이 아니라 시점들 간의 연속적인 교대를 통해 구성된다는 점에 주목했다. 그는 이 과정이 관객의 지배감과 통합성을 깨뜨리기는커녕 실제로 관객의 지배감을 영화적 세계를 넘어로까지 고양시킨다고 주장했다. 그것은 관객을 특정한 위치에서 벗어나게 하여 완전한 지배감과 전능한 느낌을 갖게 해주고 그렇게 관객의 시각은 전지적인 것이 되어 신과 같이 된다. 결과적으로 주체의 지배와 통합성은 영화를 보는 과정을 통해 확고해지는데, 그것은 쇼트들 간의 상호관계와 그 쇼트들이 결합되는 방식 때문이라는 것이다. 그러나 보드리는 또한 주체가 다만 의미작용의 효과인데, 자신이 텍스트 의미의 중심이라고 느낀다는 점에서 그러한 지배감이 오인임을 지적했다.

라캉의 영향으로 이론가들은 쇼트들의 관계에 더욱 깊은 관심을 가지게 되었으며, 이런 노력 속에서 라캉의 '봉합(suture)' 개념이 핵심적인 것으로 자리잡았다. 이 용어는 본래 상처 입은 등을 꿰매는 외과수술 과정을 일컬었으나 라캉에 의해 좀더 복잡한 심리적 과정

16) Jean-Louis Baudry, "Ideological Effects of the Basic Cinematographic Apparatus" in Bill Nichols, *Movies and Methods Volume II*, Berkeley: University of California Press, 1985.
17) 르네상스 회화의 원근법에 관한 논의는 다음을 보라.
John Berger, *Ways of Seeing*, Harmondsworth: Penguin, 1972.

을 일컫는 말로 사용된다.

라캉에게 주체는 언어의 산물일 뿐만 아니라 근본적으로 분열되고 찢겨진 존재였다. 그는 이러한 상황을 주체의 발달로 설명하는데, 그에 따르면, "아이는 태어나면서부터 결핍을 경험한다"[18]는 것이다. 아이는 라캉이 말한 바 있는 '결핍된 존재'인 것이다.[19] 아이는 완전하고 충족된 상태를 갈망하지만 그것은 끝내 결핍의 경험이 되며, 여러 발달단계들은 이 결핍상태를 극복하려는 계속적인 시도, 그러니까 결코 성공할 수 없는 시도들로 보여진다.

라캉의 설명이 지닌 하나의 난점은 이러한 여러 단계들에 대한 그의 설명이 실제의 발달 시기들을 설명하는 것인지, 즉 초기 단계의 주체에 대한 해석인지(그 기원에 대해 믿을 필요가 있는) 아니면, 그저 정신분석학이 개발한 '유용한' 허구일 뿐인지 분명하지 않다는 것이다. 예컨대 어머니와 아이의 관계는 어머니가 아이를 충족시켜주고 아이는 어머니를 충족시켜주는 그지없이 완전한 상태로 해석된다. 이 상태에서 아이는 자아와 세계를 구분하지 않는다. 아이는 자아감을 갖지 않기 때문이다.

그러나 이후의 단계에서 이런 완전성은 깨지고 아이 그리고 이후의 성인은 이 완전함을 다시 획득하기 위해 일생을 보낸다. 주체는 결국 결핍으로 끝나고 말 것을 추구하는 것이다. 라캉은 이 추구의 대상을 '오브제 프티타[objet petit *a*: 작은 타자(他者)]'라고 부른다. 그러나 그것은 실제로 세상에 존재하는 대상이 아니라 잃어버린 어머니의 대체물이다. 사람들은 자신들이 저 연인, 저 차, 저 일을 얻기만 한다면 만족하거나 완전해지리라 믿을지 모르지만 그러한 믿음은 환영일 뿐이다. 그것은 단순히 주체가 자신의 욕망을 대상에

---

18) Robert lapsley & Mike Westlake, op. cit., 1988.
19) Jacques Lacan, *Ecrits: A Selection*, London: Tavistock Press, 1977.

투사한 결과일 뿐이고, 그 대상은 결핍되고 잃어버린 것의 대체물에 지나지 않는다.

그러므로 주체는 '묶여 있다.' 주체는 궁극적으로 존재하지 않는 것을 욕망하며, 상상적 해결을 통해 결핍의 상태를 보상하고자 한다. 상상적 해결은 완전하고 충족된 것으로 지각되는 이상적인 이미지들을 제공한다. 그러나 '상상적'이라는 단어는 복잡하며 오해의 소지가 있다. 그래서 그 용법을 이해하려면 어머니와의 행복한 결합 상태 다음에 이어지는 아이의 여러 발달단계를 라캉이 어떻게 논의하고 있는지에 대해 살펴보아야만 한다.

라캉은 아이의 발달을 세 가지 중요한 단계로 설명하는데, 그것은 아이가 자아에 대한 감각을 획득하는 거울단계, 언어를 획득하는 포르트-다(fort/da) 게임, 성차의 법칙을 받아들이도록 강요받는 오이디푸스 콤플렉스로 되어 있다. 거울단계(생후 6~18개월 사이에 발생)에서, 아이는 최초로 세상과 분리된 자신을 바라보게 된다. 라캉은 이 과정을 설명하기 위해 거울의 이미지를 예로 든다. 비록 그와 같은 과정이 타인의 신체와 동일시할 때도 생겨나지만 말이다. 아이는 거울 속의 이미지가 완전함과 통일성을 지니고 있다고 느끼면서 그것을 자신으로 확인한다. 이것은 또한 타인의 신체와 동일시할 때도 발생한다. 자신의 신체가 완전하고 통일되어 있다고 느끼는 것은 아이가 자신을 자율적으로 조정하게 되는 데 없어서는 안될 것이다. 그러나 거기에는 근본적인 문제가 있다.

이미지와의 동일시는 오인과 그에 따른 자아의 분할을 포함한다. 거울 이미지는 독특한 특성을 지니고 있는데, 그것은 동일하면서도 다르다는 것이다. 아이가 거울의 이미지에 대해 '저것이 나다'라고 말할 때, 그는 자신을 분리되고 구별되어 있는 것으로, 즉 다른 곳에 있는 것으로 확인한다. 결과적으로, 아이는 거울의 양면에 존재하는 분리된 주체가 된다. 게다가 자아감은 다른 사람이 승인하는 한에서 만 얻어진다. 즉 거울 속의 이미지 또는 거울의 이미지를 가리키며 '저것이 너야'라고 말하는 어머니에 의해서 획득된다는 것이다. 그 결과 아이가 자아감을 얻는 순간부터 그 자아는 분리되고 분할되는 것이다. 포르트-다 게임에서, 아이는 어머니로부터의 분리(거울단 계에서 이루어진)를 언어 습득으로 보상하려 한다. '포르트-다 게 임'이란 용어는 어린 소년이 실패를 가지고 노는 것을 보고 설명한 데서 명명되었다. 어린 소년은 실패를 내던졌다가 다시 잡아당기면 서 소리를 내는데, 프로이트(Sigmund Freud)는 그것을 '포르트(없다)' 와 '다(여기에)'라는 말로 해석했다. 프로이트는 이 게임을 어머니의 상실을 감내하는 수단으로 해석했는데, 아이는 그 트라우마(trauma: 정신분석학 용어로 외상적 충격을 말함)의 순간을 다시 상연함으로 써 상실의 경험과 타협한다는 것이다. 프로이트는 아이가 현존하는 것과 부재하는 것을 통제하는 체험으로써 포기의 감정을 지배의 감 정으로 변환한다고 주장했다. 그러니까 아이는 어머니에게 버림받았 다는 느낌을 어머니를 버린다는 지배의 감정으로 바꾸어낸다는 것 이다. 그러나 라캉은 이 게임을 조금 다르게 읽어냈다. 그는 아이가 부재한 것(어머니)을 나타내기 위해 상징(실패)을 사용하고 있음을 강조했다. 결과적으로, 아이가 언어를 습득하는 것은 결핍을 보상하 기 위한 또 다른 수단으로 보인다는 것이다. 언어적인 표현은 현존 하는 것이 아닌 부재하는 것을 나타낸다. 그리고 그것은 부재와 결 핍을 거부하거나 부인하는 수단이다.

결과적으로, 언어는 아이에게 자신의 요구를 표현하도록 해주지 만, 그것은 또한 문제를 제기한다. 언어는 항상 아이에 앞서 존재하 며 그러한 언어의 표현을 받아들일 때, 아이는 항상 먼저 존재하는 표현을 통해 자신의 욕망을 정의해야만 한다. 우리가 보았듯이, 욕망은 결코 채워지지 않는다는 것이 라캉의 주장이라면 이러한 상황은 언어의 습득으로 강화될 뿐이다. 욕망은 단지 언어로써만 표현할 수 있으며 자아에 의해 결정되는 것이 아니라 큰 타자(언어)에 의해 결정된다. 그러나 라캉은 언어는 결코 주체의 욕망을 완전히 표현할 수 없다고 말한다. 거기에는 어떤 배제된 요소가 항상 존재하는데, 그것은 언어에 의해 배제된 것으로 라캉이 무의식이라고 기술한 것이다. 즉 무의식은 언어를 넘어서는 것으로 언어에 의해 재현될 수 없다. 언어는 또한 거울단계에서 발견된 자아의 분할감을 강화한다. 누군가 자아에 대해 말할 때, 말하는 자아(언술행위의 주체)와 말해진 자아(언술상의 주체) 사이에는 항상 차이가 존재한다. 이런 식으로 라캉에게 언어와 주체성(의식, 자아)은 필연적으로 무의식을 수반한다. 그것들은 항상 더 많은 자아의 분할을 만들어낸다.

아이 발달의 세번째 단계는 아이가 성차와 직면하게 되는 오이디푸스 콤플렉스이다. 라캉이 주장하듯이, 만약 아이가 어머니에게 종속되어 있다는 공포감을, 어머니에게 자신은 꼭 필요한 존재라는 믿음으로 극복한다면, 아버지라는 인물은 이러한 안전한 느낌을 위협할 것이다. 당초 아이는 자신이 어머니에게 결핍된 것, 즉 라캉이 남근이라 칭한 것이라고 믿는다. 그러나 아버지의 존재는 이러한 행복한 타협에 도전한다. 어머니가 욕망하는 것이 아버지라는 것을 알게 될 때, 아이는 또한 자신이 남근(어머니가 결핍한 것)이 될 수 없음을, 그리고 아버지가 남근을 소유하고 있음을 인정하도록 강요받는다. 분명 남근과 페니스는 같은 것이 아니다. 그러나 아이는 성차를 남근(부재나 결핍을 채워주는 것)의 소유나 비소유를 나타내는 기호로 본다. 페니스의 소유가 완전함, 완벽함, 지배와 같은 것임에 반해, 페니스의 부재는 불완전함이나 결핍과 동등한 것이다. 그리하여 아이는 성적 정체성을 취하도록 강요받는다. 그리고 그 정체성은 결핍

(여성)이나 완벽함(남성)을 재현하고 있다.

결과적으로 소년은 아버지라는 이상화된 이미지와 동일시해야 한다. 아버지는 남근을 소유하고 있다고 여겨지는 인물이다. 하지만 이것은 결국 실패하는데, 남성은 결코 자아의 분할이나 무의식에서 벗어날 수 없기 때문이다. 다른 한편, 소녀는 남성(그녀가 남근을 소유하고 있다고 믿는 사람)의 사랑을 얻으려는 희망 속에서 어머니와의 동일시를 배워야만 한다. 정신분석학 내에는 여성 섹슈얼리티의 정확한 특성을 규명하고자 하는 많은 논쟁이 있지만, 남성에 비해 여성의 위치가 훨씬 더 문제적이라는 데는 일반적으로 동의한다. 여성은 상징적 질서(언어/사회/문화)에 따라 자신을 정의해야만 하는데, 그 질서 속에서 그녀는 남성의 견지에 의해 정의된다. 여성은 결핍을 재현하거나 혹은 남성의 결핍감을 보충해주는 것으로 재현된다. 또한 그녀는 공포나 욕망의 대상이지만, 자신을 하나의 주체로 정의하지는 못한다. 결과적으로 여성을 상징 질서에 의해 배제하는 한 그들은 그 질서와 문제적인 관계를 맺고 있다고 주장된다. 여성은 그들 자신의 표현(그들인 것)으로 정의되기보다는 남성과의 차이(그들이 아닌 것)에 의해 정의된다.

여기에서 한 가지 문제는 라캉이 모든 표현은 관계적, 즉 한 표현의 의미는 오직 다른 표현과의 차이나 대립에 의해 결정된다고 주장한 부분이다. 그래서 이러한 이론으로는 여성의 위치가 남성의 위치와 본질적으로 어떻게 다른지 알기 어렵다. 남성은 오직 여성과의 차이에 의해서만 정의할 수 있다. 또한 남성이 끝내 부재를 극복할 수 없다면, 남성의 상황과 여성의 상황이 정확히 어떻게 다른지는 근본적으로 불확실하게 남는다. 사실 여성의 섹슈얼리티에 대한 정신분석학적 설명에는 많은 문제를 제기할 수 있다. 심지어 랩슬리와 웨스트레이크와 같은 정신분석학 옹호자들조차 "정신분석학이 여성의 섹슈얼리티를 만족스럽게 설명하지 못함에 따라 … 영화와 여성 관객 간에 일어나는 교환을 이해하는 데는 별로 가치가 없게 되었다"[20]고 주장했다.

봉합 개념은 이러한 맥락에서 이해할 필요가 있다. 라캉의 주체는 쪼개지고 분할된 것이지만 통일감, 통합감 그리고 지배감을 생산하거나 유지하려 한다. 이러한 자아의 분할감은 상징계 내에 주체가 자리하는 조건이다. 상징계에서 말하는 자아와 말해지는 자아는 항상 분할된다. 다른 한편, 통일감은 주체의 상상의 산물이다. 주체는 그 상상을 통해 거울단계에서와 같이 이상화된 자아와 동일시한다. 봉합은 주체가 자아 내부의 분할을 보상하고, 간극을 메우려고 애쓰며, 모순적이고 갈등하는 무의식의 요소에 질서와 통일성을 부여하려는 과정이다. 그러므로 봉합 개념은 주로 주체와 언어의 관계, 특히 주체와 의미와의 관계에 관한 것이다.

정신분석학적 영화이론

영화 연구에서 봉합 개념은 쇼트의 연결과 관객과의 관계를 논의하는 하나의 방법으로 전유되었다. 예를 들어 장피에르 우다르(Jean-Pierre Oudart)는 관객의 지배감과 통합감을 유지시켜주는 데 쇼트의 연결은 필수라고 주장한다.[21] 그에 따르면, 처음에 관객은 이미지가 상상계의 완전함을 제공한다고 느끼지만, 이미지의 프레임이나 테두리는 항상 이러한 가능성을 위협한다. 프레임은 부재하는 것(화면의 바깥에 있는 것)을 강조한다. 그래서 프레임은 이미지가 누군가에게 보여지기 위해 존재한다는 사실을 드러내준다. 그러니까 그것은 완

---

20) Robert Lapsley & Mike Westlake, op. cit., 1988.
21) Jean Pierre Oudart, "Cinema and Suture," *Screen*, 18:1(winter, 1977/78).

전한 것이 아니라 단지 특정한 시점일 뿐이라는 것이다. 우다르는
쇼트/역쇼트 체계가 바로 이러한 문제를 해결해준다고 말한다. 대화
를 재현하는 데 사용되는 기법도 가끔 이 체계에 해당된다. 영화는
그 기법으로 한 인물의 시각에서 취해진 쇼트와 다른 인물의 시각에
서 취해진 쇼트를 편집한다. 이 체계는 첫번째 쇼트를 한 인물의 시
점으로 제시해주는데, 그래서 그 쇼트가 애초에 불러일으켰던 불안
전하다는 느낌을 극복하게 한다.

다니엘 다이안(Daniel Dayan)의 주장 역시 비슷한 입장인데, 그에
따르면, 쇼트/역쇼트 체계는 관객으로 하여금 영화 텍스트가 작동하
는 과정을 인지하지 못하게 함으로써 영화 자체를 투명하게 만들고,
그리하여 영화에 제시된 세계가 마치 실제인 것처럼 느끼게 해준
다.22) 그렇게 함으로써 텍스트는 재현이라는 자신의 지위를 감춘다
는 것이다. 이미지는 의미화 체계의 산물로 제시되는 대신 디에게시
스(diegesis: 영화의 허구세계)의 부분으로 정의할 수 있다. 그것은 이
데올로기의 산물로 제시되는 것이 아니라 단지 내러티브상의 인물
의 시점으로만 제시된다. 영화 자체를 투명하게 하여 특정한 이데올
로기적 입장을 마치 진실인 양 제시하는 것이 영화의 이데올로기적
효과라고 주장하는 한, 이러한 입장은 맥케이브나 보드리의 이론과
매우 비슷해 보인다. 하지만 그러한 효과가 관람 과정을 통해 생겨
난다는 점에서, 즉 관객이 쇼트들을 묶어내는 점에 관심을 두었다는
데서 맥케이브의 좀더 정태적인 관객 모델과는 차이가 난다.

결과적으로, 봉합 개념은 관람과정에 관한 것으로, 서로 다른 쇼
트들을 꿰매는 것뿐만 아니라 서로 충돌하는 상상계(통일되고 통합
된 이상적인 이미지와의 동일시)와 상징계(주체로 하여금 자신이 문

22) Daniel Dayan, "The Tutor Code of Classical Cinema" in Bill Nichols(ed.), *Movies and Methods Volume I*, Berkeley: University of California Press, 1976.

화에 의해 결정된다는 것을 인식하게 해주는 언어체계)를 꿰매는 것
도 해당된다. 그런데도 이 연구와 관련해서 많은 문제들이 제기되어
왔다. 예컨대 배리 솔트(Barry Salt)가 지적했듯이, 쇼트/역쇼트 체계
는 할리우드 영화에서 사용된 많은 쇼트들을 대표하지 않는다.23) 그
결과 히스는 봉합을 커팅의 효과로 이해하는 것이 더 낫다고 주장한
다. 그가 기술한 바에 의하면, 이 과정은 상징계 내에서 주체가 처하
기 마련인 현존과 부재 사이를 오가면서 계속된다.24)

레몽 벨루르(Raymond Bellour) 역시 쇼트/역쇼트 체계뿐만 아니라
커팅과 편집에 대해 연구했다. 그러나 이 경우, 그는 내러티브의 통
일성과 통합성을 창조하는 대칭과 비대칭의 조직체계에 좀더 관심
을 기울였다. 예를 들어, 그는 <거대한 잠(The Big Sleep)>의 한 시퀀
스를 검토하면서 12개의 쇼트를 진행시키는 것에 카메라 앵글, 프레
이밍 그리고 여타의 약호들을 어떻게 사용하고 있는지를 설명한다.
벨루르의 연구는 내러티브가 어떻게 일련의 대립을 통합하고 정돈
하는지를 조사한다는 점에서 내러티브에 관한 여타의 연구와 유사
하다. 그러니까 이는 상이한 쇼트들간의 상호작용을 통해 내러티브
가 전개되는 방식을 분석했다는 점에서 유사하다는 것이다.25)

그러나 벨루르의 연구 역시 정신분석학에서 많은 암시를 끌어오
고 있다. 예를 들어, <새(The Birds)>를 분석하면서, 벨루르는 내러
티브에 따라 각각의 쇼트들을 연결하는 것이 동일시와 성차의 문제
를 포함한다고 주장한다.26) 히스 역시 이와 같은 문제들을 다루었지
만, 그는 봉합 개념으로 되돌아갔다.27) 히스의 주장에 의하면, 주체

---

23) Barry Salt, "Film Style and Techonology in the Forties," *Film Quarterly*, fall
    1977.
24) Stephen Heath, *Questions of Cinema*, London: Macmillan, 1981.
25) Raymond Bellour, "The Obvious and the Code," *Screen*, 15:4(winter 1974/75).
26) Raymond Bellour, "The Birds-Analysis of a Sequence," London: British Film
    Institute, 1972.

와 언어의 의미는 항상 상호의존적이다. 주체는 서로 다른 쇼트들을 끊임없이 꿰매면서 의미를 만들어내지만, 그와 마찬가지로 주체도 텍스트에 의해 생산된다는 것이다. 언어 없이 주체는 존재하지 않는다. 그러나 언어는 항상 주체를 필요로 한다. 그래서 봉합은 결핍이나 부재를 부정하는 한 방편이며, 히스가 봉합을 내러티브와 연결시킨 것도 바로 이런 의미에서이다. 히스에게 내러티브는 주체의 결핍감과 관련되어 있으며, 그러한 부재를 보상하려는 시도인 것이다.

테리 이글턴(Terry Eagleton)이 주장했듯이, 포르트-다 게임은 "아마도 우리가 상상할 수 있는 가장 짧은 이야기일 것이다. 그 이야기인즉, 하나의 대상을 상실하고 되찾는다"[28]는 내용이다. 내러티브는 완전함의 상실(질서의 파괴)에 관한 것이다. 그러니까 결여된 것의 추구(무질서의 과정), 마침내 상실된 것의 회복(내러티브의 해결)이 내러티브다. 그러나 라캉은 그러한 결핍감은 결코 채워질 수 없다고 지적한다. 내러티브는 궁극적으로 완전한 해결에 이르지 못한다. 텍스트는 상실된 대상의 대체물을 제공해주지만, 완전함과 완성의 순간은 결코 그려내지 못한다. 연인들이 포옹하는 것으로, 또는 나치가 패배하는 것으로 영화는 끝나겠지만, 그러나 그 이후에 무엇이 올 것인지는 보여줄 수 없다. 그 어떤 것도 항상 실망스러울 것이기 때문이다. 그것은 항상 결핍감을 일깨울 것이다.

정신분석학을 옹호하는 많은 이들은 바로 이러한 과정에 대한 관심 때문에 라캉의 이론이 알튀세르주의자들의 마르크시즘과 구별된다고 주장한다. 그 주장에 따르면, 알튀세르의 마르크시즘은 주체에게 지배감과 통합성의 환상을 제공하는 상상적 동일시에만 집중하

---

27) Stephen Heath, op. cit., 1981; Stephen Heath, "Narrative Space," *Screen*, 17:3, autumn 1976.
28) Terry Eagleton, *Literary Theory: An Introduction*, Oxford: Basil Blackwell, 1983, p.185.

면서 분할과 무의식을 창출하는 상징계의 과정을 무시했다는 것이다. 이에 반해 정신분석학은 알튀세르의 정태적인 호명이론에 비해 텍스트의 관람과정을 더욱 역동적으로 설명해준다고 했다. 그러나 정신분석학 옹호자들에게는 안된 일이지만 그들의 주장에는 문제가 있다. 알튀세르의 마르크시즘은 내러티브의 과정을 정신분석학과 비슷하게 설명했을[29] 뿐만 아니라 랩슬리와 웨스트레이크조차도 인정하고 있듯이, 정신분석학을 가장 영향력 있게 사용한 메츠와 멀비도 상징계보다는 상상계에, 봉합보다는 호명에 더 관련이 있었다.

이러한 사정은 메츠의 저서에 붙은 부제에서 분명히 볼 수 있는데 『정신분석학과 영화: 상상적 기표(Psychoanalysis and film: Imaginary Signifier)』가 그것이다. 메츠에 의하면 영화적 제도는 두 개의 '기제'로 이루어져 있다. 첫번째는 생산과 재생산이라는 산업적 과정이고, 두번째는 주체의 생산과 재생산이라는 심리적 과정이다. 메츠가 우선적으로 관심을 둔 것은 후자에 대한 분석이었다. 분석에 따르면, 그것은 세 가지 과정에 결합되어 있다. 동일시, 관음주의 그리고 물신주의. 메츠에게 영화는 여타의 예술형식과 다르다. 영화는 보통의 예술형식에 비해 더 많은 감각들(시각과 청각)로 말을 걸어온다. 그리고 똑같은 감각으로 말을 거는 다른 예술 형식들(연극과 오페라 같은 형식)과는 달리 부재한 것을 기록한다. 연극 공연장에서 연기자와 관객은 같은 시공간을 점하고 있다. 즉 그들은 서로 직접 마주한다. 그러나 영화는 다른 곳에 존재하는 (혹은 존재했던) 세계의 이미지를 관객에게 보여준다. 결과적으로 메츠의 주장에 의하면, 영화는 필연적으로 '상상적'이다. 영화는 관객에게 완전함과 완성의 이

---

29) 예를 들어, 롤랑 바르트의 『텍스트의 쾌락(The Pleasure of the Text)』을 알튀세르적인 설명이나 정신분석학적 설명에 모두 사용했다. 실제로 이 두 방법은 생각보다 훨씬 유사하게 바르트를 이용하고 있는데 다만 수사학적인 차원에서 차이가 있을 뿐이다.

미지를 제공하지만 그것은 근본적으로 환영인 것이다.

그러나 거울단계에서의 거울과는 달리 스크린은 관객에게 그들 신체의 이미지를 제시해주지 않는다. 그래서 필연적으로 상징계와 결합되어 있다. 그 결과 메츠는 상상적 동일시의 일차적 형식이 내러티브상의 인물들에 대해 이루어진다는 것을 부정한다. 대신에 관객은 "순수한 지각행위로서 자기 자신과 동일시한다"[30]고 주장한다. 이것은 두 가지 특성을 포함하고 있는데, 첫째 관객은 그들이 스크린에 제시된 행위 바깥에 자리하고 있음을, 그리고 자신들이 내러티브 세계에 대해 전지적이고 지배적인 위치에 존재하고 있음을 알고 있다는 점, 둘째, 관객은 영화가 그들을 위해 존재한다는 것, 즉 영화는 그들 외에는 아무런 목적도 가지고 있지 않다는 점을 인식하고 있다는 것이다. 그 결과 관객은 관객의 위치에 동일시하는데, 위치에서 지배감과 통합성의 환영을 경험한다. 그러나 메츠 역시 다른 이론가들과 마찬가지로 관객의 그러한 경험은 오인이라고 주장한다. 관객들은 자신을 텍스트의 효과로 지각하기보다는 원인으로 느낀다는 것이다.

메츠는 연기자가 관객과 같은 시공간에서 존재하지 않는다는 것은 또한 영화 제도에 고유한 관음주의와 상관 있다고 본다. 본다는 것은 시각의 대상으로부터 일정한 거리를 요구한다. 뿐만 아니라 스크린에 보여진 것이 부재한다면 그러한 거리감은 더 커진다. 연기자는 관객과 아무런 관계가 없고, 그들의 반응을 알지 못한다. 그 결과 영화관람은 음성적인 특성을 띠게 되는데, 이는 관객이 영화를 보는 상황에 의해 강화된다. 관객은 어둠 속에 앉아 있고 스크린 위의 인물들이나 다른 관객들과 같은 감시자로부터 무척 자유롭다. 따라서

---

30) Christian Metz, *Psychoanalysis and Cinema: The Imaginary Signifer*, London: Macmillan, 1982, p.49.

영화 관람은 '훔쳐보기'의 성격을 갖게 되는데, 그에 따라 관객은 이미지를 지배하는 가학적 쾌락을 얻게 되는 것이다.

끝으로, 메츠는 스크린에 제시된 대상의 부재는 물신주의라는 개념과도 관련이 있다고 주장했다. 라캉에게는 성차를 인식하는 것이나 여성이 결핍과 연관된 것은 모두가 근본적으로 트라우마적인 것이다. 둘 다 부재의 문제를 제기하며, 부인되거나 거부되어야만 하는 것들이다. 이 부인(否認)의 과정은 여성 신체의 일부를 물신화하거나 거기에 마술적이고 에로틱한 힘을 투여하는 과정으로, 여성의 생식기가 가지고 있는 결핍을 보상하거나 주의를 딴 데로 돌리는 수단으로 작용한다. 이 과정은 여성이 결핍을 재현하고 있다는 것을 알면서도 그 결핍을 부정하는 주체를 포함하고 있다. 그 주체는 여성이 결핍되었다는 것을 알지만 그렇게 믿지 않으려 한다. 마찬가지로 메츠에 따르면, 영화를 보고 있는 관객은 그들이 보고 있는 것이 존재하지 않는다는 것을 알지만, 그것이 현존한다고 믿고자 한다. 결론적으로 영화적 기표는 근원적인 부재를 부인하는 과정에 토대를 두고 있고, 완전함과 충족이라는 환영의 이미지를 보여준다는 점에서 '상상적'인 것이다.

메츠가 끼친 영향이 중요하다면, 로라 멀비의 논문 「시각적 쾌락과 내러티브 영화(Visual Pleasure and Narrative Cinema)」는 아마도 영미 영화 연구에서 가장 많이 출판하고 참조한 글일 것이다. 메츠처럼 그녀의 주장도 기본적으로 호명이론과 결합되어 있다. 그러나 메츠의 작업과 달리 멀비 논문의 관심은 의미화 작용의 정치학에 있지 않았다. 대신 논문은 주로 재현의 정치학, 특별히 내러티브 영화에서 여성이 어떻게 재현되는가에 관심이 있었고 그 방면에 영향을 끼쳤다.31) 멀비의 작업은 라캉의 정신분석학을 페미니즘에 적용하려

---

31) 랩슬리와 웨스트레이크가 언급한 바 있듯이, 멀비는 영화적 기의에 관심을 두

는 시도의 일환이었고, 문제가 많았지만 정신분석학을 비평의 한 양
식으로 정당화한 최초의 기획이었다. 주목해야 할 중요한 사실은, 라
캉은 결코 페미니스트가 아니었으며 어떠한 정치학도 염두에 두지
않은 채 자신의 이론을 펼쳤다는 점이다. 그런데 정신분석학을 전유
한 페미니즘은 오이디푸스 콤플렉스가 필연적이고 불가피한 유아의
발달 단계가 아니라 오히려 가부장제의 산물, 그러니까 상징 질서를
가부장제와 결합시켜주는 일반적인 경향이라는 점을 강조했다.

멀비에게 있어서, 앞으로 나아가려는 내러티브의 욕구와 내러티브
에 의해 질서가 잡혀야만 하는 고정된 이미지는 '성적 불평등이 지
배하는 세계'를 재생산하는 방식으로 젠더화된다.[32] 내러티브의 능
동적인 주체로 설정되는 사람은 바로 남성이다. 즉 사건을 발생시키
고 내러티브를 진행시키는 이는 바로 남성이라는 것이다. 이런 식으
로 남성은 이미지로 나타나는데도 관객의 응시 대상이 되지 않고
'상상적인' 동일시의 지점이 된다. 그 이미지들은 통합성과 지배의
이미지를 관객에게 제공하는데, 관객은 그것에 동일시하는 것이다.
반면에 여성은 관객 응시의 대상으로 제시되고, 수동적이고 성적인
볼거리로 존재한다. 그들은 남성이 싸워 얻게 되는 대상으로 제시되
는 경우 외에는, 내러티브상에서 주변적인 존재로 규정된다.

그러나 남성 이미지가 관객에게 동일시의 지점이 되는 반면, 여성
신체의 이미지는 항상 그것이 재현하는 바(결핍과 부재)를 위협적으
로 상기시켜주는 골칫덩어리이다. 멀비는 두 가지 주요한 방법으로
이 문제를 처리한다. 첫번째는 관음주의로, 이는 "최초의 트라우마
를 재상연하는 것에 열중하는 것이다. 죄가 되는 대상의 가치를 절

없고 메츠는 영화적 기표에 관심을 가졌다.
Robert Lapsley & Mike Westlake, op. cit., 1988, p.84
32) Laura Mulvey, "Visual Pleasure and Narrative Cinema," *Movies and Methods Volume II*, p.309.

하하고 처벌하거나, 구제함으로써(여성을 조사하고 탈신비화함으로써) 트라우마를 회복하는 것이다."33) 이 경우 부재를 재현하는 여성의 상황을 가부장제 문화의 남성적 규범과는 다르게 독해한다. 여성을 마치 죄인인 것처럼, 자신의 처지를 책망받는 일탈자로 재현한다는 것이다. 이는 여성을 가학적으로 통제함으로써 남성이 지배와 통합성의 느낌을 재확인하는 것으로, 남성은 자신과 다르다는 이유로 여성을 처벌하거나 그녀의 탈선을 용서해주는 특권을 가진 존재로 재현된다. 어쨌든 남성은 규범으로 정의되며, 그래서 우월감과 지배감을 갖게 된다.

실제로 정신분석학적 페미니스트들이 주장하는 것처럼 내러티브를 해결하고 끝내기 위해서 여성, 특히 여성의 섹슈얼리티는 봉쇄되고 없어져야 할 위협적이고 파괴적인 힘으로 노상 재현된다는 것이다. 예컨대, 많은 영화들이 나치를 무찌르거나 살인범을 잡아내는 것에 관한 것으로 보이지만, 그러한 요소들은 흔히 젠더와 섹슈얼리티라는 이슈와 끈끈하게 결합되어 있다. <카사블랑카(Casablanca)>의 말미에서, 릭이 나치를 속인 것은 일자의 사랑을 얻은 것보다 아마도 덜 중요할 것이다. 그러므로 내러티브의 문제는 여성의 섹슈얼리티를 통제하는 것이며, 내러티브가 결말에 이르러 주장하는 것은 여성은 남성에게 복종하거나 처벌받아야만 한다는 것이다.

밀비에 의하면, 여성의 신체 이미지가 제기하는 문제를 처리하는 두번째 방식은 물신주의다. 앞서 살펴보았듯이, 이 과정은 '여성이 재현하는 부재'를 거부하거나 부인하는 것을 포함한다. 그리고 그 과정은 '결핍으로 보이는 것'을 보상하고 그것으로부터 주의를 돌리기 위해 여성 신체의 일부에 신비하고 에로틱한 힘을 부여하는 것으로 이루어진다. 통상 인용되는 예로는 마릴린 먼로의 가슴, 베티 그

---

33) Ibid., p.311.

레이블의 다리, 그리고 리타 헤이워스의 어깨가 있다.

이런 식으로, 여성의 몸은 남성을 위한 욕망의 대상으로 제시된다. 동시에 그로 인해 남성 주체는 거세위협이라는 트라우마로부터 보호받으며, 여성은 남성이 만족을 얻는 대상으로 정의된다. 여성은 내러티브의 주체라기보다는 대상으로 규정된다는 것이다. 여성은 행동하기보다는 행위의 대상이 되며 욕망하기보다는 욕망되어진다. 그래서 영화는 여성 섹슈얼리티의 위협을 억누르고 봉쇄할 수 있으며, 여성을 남성의 용어로 정의할 수 있게 되는 것이다.

그러나 이러한 특징들을 일부 영화가 아닌 모든 주류 영화들이 지니고 있다는 멀비의 주장은 중요하다. 이러한 특징은 "가부장제 사회의 무의식이 영화 형식을 구성해온 결과라는 것이다."[34] 몇몇 영화에 그녀의 주장을 적용할 수 있다는 점은 인정되어야 하겠지만, 그렇다고 해서 모든 주류 영화에 반드시 적용할 수 있는지는 의문으로 남는다. 만일 그러한 의문이 맞다면 그녀의 이론은 심각하게 훼손당할 것이다. 제기될 수 있는 문제 중 하나는 특별히 여성이 주인공으로 나오는 영화들(흔히 '여성영화')의 경우에 발생한다. 사실 그러한 많은 영화들이 <스텔라 달라스(*Stella Dallas*)> <밀드레드 피어스(*Mildred Pierce*)> 등과 같이 여성 주인공의 이름을 제목으로 하고 있다. 이 경우 종종 정신분석학적 페미니스트들은 이들 여성이 중심인물이긴 하지만 그들은 내러티브의 능동적인 주체로 설정되지 않고, 설사 설정된다 하더라도 그로 인해 내러티브의 결말에 이르러 처벌받게 된다고 주장한다. 이들 내러티브의 관심사는 이들 여성에게 무슨 일이 일어나느냐 하는 것이지 그들이 어떻게 사건을 일으키느냐가 아니라는 것이다.[35] 그러나 그러한 주장은 미심쩍다. <델마

---

34) Ibid., p.305.
35) 예컨대 다음을 보라.
    Christine Gledhill(ed.), *Home is Where the Heart Is: Studies in Melodrama and the*

와 루이스(*Thelma and Louise*)>, 그리고 여성이 내러티브에 동기를 부
여하는 것으로 보이는 <에일리언(*Aliens*)> 같은 특별한 영화들의 경
우, 그 주장은 좀처럼 적용되지 않을 것 같다.[36)]

멀비의 이론은 또 다른 문제들을 제기한다. 가장 중요하게 지적되
는 것으로는 멀비가 관객을 이성애적 남성 관객으로 상정하고 있다
는 점이다. 이러한 가정은 여성이 영화를 어떻게 보고 어떻게 쾌락
을 얻는지에 대한 질문을 던진다. 이 문제에 대해 멀비는 두 가지 대
안을 제시한다. 일종의 통성적인 동일시로서 남성 주인공과 동일시
하든지, 그렇지 않으면 여성과 동일시하고 수동적인 성적 대상의 위
치를 받아들이게 된다는 것이다. 그와 같은 결론은 대다수의 여성이
종속적인 지위를 순순히 받아들인다고 보는 것으로, 무척 비관적으
로 보인다. 멀비가 주장했듯이, 만일 그녀의 의도가 주류 영화가 기
본으로 삼고 있는 쾌락을 파괴하는 것이라면, 그녀가 제시한 대안이
무엇인지를 물어볼 필요가 있다. 멀비는 당연히 그 대안으로 아방가
르드 영화를 거론한다.

Woman's Film, London: British Film Institute, 1987.

36) 이들 영화들은 정신분석학적 페미니즘 내에 많은 논쟁을 유발시켰다. 그러나
<에일리언>의 경우는 특별히 흥미롭다. 콘스탄스 펜리(Constance Penley)와
바바라 클링거는 영화의 구체적인 내용을 거론하면서 이들 영화가 궁극적으로
가부장적인 젠더를 구성한다고 주장한다. 리플리가 어머니로 정의된다는 펜리
의 주장에 맞서 크리드는 리플리가 남성의 역할을 수행한다고 주장했는데 이
는 엄마 에일리언과 싸우는 과정에서 모성이 억압되었기 때문이라는 것이다.
리플리가 가부장적 젠더에서 벗어나 있다고 읽어내는 것이 꼭 급진적인 것이
라고는 여겨지지는 않는다. 정신분석학적인 견해는 그 영화가 여전히 모순을
해결하려 애쓴다고 주장한다. 즉 케이크를 먹고 싶어하면서 동시에 가지고 싶
어하는 것이다. 이런 식의 논리에서 벗어나기는 무척 어려워 보인다. 다음을
보라.
Barbara Creed, *The Monstrous-Feminine: Film, Feminism, Psychoanalysis*, London:
Routledge, 1993; Constance Penley, "Time Travel, Primal Scene and the
Critical Distopia."

비판과 결론

사실상 우리가 살펴본 영화이론은 주류와 아방가르드 간의 핵심적인 대립을 둘러싸고 이루어지는 것처럼 보인다. 그리고 이것은 바르트가 쾌락의 텍스트(주류 영화)와 희열 혹은 환희의 텍스트(아방가르드) 간의 대립으로 잘 설명한 바 있다.

> 쾌락의 텍스트: 이 텍스트는 행복감을 만족시켜주고 채워주며 허락해준다. 이 텍스트는 문화에서 생겨나 그것과 결합되어 있고 편안한 독해 습관과 관련이 있다. 희열(환희)의 텍스트: 이 텍스트는 상실의 상태를 부과한다. 이 텍스트는 독자의 역사적·문화적·심리적 가정, 그리고 취향, 가치, 기억의 일관성을 불편하게 만들고 아마도 지루할 정도로까지 휘저어놓으면서 독자와 언어의 관계를 위기로 몰고 간다.[37]

앞서 보았듯이, 이러한 대립은 대중적인 것을 거의 예외 없이 이데올로기적으로 보수적이라 간주하고, 여러 대중적인 형식들을 동질화하는 경향이 있다. 이는 이것이냐/저것이냐 식의 환원적인 정치학으로 귀착된다. 대중영화는 지배 이데올로기를 재생산하는, 본질적으로 상투적이고 뻔한 하나의 체계가 되어버리는 것이다.

닐과 같은 스크린 이론가들은 주류 혹은 대중영화가 모두 똑같은 것은 아니며, 대중영화의 경제면에서 '차이는 본질적인 것'이라고 주장하기도 한다. 하지만 결국 그의 주장에 따르면, 영화들이 각기 다른 것은 관객들을 계속해서 영화관으로 끌어들이기 위함이다. 즉 돈을 벌기 위해 각각의 영화들을 다르게 만든다는 것이다. 그러므로 닐과 같은 스크린 이론가들은 각각의 영화를, 명백히 서로 다르지만 여전히 봉쇄와 억압의 과정을 통해 지배 이데올로기를 재생산한다는 점에서 모두 똑같은 것으로 간주한다.[38]

---

37) Roland Barthes, op. cit., 1975, p.14.

물론 그렇지 않은 영화도 있겠지만 그렇다고 그 영화들을 급진적
이라고 제시하지는 않는다. 대신에 스크린 이론에 따르면, 몇몇 영화
들은 주류 영화의 이데올로기적 기획을 따르지만, 모순을 해결하지
못하고 오히려 그 모순과 간극을 드러내준다.[39] 하지만 스크린 이론
가들은 그 이유에 대해서 충분한 설명을 하지는 않았다. 결과적으로
이러한 영화들에 대한 논의가 대중영화에 대한 재평가로 이어지지는
못했지만, 대중적인 기능을 수행하지 않았다는 바로 그 이유 때문에
그 영화들을 가치 있는 것으로 규정했다. 하지만 영화의 가치가 목적
달성의 실패에 터하고 있어야 한다는 것은 무척 묘한 일이다.

아마도 스크린 이론가들은 자본주의와 가부장제와 같은 특정한
역사적 시대를 염두에 두고 있었겠지만, 대중영화들을 모조리 동질
화해버린 탓에 본질적으로 비역사적인 이론을 낳게 되었다. 그러니
까 투쟁이나 변화와 같은 개념은 생각할 수 없을 정도로 너무나 추
상적인 이론이 되어버린 것이다.[40] 알튀세르의 마르크시즘처럼, 정
신분석학이론은 특정한 언어체계보다는 '언어 일반'에 관심을 두었
고, 사회적으로 특수한 주체성의 구성보다는 '주체성 일반'에 관심
을 두었다. 홀이 정신분석학적 비평에 관해 주장하고 있듯이, "이러
한 문화의 주체를 개념화하는 방식은 초역사적이고 보편적인 특성
을 지니고 있다. 이는 역사적으로 결정된 사회적 주체들 또는 사회
적으로 결정된 특정 언어들이 아닌 주체 일반을 다루고 있다"[41]는

---

38) Stephen Neale, *Genre*, London: British Film Institute, 1980.

39) 다음을 보라.

   Cahiers du Cinéma editorial board, op. cit., 1972; Christine Gledhill, op. cit.,
   1987.

40) Raymond Williams, *Marxism and Literature*, Oxford: Oxford University Press,
   1977.

41) Stuart Hall, "Cultural Studies: Two Paradigms," in Richard Collins et al(eds.),
   Media, Culture and Society: A Reader, London: Sage, 1986, p.46.

것이다.

실제로 페미니즘이 라캉의 정신분석학을 전유함에 따라 생기는 문제 중 하나는 가부장제가 사라져도 분할된 주체나 무의식은 없어지지 않을 것이라는 점이다. 라캉에게는 그것이 특정한 문화의 산물이 아니라 인간의 영원한 조건인 것이다. 그리고 그것은 주체와 언어 일반과의 관계에서 빚어진 필연적인 산물이다.

정신분석학은 알튀세르의 마르크시즘만큼이나 주체성의 구성을 만족스럽게 설명하지 못한다. 애당초 '결핍된 존재'를 전제로 하고 있고, 심지어 라캉의 세 가지 발달 단계(거울단계, 포르트-다 게임, 오이디푸스 콤플렉스)는 모두 언어를 이미 습득한 주체를 전제로 하고 있다. 거울단계에서 아이는 '저게 너란다'라는 어머니의 말이 무엇을 뜻하는지를 이해해야만 한다. 또한 자신의 이미지가 세계와 분리되어 있음을 분간할 줄 알아야 한다. 오이디푸스 콤플렉스는 더욱 문제다. 아이는 남근과 페니스를 연결시키기 위해 성차의 의미를 이미 이해하고 있어야 한다. 문제는 왜 그러한 형태의 차이, 즉 성차를 머리 색깔이나 체취의 차이가 아닌 남근의 소유 여부를 나타내는 것으로 읽느냐 하는 것이다.

제인 갤럽(Jane Fallop)이 지적한 바에 따르면, 정신분석학이론에서 남근과 페니스의 구분은 그 어디에서도 그 이론의 옹호자들이 주장하는 만큼 분명치가 않다.[42] 그 둘은 지속적으로 혼합되어왔고, 젠더의 차이(이러한 차이는 타고난 것이라기보다는 문화적인 것으로 정의된다)를 반본질주의적으로 설명하기보다는 남성성과 여성성을 모두 본질화하는 경향이 있다.

결과적으로 스크린 이론은 의미화 작용의 정치학과 재현의 정치

---

42) Jane Gallop, "Phallus/Penis: Same Difference," *Men by Women, Women and Literature* II, Janet Todd(ed.), New York and London: Holmes and Meier, 1981.

학이라는 양극단 사이에서 오락가락해왔다. 두 극단 모두 꽤 추상적
일 뿐만 아니라 서로를 거스르는 경향이 있다. 페미니즘이 강조하는
바는 재현의 정치학이다. 그래서 의미의 정치학을 다루게 될 경우
페미니즘은 자신의 어떤 개념적 기반을 훼손하지 않을 수 없게 된
다. 재현의 정치학은 사회가 변화한다는 것을 얼마간 받아들이고 있
지만, 의미의 정치학은 오로지 주체가 언어와 맺는 관계의 문제, 즉
오직 언어와 문화와 주체의 종말만이 해결책이 되는, 끝이 안 나는
문제에 관심을 둔다. 일부 페미니스트들이 그 문제를 해결했지만 그
해답이 무엇을 의미하는지는 여전히 분명치가 않다.

참으로, 스크린 이론은 추상적이어서 대중영화들간의 차이를 지워
버리는 경향이 있다. 뿐만 아니라 스크린 이론가들은 자신들의 이론
이 진리라고 생각하면서 우월감을 갖는 경향이 있다. 하지만 진리라
는 것은 스크린 이론이 거부했던 것이기도 하다는 점에서 역설적이
다. 또한 스크린 이론 체계는 폐쇄적이고 스스로를 정당화하는 것
같다. 그러나 그 체계 역시 스크린 이론이 터하고 있는 정신분석학
으로부터 공격당할 여지가 많다.[43] 스크린 이론에게는 유감스러운
일이지만, 이와 같이 역설적인 상황에서 어떻게 빠져나올지는 아직
오리무중이다. 실제로 모든 가능성들을 닫아버리고 자신의 논리 안
에서만 맴도는 ≪스크린≫의 많은 주장들은 그렇게 스스로를 정당
화한다. 예를 들면, 여성이 결핍을 뜻할 뿐 아니라, 결핍이 여성을
의미한다는 주장은 스크린 이론 내에서 쉽게 발견할 수 있다. 바바
라 크리드는 한 가지 특별한 예를 들어 공포영화를 설명하는데, 궁
극적으로 그 장르는 여성을 괴물로 정의한다고 주장한다. 그녀는 괴
물이 분명 여성으로 정의되는 많은 영화들을 예로 인용했다. 그러나

---

43) 예컨대 다음을 보라.
Constance Penley, "Feminsim, Film Theory and the Bachelor Machines," *The Future of An Illusion: Film, Feminism, and Psychoanalysis*.

어떤 영화에서는 괴물이 명백히 남성으로 등장한다. 하지만 그와 같은 경우에 대해 그녀는 그 영화에 등장하는 괴물 역시 결핍된 상태에 있기에 결국은 여성화된 것이라고 주장한다.[44] 그러므로 그녀의 논리에서 벗어나는 경우를 발견하기란 어렵다.

튜더가 정신분석학적 비평을 논의하면서 제기한 문제가 바로 이것이다. 그는 정신분석학에서 가장 우려되는 문제는 그것이 궁극적으로 반증이 불가능하다는 것이라고 주장했다. 그의 주장에 따르면 정신분석학은 '비밀에 싸인 독해'를 낳는 경향이 있다.[45] 무의식(주체가 거부하거나 억눌러야만 하는)에 대한 정신분석학의 관심이 의미하는 것은 그것이 영화 텍스트에 대한 사람들의 경험과 대립한다는 것이다. 의식은 필히 진실에 걸맞지 않거나 심지어는 반대된다고 한다. 결과적으로 정신분석학은 정신분석학의 주장에 배치되는 그 어떠한 대답도 억압이나 저항의 산물이라고 간단히 처리해버린다. 그러한 까닭에 정신분석학적 비평은 본질적으로 텍스트에 대한 경험을 억누를 뿐만 아니라 텍스트에 대한 경험과 모순되는 이론과 해석을 도출하는 경향이 있다.

44) Barbara Creed, op. cit., 1993.
45) Andrew Tudor, *Monsters and Mad Scientists: A Cultural History of the Horror Movie*, Oxford: Blackwell, 1989, p.3.

제 **7** 장

정신분석학적 페미니즘에서
대중적 페미니즘까지 | 리사 테일러

만약 페미니즘이 오직 영화이론에만 있어왔다면 성의 정치학을 변혁하기 위해 여성들이 취할 수 있는 유일한 입장은 정신분석학이라고 해도 과언이 아닐 것이다. 그러나 영화 연구 이외의 분야에는 다양한 방법의 페미니즘들이 있는데, 이 접근법들은 정신분석학적 담론을 수용하지 않거나 이론적 시각이나 방법론이 다르며 대중영화의 성 정치학을 재평가하는 데도 유용하다.

페미니즘과 정신분석학

1970년대 중반 이래 페미니즘 영화이론은 주로 정신분석학적인 이론의 지배를 받아왔다. 1975년 ≪스크린≫에 실린 로라 멀비의 논문 「시각적 쾌락과 내러티브 영화」[1]는 페미니즘 영화이론가들과 비평가들에게 지대한 영향을 끼쳤다. 그것은 프로이트와 라캉의 작업을 이용해 주류 영화를 분석하려는 이론적 시도의 일환이었다.

---

1) Laura Mulvey, "Visual Pleasure and Narrative Cinema" in Screen Editorial Collective, *The Sexual Subject: A Screen Reader in Sexuality*, London: Routledge, 1991, pp.22-33.

멀비는 논문에서 정신분석 이론을 "정치적인 무기로 … 적용"할 수 있다[2]고 주장했다. 그녀는 정신분석학이 가부장제하에서 일어나는 여성에 대한 억압의 원인을 분석을 할 수 있게 해주고, 그러한 분석은 정치적인 행위와 사회적 변화를 위한 기반을 제공해준다고 주장했다. 멀비는 젠더화된 관객, 영화 이미지 그리고 지배적인 영화가 제공하는 쾌락이 서로 어떤 관계를 맺고 있느냐에 관심을 가지고, 주류 영화가 성별에 따라 관객을 특정한 방식으로 조직한다고 주장했다. 멀비는 대중영화의 시각적 쾌락은 물신적이고 관음주의적인 보기(looking)의 방식들과 연관되어 있다고 주장했다. 이렇게 조직된 보기들(looks)은 관객으로 하여금 선택의 여지 없이 내러티브상의 남성 주인공과 동일시하도록 하고, 남성 주인공과 공모하여 여성 등장인물을 대상화한다. 멀비는 글에서 여성들을 능동적인 남성의 응시에 좌우되는 수동적인 '성적 볼거리'[3]로 이론화한다. 대중영화에서 남성들은 바라보고 여성들은 보여진다는 것이다. 즉 남성은 행동하고 여성은 그 행동을 받는다. 이 주장은 남성의 지배를 강조하는 것이겠지만, 남성성과 여성성의 사회적 차이를 없애버리는 경향이 있다. 또한 그것은 투쟁, 항변, 저항보다는 지배를 강조하기 쉽다. 이처럼 멀비의 주장은 많은 페미니스트들이 그렇게도 격렬히 비판해온 바 있는 '희생자로서의 여성'이라는 관념을 재생산하는 경향이 있다.

남성적 응시라는 본질주의에 도전

1980년대의 많은 페미니즘 영화이론가들은 멀비가 정신분석학적

---

2) Ibid., p.22.

3) Jackie Stacey, "Desperately Seeking Difference" in Lorraine Gamman & Margaret Marshment(eds.), *The Female Gaze: Women as Viewers of Popular Culture*, London: The Women's Press, 1988, p.116.

담론을 페미니즘적 분석에 유효한 형식으로 이용한 것에 이의를 제기했다.[4] 예를 들어, 로레인 개먼(Lorraine Gamman)과 마가렛 마쉬먼트(Margaret Marshment)는 『여성의 응시: 대중문화의 관객으로서 여성(The Female Gaze: Women as Viewer of popular Culture)』이라는 책의 서문에서, '남성적 응시라는 개념'을 전면적으로 재평가해야 한다고 요구했다. 개먼과 마쉬먼트에 따르면, 이러한 개념은 1980년대에 '일종의 정설'로 통했다.[5] 이 과정에서 그들은 다음과 같은 매우 중요한 질문을 제기한다.

정말 그 시선이 항상 남성적인 것인가? 만약 그렇지 않다면, 즉 그것이 다만 '지배적인 것'이라면 그 경우는 어떻게 분석할 것인가? 멀비는 이성애적인 남성 주인공과, 이성애적인 남성 관객을 가정한다. 주인공이 <돈 많은 여인(A Woman of Substances?)>에 나오는 여성이거나, <캐그니와 레이시(Cagney and Lacey)> <레이스(Lace)>의 경우처럼 여성적 보기가 얼마간 가능하다면 무슨 일이 벌어질까? 우리가 오직 전쟁영화나 서부영화에서처럼 내러티브를 능동적으로 추진하는 남성을 보거나, 더욱 명백히 에로틱한 매력으로 약호화된 남성만을 본다면 … 무슨 일이 벌어질까? 오늘날 주류 영화에서 보여지는 게이 관계를 재현하는 것은 어떤가? 그리고 남성이 아니거나 이성애적이지 않은 관객들의 경우는 어떠한가?[6]

이와 같은 질문들은 관음주의가 근본적으로 남성적이라는 멀비의 본질주의적인 가정에 도전한다. 개먼과 마쉬먼트에 의하면, 멀비의 이론은 또한 텍스트의 소비행위에서 관객이 어떤 역할을 하는지를 고려하지 못한다. 텍스트의 의미 구성은 비단 텍스트의 효과이기도 하지만 관객들의 성, 인종, 계급 그리고 섹슈얼리티에 따라 달라진다

---

4) 예컨대 다음을 보라.
   Suzanne Moore, "Here's Looking at You Kid!," The Female Gaze, pp.44-59;
   Jacqui Roach and Petal Felix, "Black Looks," The Female Gaze, pp.130-142.
5) Lorraine Gamman & Margaret Marshment, op. cit., 1988, p.5.
6) Ibid.

는 것이다.

재키 스테이시(Jackie Stacey)는 그녀의 논문 「애타게 차이를 찾아서(Desperately Seeking Difference)」에서 페미니스트들이 남성 관객성 이론에서 벗어날 필요가 있다고 주장한다. 그녀는 "내러티브 영화의 분석 어디에 여성에 대한 여성의 욕망이 자리하고 있는가?"[7] 라고 질문한다. 스테이시는 정신분석학적인 틀에 문제가 있는 것으로 보는데, 왜냐하면, 여성들끼리의 능동적인 욕망을 오로지 남성적인 것으로 이론화함으로써, "모든 내러티브 영화에서 여성들끼리 바라보는 쾌락을 배제하기"[8] 때문이다. 그녀는 <이브에 관한 모든 것(All about Eve)>(1950)과 <애타게 수잔을 찾아서(Desperately Seeking Susan)>(1984)를 예로 들면서, 각각의 영화에서 여성주인공은 다른 여성인물에 적극적으로 매혹당하고, 그녀를 닮고 싶어함으로써 내러티브상의 응시를 구성하고 있다고 주장한다. 그런 식으로 이들 주인공들은 보기를 능동적으로 통제한다는 것이다.

보기의 방식들에 관한한 정신분석학에는 문제가 있다. 보기를 능동적으로 통제하는 위치가 남성적이라는 가정은 능동적인 여성의 욕망, 특별히 레즈비언의 욕망을 얼마간 '남성적인 것', 그리고 심지어는 '부자연스러운 것'으로 정의하는 경향이 있는 것이다. 정신분석학적 페미니스트들은 남성이 능동적인 응시의 통제자이고 여성은 수동적인 응시의 대상이라는 식의 단순한 이분법으로는 설명하거나 상상할 수 없는 관계들이 있음을 알게 되었다. 스테이시는 만약 <이브에 관한 모든 것> <애타게 수잔을 찾아서>와 같은 영화가 여성을 남성의 욕망의 대상으로 정의하는 멀비의 응시 모델과 어긋난다면, '남성지배 모델'이 꼭 유일한 동일시의 보기는 아니라고 주

---

7) Jackie Stacey, op. cit., 1988, p.116.
8) Ibid., p.133.

장한다. 멀비는 관객이 여성을 대상화하는 위치에서 영화를 보게끔 설정된다고 주장했고, 또한 관객은 그렇게 설정된 위치에서 이상적인 남성 자아로 제시된 남성 주인공과 동일시한다고 주장했다. 그러나 스테이시는 그와 같은 동일시의 보기를 받아들이지 않으면서, 자신이 논의하는 영화에서 보기는 "여성의 매력을 즐겁게 교환하는"[9] 형태로 나타나고 있다고 주장했다. 이들 영화에서 관객은 한 여성을 보는데, 그 여성은 욕망을 적극적으로 드러낼 뿐만 아니라, 자극적이고 강하고 대안적인 여성성을 보여주는 또 다른 여성을 바라본다.

예컨대 <애타게 수잔을 찾아서>에서 로버타[로잔나 아퀴트(Rosanna Arquette)]는 자기 우상인 수잔[마돈나(Madonna)]과 같은 여자가 되기를 원한다. 그러나 이 영화는 그들이 단순히 정체성을 교환하는 것을 보여주지는 않는다. 대신 영화는 반복적으로 여성들간의 차이를 보여준다. 이런 방식으로 스테이시는 정신분석학의 틀에서 벗어나 여성관객의 욕망을 분석한다. 그녀의 주장에 따르면, 정신분석학적 모델은 '욕망과의 동일시로 엄격히 구분'되지 않는 쾌락들을 설명하지 못한다는 것이다.[10]

그러나 스테이시의 논문은 '쾌락적인 보기'가 '모든 여성 관객들'에게 적용될 수 있다고 주장하지만,[11] 흑인여성 관객들이 주류 영화와 어떤 관련을 맺고 있는지는 분석하지 않고 있다. 벨 훅스(Bell Hooks)는 『흑인의 보기: 인종과 재현(*Black Looks: race and representation*)』에서 남성의 능동적인 보기와 그에 따른 여성의 수동적인 대상화라는 멀비의 개념은, 흑인여성에게는 적용될 수 없다고 주장하는데, 주류 영화에서 구경거리로 제시되는 여성은 역사적으로 백인이었기 때문이라는 것이다. 훅스의 주장에 의하면, 흑인여성성이 긍정

---

9) Ibid., p.115.
10) Ibid., p.129.
11) Ibid., p.113.

적으로 묘사된 적이 없기에 흑인여성들은 지배적인 영화를 외면해 왔다는 것이다. 그녀는 흑인여성들을 영화에서 조직적으로 배제해 온 인종주의를 간파하면서 미국의 흑인여성들은 '대항적인 시선'으로 영화를 보게 되었다고 주장한다.

> 흑인여성들은 영화가 백인여성성을 남근 중심적인 응시의 대상으로 구성하는 것을 비판적으로 평가할 수 있었고, 그 희생양이나 가해자 어느 누구에게도 동일시하지 않을 수 있었다. 백인여성에 동일시하기를 거부하면서 동시에 욕망과 소유라는 남근 중심적인 응시를 취하지 않았기에 흑인여성 관객은 '이미지로서의 여성, 보는 사람으로서의 남성'이라는 멀비의 이항대립을 지속적으로 해체할 수 있는 비판적인 공간을 창출했던 것이다.12)

멀비가 자신의 논문에서, 흑인여성 관객이 할리우드 영화와 맺는 관계를 고려하지 않았듯이, 그 이후 많은 페미니즘 영화이론들도 흑인여성들이 주류 영화를 보면서 겪게 되는 특수한 억압에 대해서 침묵해왔다. 페미니즘 영화이론은 이 글이 쓰여지는 지금까지도 비록 몇몇 예외가 있기는 하지만 흑인여성의 관객성이라는 이슈에 대해서는 여전히 침묵하고 있다.13) 그러므로 "주류 페미니즘 영화비평은 결코 흑인여성의 관객성을 인정하지 않는다"14)라는 훅스의 주장은 매우 타당하다.

스테이시가 영화 텍스트의 작동에 관한 멀비의 주장에 도전했음에 반해, 훅스는 관객의 행위에 관한 멀비의 주장에 이의를 제기했

---

12) Bell Hooks, *Black Looks: Race and Representation*, London: Turnaround, 1992, pp.122-123.
13) 예컨대 다음을 보라.
    Jacqueline Bobo, "The Colour Purple: Black women as Cultural Readers" in Deirdre Pribram(ed.), *Female Spectators: Looking at Film and Television*, London: Verso, 1990, pp.90-109.
14) Bell Hooks, op. cit., 1992, p.124

다. 문제가 되는 것은 훅스가 인종과 관객의 활동이라는 이슈를 언급하면서 멀비의 주장을 완화시키고는 있지만, 그런데도 여전히 할리우드 영화의 이데올로기적 작동에 관한 멀비의 주장을 받아들이고 있다는 점이다. 게다가 훅스는 흑인여성들이 할리우드 영화를 거부하고, '대항적인 응시'를 발전시켜왔다고 주장함으로써 스스로 모순에 빠진다. 미국의 흑인여성 모두를 대변하는 듯한 이 전면적인 주장은 흑인여성의 여성성을 본질화할 위험이 있다. 훅스는 왜 흑인여성들이 할리우드 영화를 보고자 하는지, 그들이 특별히 무엇을 보는지, 그리고 그것을 어떻게 보는지에 대해서는 침묵한다.

그런데도 훅스의 주장은 페미니즘 영화이론가들이 오직 성차만을 고려함에 따라 인종의 차이라는 이슈를 빠뜨리는 초역사적인 정신분석학 모델에 주로 의존해왔음을 드러내준다. 이런 유형의 분석에서는 백인 중산층 대졸 여성의 경험이 규범으로 취해지기 쉽고, 그 결과 흑인여성들이 영화에서 어떻게 재현되는가에 관해서는 전혀 논의되지 않는다. 페미니즘이 영화이론에 비판적으로 개입하는 동안 백인 페미니스트들은 그들의 분석이 실은 백인 중산층 여성들의 정치적 관심만을 고려하는 경향이 있었음에도 불구하고, 모든 여성들에게 말을 걸고 있다고 생각했다. 그러나 만약 페미니스트들이 영화이론과 영화적 실천에 대한 여성들의 관계를 변화시킬 잠재력을 지닌, 정치적으로 효과적인 전략들을 만들어내려 한다면, 흑인여성과 노동계급 여성들의 관심을 그러한 변혁 프로그램에 포함시켜야만 할 것이다.

페미니즘과 사회적 역사

정신분석학적 페미니즘은 최근의 대중영화에 관한 작업에서 비판받아왔을 뿐 아니라 실제로 영화에 대한 초기 페미니스트들의 접근을 바꾸어놓았다. 1970년대 초반, 포괄적인 사회학적 시각의 미국의 페미니즘 영화비평은 여성과 영화와의 관계가 페미니스트들이 조사하고 시험해야 할 중요한 이데올로기적 영역이라고 주장했다. 그들은 또한 1970년대까지 할리우드에서 재현된 여성이 사실상 여성의 삶을 왜곡한 '비현실적인' 이미지의 '그릇된 재현'이라고 주장했다. 이 시기 페미니즘 영화비평에서 가장 중요한 텍스트는 마조리 로젠 (Marjorie Rosen)의 『팝콘 비너스: 여성, 영화 그리고 미국의 꿈(Popcorn Venus: Women, Movies and American Dreams)』15)과 몰리 하스켈 (Molly Haskell)의 『숭배에서 강간까지: 영화에서 여성 다루기(From Reverence to Rape: The Treatment of Women in the Movies)』16)이다. 재키 바이어스(Jackie Byars)는 『할리우드가 허락한 모든 것(All that Hollywood Allows)』17)에서 페미니즘 영화 연구를 설명하면서, 정신분석학적 페미니즘이 사회학적 비평을 대신함에 따라 영화 이론은 사회적·역사적 요인들을 희생시키고, '의미화 과정'에만 배타적인 관심을 기울이게 되었다고 주장한다.18) 하지만 이처럼 특수한 사회적·역사적 요인들은 관객이 텍스트를 어떻게 읽는가를 제대로 이해하는 데 매우 중요한 사항이다. 그러나 로젠과 하스켈의 사회학적 작업들은 비관

---

15) Marjorie Rosen, *Popcorn Venus: Women, Movies and the American Dreams*, New York: Avon, 1973.

16) Molly Haskell, *From Reverence to Rape: The Treatment of Women in the Movies*, London: University of Chicago Press, 1987.

17) Jackie Byars, *All That Hollywood Allows: Re-Reading Gender in 1950s Melodrama*, London: Routledge, 1991.

18) Ibid., p.27.

적이고 단순하다고 하여 폐기되었다. 이유는 그들이 정신분석학적 페미니스트들이 고찰 영역으로 선택했던 형식주의적인 것에 관심을 집중하지 않았기 때문인데 이렇게 해서 이들 사회학적 접근이 지니고 있던 몇몇 가치 있는 측면들은 사라지게 되었다.

로젠과 하스켈은 1920년대에서 1970년대 초엽까지 대중영화에 나타난 여성의 이미지, 역할 그리고 상투적인 인물유형을 조사했다. 이러한 텍스트들은 영화가 사회를 반영한다고 가정한다. 즉 영화는 그것이 생산된 문화의 가치와 믿음을 반영한다는 것이다. 하스켈이 주장했듯이 "영화는 과거를 보는 가장 투명하고, 가장 접근하기 쉬운 하나의 창이다."[19] 하지만 특정한 역사적 국면에서 영화에 반영된 규범과 가치는 여성의 실제 사회적 위치와 일치하지 않는다고 그들은 강조한다. 당시의 "산업은 삶을 왜곡하여 반영했다."[20] 예를 들어, 로젠에 따르면 1920년대에 여성 노동자들은 할리우드 영화에 자주 등장했는데, 당시 할리우드는 여성을 능력이 없는 인물로 그렸다. 그러나 로젠은 여성 동물학자인 델리아 아킬리(Delia Akeley)의 경우처럼 사회적으로 중요한 지위를 차지하고 있었던 여성을 예로 든다. 따라서 로젠과 하스켈은 텍스트와 컨텍스트의 관계를 반드시 분석해야 한다고 주장한다. 이러한 생각은 정치적으로 중요하고, 보존할 만한 가치가 있다. 여성성의 재현은 특정한 역사적 국면을 벗어나서는 이론화할 수 없는 것이다.

게다가 로젠과 하스켈은 영화산업에 종사한 여성들의 역사를 구성하고자 애썼다. 그러나 그들은 남성이 지배하는 할리우드 산업 내에서 여성 개인이 권력을 쥐게 된 특정한 순간만을 단순히 나열했다. 정신분석학적 페미니스트들은 이런 종류의 분석을 경멸했지만

---

19) Jackie Byars, op. cit., 1991, p.68에서 재인용.
20) Marjorie Rosen, op. cit., 1973, p.81.

그들도 도로시 아즈너와 같은 개인에게는 주목했다. 그러나 흥미롭게도 정신분석학적 페미니스트들은 아즈너와 같은 여성 영화제작자가 산업에서 어떤 위치를 차지했는가에 대해서는 별반 관심을 보이지 않았다. 대신에 그들은 '여성'이 만든 텍스트에 주목했다. 이와는 대조적으로 로젠은, 1912년부터 1915년까지 105장면의 플롯을 만들었으며, 그 중 101개의 장면을 영화에 개봉한 각본가 아니타 루스(Anita Loos)를 칭찬했다.[21] 1927년에서 1943년에 걸쳐 할리우드에서 가장 유명한 여성 스타가 등장하는 17편의 영화를 감독한 아즈너는 여성 영화사에서 중요한 인물로 부각된다.[22] 하스켈은 메리 픽포드(Mary Pickford)의 성공을 인용했는데, 그녀는 1920년에 유나이티드 아티스트(United Artist)를 공동 설립하고 영화산업에 다양하게 기여하여 여성 역할의 귀감이 되었다. "자신의 영화를 제작하기 오래 전부터 … 픽포드는 자신의 각본을 선택하고 자신의 감독을 감독하고 있었다. 그녀는 미국 여배우들 중에서 독특한 위치에 있었는데 그녀는 자신이 원하는 어떤 역할이든지 연기했고 그녀 자신의 이미지를 만들어냈다."[23]

이들 여성들은 할리우드에서 남성과 대등하게 핵심적인 역할을 함으로써 중요한 영향력을 행사했고, 그래서 여성 영화사에서 가장 진보적인 순간을 보여주었다고 평가된다. 하스켈은 "나는 집단보다는 개인의 견지에서 역사와 영화와 예술을 본다"[24]라고 분명히 주장했다. 하스켈이 지배력을 행사했던 여성의 경험을 집단적인 차원에서 고찰하지 않는 것은 당연히 몇몇 페미니스트 비평가들로 하여금 그녀의 작업에 붙어 있는 사회학적 꼬리표의 타당성을 문제삼게끔

---

21) Ibid., p.390.
22) Ibid., p.397.
23) Molly Haskell, op. cit., 1987, p.59.
24) Ibid., p.40.

했다. 어떤 비평가는 하스켈이 '의사·사회적인(quasisociological) 입장'을 취하고 있다고 주장했다.[25] 여성이 영화에 관여한 페미니즘의 역사가 타당성을 가지려면 문화면에서 여성집단이 남성에 비해 사회적인 권력을 덜 가지고 있었음을 반드시 인정해야만 한다.

이러한 종류의 역사적 작업은 다양한 사회주의 페미니스트들에 의해 이루어져왔다. 하지만 불행히도 여성의 사회적 행동주의와 집단적인 정치적 저항에 관한 사회주의 페미니스트들의 작업은 영화산업에 종사한 여성을 연구하는 데 거의 영향을 주지 못했다. 예컨대 사회주의 페미니스트들이 빈번히 내보인 정신분석학적 페미니즘에 대한 반감은 영화 연구에서 무시되거나 아니면 폐기되었다. 이러한 종류의 작업 가운데서 가장 유명하고 영향력 있으며 인상적인 예는 셰일라 로보탐(Sheila Rowbotham)의 『역사에서 숨겨진: 여성의 300년 동안의 억압과 투쟁(Hidden from History: 300 Years of Women's Oppression and the Fight Against it)』[26]이다. 이 책은 여성의 정치적 행동주의라는 '잊혀진' 역사를 되찾으려는 시도로, 대체로 여성을 배제한 채 역사를 기술하고, 여성을 역사적 과정에서 하찮은 존재나 단순한 희생자로 제시하는 역사가들에 대항하고자 한다. 예컨대, 로보탐은 카드세터(cardsetter)의 파업에 가담했던 1,500명의 여성을 취재한 1832년 ≪리즈 머큐리(The Leeds Mercury)≫ 5월호를 증거로 인용한다. 그녀는 또한 1837년 ≪더 노던 스타(The Northern Star)≫에 실렸던 「여성급진연합(female radical association)」[27]의 존재를 언급한다. 로보탐은 듀스베리, 헥몬드위크, 노팅엄에서 근무조건을 개선하

---

25) Annette Kuhn, *Women's Pictures: Feminism and Cinema*, London: Routledge and Kegan Paul, 1982, p.75.

26) Sheila Rowbotham, *Hidden From History: 300 Years of Women's Oppression and the Fight Against it*, London: Pluto Press, 1973.

27) Ibid., p.34.

기 위해 파업을 했던 예를 들면서, 1880년 노동조합에서 적극적인 역할을 한 여성들을 도표로 보여주었다. 그녀는 이러한 예들을 들어 여성이 급진적인 정치적 행동주의의 역사를 가졌고, 계급 억압에 대항하기 위해 행동했으며, 특별히 여성의 이익에 봉사하는 독립된 집단을 조직할 필요를 인식하고 있었다고 주장했다.

《역사 워크숍(History Workshop)》을 출판한 사회주의 페미니스트 저자들은 또한 여성이 기존의 권력관계에 도전했던 특정한 역사적인 순간들을 알리려 애썼다. 잔 램버츠(Jan Lambertz)는 「19세기 영국 모직 산업에서의 성희롱(Sexual Harassment in the Nineteenth Century English Cotton Industry)」28)이라는 글에서 1887년, 1891년 그리고 1913년에 랭커셔와 서구 요크셔에서 발생했던 성적 협박의 세 가지 사례 연구와 관련하여 역사적인 증거 자료를 조사했다. 각각의 경우, 남성들이 작업장을 지배하는 것에 대해 여성들이 집단적으로 싸움을 벌였음을 보여주고 있다.

이렇게 사회주의 페미니스트 역사가들은 하스켈과 로젠이 취했던 자유주의적 입장에 도전했던 것이다. 여성을 억압하는 물질적 권력 구조를 바꿀 수만 있다면 집단적인 사회적 행동주의를 강조하는 것도 중요할 것이다. 그리고 역사적 특수성을 강조하는 이들 사회주의 페미니스트들의 입장은 주류 영화제작에 여성들이 어떻게 관여했는가를 좀더 정치적으로 분석하려는 페미니스트에게 유용하게 전유될 수 있을 것이다. 이것은 또한 젠더화된 주체성이 사회적으로 구성되었다는 것을 설명해주는, 그리고 그 결과 여성성이 특정 컨텍스트에서 다양한 형태를 취하게 되는 이유를 설명하는 중요한 전략이 된다. 예를 들면, 1980년 코니 필드(Connie Field)가 만든 다큐멘터리

---

28) Jan Lambertz, "Sexual Harassment in the Nineteenth-Century English Cotton Industry," *History Workshop Journal*, No.19, spring 1985, pp.28-61.

영화 <리벳공 로지의 삶과 시대(*The Life and Times of Rosie the Riveter*)>는 제2차세계대전 중 미국에서 여성다움이 어떻게 구성되었는가를 탐구한다. 이 텍스트는 정부의 이익을 위해 여성이 어떻게 남성의 직업과 남성적 존재 양식을 취하도록 강요당했는지를 역사적인 측면에서 보여준다. 이러한 접근에 따르면, 영화 텍스트는 여성다움의 재현이 역사적 국면에 따라 바뀔 수 있음을, 그래서 급진적인 변형이 가능함을 보여주는 역사의 기록물로 작용할 수 있다.

여성의 정치적 역사를 다시 쓰려는 사회주의 페미니스트의 전략은 역사에 대한 다른 식의 설명, 즉 여성이 주변화되어왔다는 설명에 도전하면서, 여성이 남성 권력의 억압적인 형식에 저항해온 특정한 역사적 순간들을 찾아낸다. 그럼으로써 그들은 가부장적 권력관계가 완전하거나 전일적인 것이 아니라 불안정한 것이며 여성들의 사회적 저항을 무너뜨리기 위한 것임을 보여준다.

관객, 소비 그리고 저항

문화를 본질적으로 가부장적인 구조로 보는, 즉 '여성은 항상 가부장적 이데올로기'에 의해서 규정된다고 보는 정신분석학적 페미니즘에 대해 몇몇 페미니스트들이 시비를 걸었다. 이들 페미니스트들은 로맨스 소설을 읽는 여성들을 연구했는데, 그러한 소설을 읽는 여성을 가부장제의 희생자로 보기보다는, 소설의 형식이 이데올로기적임에도 불구하고 그러한 소설을 읽는 행위가 어떻게 그 특정한 권력관계에 저항하는 형식으로 기능할 수 있는지를 보여준다.

예를 들어, 헬렌 테일러(Helen Taylor)는 『스칼렛의 여성들: 바람과 함께 사라지다와 여성팬들(*Scarletts's Women: Gone with the Wind and its Female Fans*)』[29])에서, 1986년에 여러 잡지와 신문을 통해 설문조사를

한 바 있는 여성들을 소개한다. 이 설문지는 각 응답자들의 기억과 독해를 이끌어내려는 특정한 의도로 모아졌는데, 그 기억과 독해는 응답자들이 '바람과 함께 사라지다'라는 소설과 영화를 어떻게 이용했는지 자세히 보여준다. 이 연구는 영화가 처음 상영되었을 때부터 테일러가 조사를 시작한 때에 이르기까지 영국과 미국의 여성 팬들에게 <바람과 함께 사라지다>가 어떻게 다양한 의미를 지니고 있는가에 관한 것이다. 이것은 또한 사회적 컨텍스트에 따라 응답자들이 텍스트를 어떻게 다르게 독해하는지를 조사하려는 시도였다.

테일러는 응답자들이 영화의 특정한 측면을 어떻게 읽어냈는지를 보여준다. 남부 백인여자의 여성다움을 스칼렛으로 구현한 것, 영화의 역사적 정확성, 남부 흑인을 재현한 방식이나 남성성을 그리는 방식 등이 그러한 특정한 측면이다. 그 결과 테일러는 표본집단의 구성원들이 그 영화의 모든 측면에 대해 무척이나 다르게 반응했음을 알아냈다. 예컨대 영화에 재현된 흑인 식모와 프리지(Prissy)라는 흑인 인물에 대한 반응은 다양했다. 1940년대 초에 이 영화를 보았다는 한 여성은 흑인을 결코 본 적이 없었기에 흑인 인물의 묘사를 곧이곧대로 받아들였다고 했다.30) 또 다른 여성은 그들이 '유치하고 의존적이며 상당히 우둔하게' 그려진 것에 충격을 받았다고 했다.31) 당연히 흑인여성 응답자들은 영화 속에서 흑인들이 편견에 차 있고 하인으로만 그려지는 것에 대해 비판적이었다.32) 그렇게 하여 테일러는 관객이 텍스트의 의미를 읽어내는 데 인종, 계급, 나이 그리고 섹슈얼리티가 막대한 영향을 끼친다는 것을 보여주었다.

---

29) Helen Taylor, *Scarlett's Women: Gone With the Wind and its Female Fans*, London: Virago, 1989.
30) Ibid., p.192.
31) Ibid., p.193.
32) Ibid.

그녀는 또한 텍스트의 의미란 관객과 텍스트의 관계에서 생겨난
다고 주장했다. 그러니까 텍스트의 의미란 텍스트 내에 통합된 하나
의 대상도 아니고 관객에 의해 드러나길 기다리고 있는 그 어떤 것
도 아니라는 것이다. 독자가 텍스트에서 의미를 어떻게 구성해내는
가를 강조함으로써 테일러는 또한 응답 여성들이 잠재적으로 저항
적인 독해를 한다는 것을 알아냈다. 테일러의 표본집단에서 몇몇 여
성들은 스칼렛을 페미니스트로 간주한다. 테일러의 기록에 의하면

　　스칼렛은 초기의 페미니스트로 보여진다. 누군가 말했듯이 '미숙한 여성
　해방운동가'로 보여진다는 것이다. 이것은 각기 다른 방식들로 표현되는데,
　50세가 넘은 여성들은 용기와 끈기라는 견지에서 자신의 생각을 나타냈다.
　한 여성은 레트와 스칼렛의 평등한 관계 그리고 '남성의 세계에서 성공하
　는 그녀의 능력'에 대해 언급했는데, 두 요소에 대해서는 다른 여성들도 인
　정했다. 자신이 무엇을 원하는지를 알고 진취적으로 그것을 성취해내는 스
　칼렛을 무척이나 부러워한 답장들이 상당수였다.[33]

　테일러는 또한 많은 팬들이 스칼렛을 인생에서 많은 실패를 경험
했음에도 불구하고 용케 살아 남은 여성으로 보기 때문에 그녀의 극
중 성격에 동일감을 느낀다고 주장했다. 테일러는 안네 카르프(Anne
Karrpf)라는 유태인 여성을 예로 들었는데, 그 여자의 부모님은 홀로
코스트에서 가족과 나라를 잃고 살아남은 쓰라린 경험을 했다. 테일
러는 카르프가 <바람과 함께 사라지다>를 어떤 식으로 읽었는지를
그녀의 말을 빌려 직접 인용한다. "뚜렷이 두 부분으로 나누어진 스
칼렛의 삶은 전쟁 전과 전쟁 후로 나뉜 내 부모님의 인생을 그대로
비춰준다. 상류층 삶의 상실, 가정의 파괴, 이런 것들은 <바람과 함
께 사라지다>의 스토리가 나에게 일러준 것들이다."[34] 이러한 예들

33) Ibid., p.103.
34) Ibid., p.100.

은 여성들이 스스로 무엇을 원하는지 그리고 무엇에 관심이 있는지를 소설이나 영화에서 찾아내고 그것에 대해 발언한다는 것을 분명히 보여준다.

또한 재니스 래드웨이(Janice Radway)는 『로맨스 읽기: 여성, 가부장제 그리고 대중문학(Reading the Romance: Women, Patriarchy and Popular Literature)』[35]에서 오하이오 주 스미스턴에 사는 여성들이 로맨스 소설을 어떻게 읽는지를 조사했는데 이 조사에서 래드웨이는 사회적·컨텍스트적 요인들이 그 독해에 어떤 영향을 끼쳤는지를 민속지학이라는 연구방법을 이용해 알아냈다. 이 책은 테일러의 책과 마찬가지로 독해에 영향을 끼치는 컨텍스트적 요인에 주목하면서, 또한 특정한 형태의 소비가 가부장적 권력 관계에 더 폭넓게 도전할 잠재성을 가지고 있다고 주장한다. 래드웨이는 조사 당시 중산층으로 아내이자 어머니이며 서점 종업원인 도로시 에반스(Dorothy Evans)와 밀착해서 함께 작업했다. 그녀는 가게에 상주하면서 단골 여성고객에게 전문적인 조언을 했다. 도로시를 통해서 래드웨이는 로맨스 소설을 어떻게 이용하는가에 대한 자신의 연구를 도와줄 42명의 여성집단을 구성할 수 있었다.

래드웨이가 스미스턴 여성들의 독서 습관을 연구하기 시작했을 때, 그녀는 교양 있고 경제적으로 여유가 있는 이 여성들이 로맨스 소설에 '열정적으로 의지한다'는 것을 발견했다.[36] 이러한 의존은 몇 가지로 확인되었다. 상당한 수의 여성들이 매일같이 많은 시간을 들여 소설을 읽는다는 것을, 때로는 매우 힘든 가사일정중에 짬을 내서 읽는다는 것을, 그리고 간혹 다 읽기 전에는 책을 손에서 놓지 못한다는 것을 발견했다. 래드웨이는 그 여성의 55%가 주당 한 권

---

35) Janice Radway, *Reading the Romance: Women, Patriarchy and Popular Literature*, London: Verso, 1987.

36) Ibid., p.59.

에서 네 권 사이를 그럭저럭 소비한다는 것을 알아냈다.37) 또한 이 책들을 소비하는 방식에 대한 래드웨이의 해석은, 매우 재미있는 소설이라면 반드시 지니고 있어야 할 구성 요소가 어떤 것인지를 이들 여성들이 무척 잘 알고 있음을 보여준다. 예를 들면, 행복한 결말은 매우 중요하다. 연구 결과, 래드웨이는 여성들이 자신의 결핍을 해소하는 데 도움이 되는 감정의 자양분을 이들 책에서 얻는다고 주장했다. 그러한 결핍은 자신들의 일상을 구조화하는 가부장적 권력관계로 인해 체험하는 것들이다.

스미스턴에 사는 여성들의 로맨스 소설 읽기를 가정이라는 컨텍스트 안에서 연구한 래드웨이는 몇 가지 매우 흥미로운 점을 발견했다. 가정이라는 컨텍스트에서 가족과 가정생활은 가장 심한 압력이며, 이러한 컨텍스트에서 독서행위는 간혹 일종의 저항으로 쓰인다는 것이다. 예를 들자면, 래드웨이는 고객의 생각에 대한 도로시의 설명을 인용한다. 그들은 "이봐요, 이건 내가 하고 싶은 일이고, 난 할 거예요. 이건 날 위한 거예요. 난 당신을 위해 내내 일했어요. 이제는 날 내버려둬요. 혼자 좀 있게 해줘요. 내 시간과 공간을 갖게 해줘요. 내가 원하는 일을 하게 해줘요"라고 말한다.38) 래드웨이는 이 여성들이 자신들에게 가해지는 집안의 요구에 저항할 기회를 로맨스 소설에서 얻는다고 주장한다. 로맨스 소설은 독립적인 개인이 되고자 하는 그들의 요구를 대신하고, 감성적 자양분과 열망을 대신 주장해준다는 것이다.39) 래드웨이의 집단은 또한 그들의 독서가 실제로 그들 자신에 대한 인식을 매우 극적으로 변화시킨다고 주장한다. 그 여성들은 자신들이 '나쁜' 로맨스(소극적이고 연약한 여주인공을 담고 있는 로맨스)라고 명명한 소설을 읽게 되면, 스스로의 삶

37) Ibid., p.60.
38) Ibid., p.92.
39) Ibid., p.93.

에 회의를 품게 된다는 것이다.

　　도로시의 설명에 의하면, 독자들은 자신을 바보로 생각하고 있다. 그리고 그들은 재평가하기 시작한다. '내가 그처럼 행동하고 있는 걸까?' 도로시는 그들이 스스로에게 말하기 시작한다고 덧붙인다. '이봐요, 잠깐만. 남편은 이걸 하려고 할 거야.' 그리고 나서 '여성들은 자신들이 읽은 것에서 배울 수 있기 때문에' 원하는 것을 표현하기 시작하고, 가끔은 더 이상 지시받는 것을 거부하기' 시작한다.[40]

　스미스턴 여성들이 좋아하는 여주인공은 지적이고 독립적이다. 래드웨이는 그들이 그런 여주인공과 동일시하면서 얻는 기쁨이 그들의 삶에 영향을 미친다고 주장한다. 많은 여성들이 그러한 여주인공과 동일시함으로써 자신이 더욱 단호해졌다고 주장한다. 결과적으로 래드웨이는 로맨스 소설에 얼마간 유보사항을 두지만(예컨대 그녀는 그 장르에 나타난 강간의 재현에 우려를 표명했다),[41] 텍스트 분석에만 초점을 맞추게 되면, 읽는 것이 하나의 저항행위가 될 수 있음을 간과하게 될 수 있다고 주장한다. 래드웨이의 주장에 의하면, "독자는 자신의 상황에 따라 소설의 이야기를 다양하게 읽을 수 있다는 것이다."[42] 이처럼 텍스트 분석보다 소비행위와 저항을 강조하는 것은 대중영화를 연구하는 경우에도 잘 들어맞을 것이다. 영화 연구들은 여전히 영화 텍스트의 분석에 초점을 맞추는 편이어서 소비의 역사적이고 문화적인 조건들을 고려할 필요가 있다.

　영화 연구는 텍스트 혹은 일군의 텍스트가 지닌 보수적인 이데올로기들을 단순히 확인하기보다는 다른 형태의 소비가 지닌 중요성과 의미를 고려해야 할 것이다. 로맨스 소설 읽기가 여성을 가정에

---

40) Ibid., p.102.
41) Ibid., p.216.
42) Ibid., p.210.

묶어두려는 요구에 대한 저항일 수 있는 것과 마찬가지로, 특정한 유형의 영화를 텔레비전이나 비디오 또는 영화관에서 보는 행위 역시 그렇다. 다른 한편으로 비디오를 볼 것이냐 영화관에 갈 것이냐의 선택 또한 중요한 함의를 지니고 있을 것이다. 예를 들어, 영화관에 가는 것은 가정생활의 속박과 요구에서 벗어날 수 있는 기회를 여성에게 제공할 수도 있다. <바람과 함께 사라지다>에 대한 작업에서 테일러가 주장한 대로, 영화를 보러 가는 것은 여자친구들끼리 모일 수 있는 기회를 제공하는 이벤트로서의 지위를 갖고 있다. 멜로드라마가 적절한 예다. 멜로드라마가 지닌 이데올로기적 의미는 영화 연구에서 논의가 이루어져왔지만, 어떻게 멜로드라마를 여성의 일상에 이용해왔는지에 대해서는 거의 토론되지 않았다. 이는 텍스트 분석 그 자체가 쓸데없다는 것이 아니라 텍스트가 생산되고 소비가 이루어지는 사회적 조건들을 고려해야 한다는 것이다. 그것을 고려하지 않고서는 여성의 삶에서 영화가 어떤 역할을 하는지 제대로 이해할 수 없다. 만약 고려하지 않는다면, 영화 연구는 여성이 어떻게 지배에 저항해왔는가에 주목하기보다는 어떻게 그들이 지배되어왔는가에만 계속 집중하게 될 것이다.

포르노그라피와 대중영화

여성과의 관계에서 아마도 포르노그라피만큼 전적으로 남성지배적이고, 이데올로기적으로 억압당한 대중영화 영역은 없을 것이다. 포르노그라피에 관한 페미니스트 논의의 핵심은 여성의 섹슈얼리티와 여성의 대상화에 있다. 1980년대 영국과 미국의 페미니스트들이 포르노그라피에 대한 검열을 요구한 것도 그런 이유 때문이었다. 그러나 요즈음 일부 페미니스트들은 포르노그라피에 관한, 실질적으로 페미니스트들에게 정설로 통하는 이러한 가정들에 도전하기 시작했다. 검열제도를 반대하는 이들 페미니스트들의 주장은 포르노그라피에 대한 페미니스트의 접근뿐만 아니라 대중영화의 성 정치학을 분석하는 데 시사하는 바가 있다.

린 시걸(Lynne Segal)은 「포르노그라피는 폭력을 유발하는가? 그 증거를 찾아서(Dose Pornography Cause Violence? The Search for Evidence)」[43]의 서두에서 그 문제와 관련해 세 가지 입장이 대립한다고 주장한다. "자유주의적인 입장, 도덕적인 입장 그리고 페미니스트적인 입장"[44]이 그것이다. 그러나 시걸이 그 글에서 인정하고 있듯이 1970년대 후반 이래 페미니스트의 입장은 반(反)포르노그라피주의자들과 반검열주의자들로 나뉘어 있다.

반포르노그라피 페미니스트들은 예로부터 분리주의적인 여성문화를 선전해왔다. 이들 페미니스트 중 유명한 이로는 안드리아 드워킨(Andrea Dworkin), 수잔 그리핀(Susan Griffin), 캐서린 맥키넌(Catherine Mackinnon) 그리고 로빈 모건(Robin Morgan)이 있는데, 이들 중 몇몇 인사는 급진적인 페미니즘 운동을 펴왔다. 이들 페미니스트들은 포르노그라피가 여성에 대한 성적 폭력을 정당화할 뿐만 아니라 궁극적으로는 강간을 이론적으로 선동한다고 주장한다. 앤드루 로스가 주장하고 있듯이, 이러한 진영의 페미니스트들은 모든 남성이 근본적으로 '강탈적이며 여성 살해적'이라고 믿고 있다.[45] 이 입장에 의하면, 포르노그라피가 보여준다고 여겨지는 남성 섹슈얼리티의 탐욕적이고 파괴적인 측면은 여성의 섹슈얼리티와 여성의 육체에 가

---

43) Lynne Segal, "Does Pornography Cause Violence? The Search for Evidence," in Pamela Church Gibson & Roma Gibson(eds.), *Dirty Looks: Women, Pornography and Power*, London: British Film Institute, 1993, pp.5-21.

44) Ibid., p.6.

45) Andrew Ross, *No Respect: Intellectuals and Popular Culture*, London: Routledge, 1991, p.186.

해지는 폭력이다. 캐럴 클로버(Carol Clover)가 주장했듯이 이 그룹에 게 포르노그라피는 '성행위에 관한 의미 있는 텍스트'인 것이다.[46] 그것은 남성성에 관한 진실을 드러내는 투명한 매체로서 제시된다. 따라서 유일하게 할 수 있는 효과적인 조치는 남성의 폭력을 선동한 다고 드러난 포르노그라피를 근절시키는 것이다.

그러나 포르노그라피와 성적 폭력 간에 직접적인 인과관계가 있 다는 가정에는 문제가 있다. 1960, 1970년대에 포르노그라피의 효과 를 민속지학적이고 경험주의적으로 연구한 결과, 그렇게 연결된다는 어떠한 증거도 발견하지 못한 것이다.[47] 더 최근에 『포르노그라피의 문제: 조사결과와 관련정책(The Question of Pornography: Research Findings and Policy Implications)』[48]에서 도너스테인(Donnerstein), 린즈(Linz) 그리고 펜로드(Penrod)는 폭력적인 내용의 포르노그라피를 본 남성 들이 행동에 자극을 느낀다는 것을 알아냈다. 그러나 그들은 또한 여성에 대한 폭력을 담고 있지만 전혀 성적이지 않은 것을 보았을 때도 남성들에게 비슷한 결과가 나온다는 것을 발견했다. 이를 증거 로 이 책의 저자들은 바로 폭력이 공격적인 반응과 관련된 중요한 요소라고 결론을 내렸다.

시걸은 또한 실제상황을 배제한 연구는 그 자체로 문제가 심각하 고 신뢰성이 없다고 주장한다. "지극히 인위적인 상황은 … 통상적 인 행위를 빠뜨릴 수도 있다"[49]는 것이다. 더욱이 포르노그라피를 소비하는 컨텍스트를 고려하지 않는 연구는 시걸이 그러한 논의에 서 결정적인 역할을 한다고 간주한 바 있는 요인들을 무시한다. 즉

---

46) Carol Clover, "Introduction," *Dirty Looks*, p.186.
47) Lynne Segal, op. cit., 1993, p.12.
48) E. Donnerstein, D. Linz & S. Penrod, *The Question of Pornography: Research Findings and Policy Implications*, London: Collier Macmillan, 1987.
49) Lynne Segal, op. cit., 1993, p.13.

"판타지와 현실 간의 관계, 그리고 심리적인 자극과 행위 간의 복잡한 문제"[50]를 무시한다는 것이다. 성적 판타지에 빠져드는 것이 꼭 현실로 나타나지는 않는 것이다.

『포르노그라피와 페미니즘: 검열에 대한 반대 사례(*Pornography and Feminism: The Case Against Censorship*)』에서 질리안 로저슨(Gillian Rodgerson)과 엘리자베스 윌슨(Elizabeth Wilson)은 반포르노그라피 페미니스트들의 행동주의적인 가정을 반박했다.

> 어떤 페미니스트들은 … 특별히 남성과 관련된 폭력, 무엇보다 성적인 폭력은 직접 보고 배운 결과라고 주장한다. … 그러나 이렇게 생체주의와 행동주의를 혼합한 이론은 치명적이다. 남성이 폭력을 타고났다고 보는 것은 인간에 대한 가장 보수적인 견해를 인정하는 것이고, 인간은 변하지 않으며 변할 수도 없다고 생각하는 것이다.[51]

남성성을 역사적·사회적 변화에 고정되어 있거나 닫혀 있는 것으로 보게 되면, 남성폭력에 대한 페미니스트의 도전은 사실상 그 시작부터 실패할 운명에 처하게 된다.

더욱이 포르노그라피라는 이슈에 대하여 도덕적 정당성을 주장하는 반포르노그라피 페미니스트들은 기존의 페미니스트들이 전통적으로 문제삼고 도전하려 했던 정치학과 입장을 같이하는 경향이 있다. 그러한 입장은 전통적이고 반동적인 젠더 역할과 가족 역할을 인정한다. 그러한 입장의 정치학 역시 포르노그라피를 반대하는데, 이들의 입장은 많은 문제를 안고 있다. 첫째, 성에 따른 역할 구분을 조장하는 경향이 있는데 이와 같은 성 역할 구분은 성의 불평등을 지속시킨다고 해서 페미니스트들이 비판했던 것이다. 둘째로, 이러한 상

---

50) Ibid.

51) Gillian Rodgerson & Elizabeth Wilson, *Feminism and Pornography: the Case against Censorship*, London: Lawrence and Wishart, 1991, p.36.

황은 전통적으로 '비정상적인 것'으로 정의된 성적 표현들, 예컨대
게이나 레즈비언의 관계를 다루는 표현들을 점점 더 비난하게 만드
는 경향을 초래할 우려가 있다. 전통적인 성적 관계나 가족구조를 특
권화할 위험이 있고, 페미니스트들이 옹호하고 장려하고자 싸워왔던
바로 그 대안들을 무력화시킬 것이다. 그 결과 반포르노그라피 페미
니스트들은 페미니스트들이 전통적으로 지키려고 애써왔던 정치적
인 관심사와 많은 점에서 상충되는 이해관계를 옹호하게 된다.

반포르노그라피 페미니스트들은 또한 남성성과 여성성에 대해 무
척이나 전통적이고 본질주의적인 입장을 재생산하는 경향이 있다.
남성의 섹슈얼리티가 폭력적이고 공격적이며 외부 생식기에 집중된
반면, 여성은 더 조심스럽고 사랑스러우며 외부 생식기에는 그다지
집중되어 있지 않다는 것이다. 그 결과 이들 페미니스트들은 대안적
섹슈얼리티와 성관계를 장려하기보다는 기존의 것을 제한하고 통제
하려 한다. 남성의 폭력적이고 공격적인 섹슈얼리티는 여성을 보호
하기 위하여 억눌러야 한다는 것이다. 그러나 이러한 입장은 많은
반검열주의자들에게 비판을 받아왔는데, 이 또한 여성을 억압하는
경향이 있다는 점 때문이다. 그 점은 곧 규범이 되는 경향이 있다.
그것은 성을 정당한 성과 정당하지 못한 성으로 법률화하면서 더 많
은 성적 자유를 창조하지 못한다. 대신에 그것은 특정한 규범을 고
수하도록 요구한다. 예컨대, 깊이 삽입하는 섹스를 원하는 여성은
'제정신이 아니라고' 비난받거나 '남자같다고' 심지어는 '자신의 성
을 배반했다고' 힐난당했다.[52]

이와 관련된 문제로 반포르노그라피 페미니스트들은 포르노그라
피와 남성의 힘이 만연해 있다고 본다. 그리고 그들은 포르노그라피

---

52) 다음을 보라.
   Ellen Willis, "Sexual Politics" in Ian Angus & Sut Jhally(eds.), *Cultural Politics
   in Contemporary America*, London: Routledge, 1989, pp.167-181.

와 남성의 권력이란 본질적인 특성이 변치않는 일종의 단단한 암석과 같은 것이라고 생각한다. 그러나 그러한 입장은 여성이 힘 없는 희생자라는 생각을 강조할 뿐이다. 이는 린다 윌리엄스(Linda Williams)가 『하드코어(*Hardcore*)』에서 비판한 특성으로, "우리가 여성의 역할을 남성 새디즘의 전적인 희생자로 강조하는 한, 우리는 본질적인 속성이라 사료되는 여성의 무기력을 영속시킬 따름이다."53)

다른 한편, 반검열주의 페미니스트들은 정치적으로 훨씬 더 유용한 분석을 제시한다. 그들의 주장은 포르노가 실제의 성관계를 있는 그대로 재현한 것도, 원래부터 중요한 의미를 지니고 있던 것도 아니라는 것이다. 대신 포르노그라피의 형태는 반포르노그라피 페미니스트들이 주장했던 것보다는 훨씬 더 다양하고, 그것의 효과도 그것을 사용하는 컨텍스트에 달려 있다고 주장했다. 이들 페미니스트들은 포르노그라피의 모순을 연구함으로써 단조로운 포르노그라피 개념에 도전해왔는데, 예컨대 어떤 포르노그라피는 남성을 여성의 성적인 노예로 재현하는 시나리오로 만들어졌고, 그리고 많은 종류의 포르노그라피가 남녀의 성관계에 대한 통념에 도전한다는 것이다.54)

반검열주의 페미니스트들은 포르노그라피가 여성들에게 무엇을 제공해야만 하는지를 물어왔다. 그리고 여성들이 포르노그라피를 즐긴다는 것을 말해주는 증거들이 점증하고 있다. 앤드루 로스는 "미국에서 성인 비디오의 40%를 여성들이 빌려간다. … 더욱이 케이블 프로그래머가 보고한 바에 의하면, 대부분의 독신 여성들은 케이블 패키지와는 별도로 가외의 돈을 주고 성인용 오락물을 선택한다"55)

---

53) Linda Williams, *Hardcore: Power, Pleasure and the 'Frenzy of the Visible,'* London: Paladin, 1990, p.22.

54) 다음을 보라.
    Anne McClintock, "Maid to Order: Commercial S/M and Gender Power," *Dirty Looks*, pp.207-231.

55) Andrew Ross, op. cit., 1991, p.173.

고 주장한다. 또한 로스는 여성들과 이성애 커플을 직접 겨냥하고 있는, 비교적 최근의 포르노그라피 제작경향을 제시한다. 로스는 캔디다 로열(Candida Royalle)이 제작·감독한 영화 <크리스틴의 비밀 (*Christine's Secret*)>을 언급하면서, 그 영화는 여성이 만든 '새로운 종류의 포르노 영화'라고 설명한다. 즉 그 영화는 '남근 중심적이지 않은 방법으로 구성되었다'는 것이다.[56] 이처럼 여성들은 자신들의 흥미를 만족시켜주고 기쁨을 주는, 대안적인 영화를 능동적으로 제작하고 있다.

그러나 능동성과 욕망에 초점을 맞춘다고 해서 남성의 권력과 그 권력의 착취적인 속박이 무시되는 것은 아니다. '섹슈얼리티의 정치학을 향하여'라는 표제의 학술대회에서 캐럴 반스(Carol Vance)는 개막연설 도중 다음과 같이 주장했다.

> 쾌락과 만족에 초점을 맞추게 되면 여성이 처하고 있는 가부장적 구조를 무시하게 된다. 더욱이 성적 폭력과 억압만을 이야기한다면 그것은 성을 주도하고 선택하는 여성의 경험을 무시하는 것이다. 그리고 그것은 여성이 체험하는 성적 공포와 절망을 자기도 모르게 증가시키는 것이다.[57]

로저슨과 윌슨은 '가부장적 구조'를 살아가는 여성의 삶에는 광범위한 성차별의 관행이 만연해 있는데, 거기서 포르노그라피는 상대적으로 작은 역할을 한다고 주장한다. 오히려 염려할 것은 포르노그라피가 여성 억압의 원인이라기보다는 여성이 억압받고 있다는 것을 말해주는 징후라는 점이다. 포르노그라피만을 배타적으로 주목하게 됨에 따라 페미니스트들의 관심은 더 긴박할 수도 있는 여타의 문제들로부터 점차 멀어지게 되었다. "그리고 진짜 싸움터는 내내

---

56) Ibid., p.171.
57) Andrew Ross, op. cit., 1991, p.190에서 인용.

다른 곳에 있었다. 그것은 불평등한 임금구조에 대항하는 싸움이며, 소녀와 여성에게 기회가 부족한 것에 대한 싸움이다."58) 특별히 포르노그라피, 그리고 일반적으로는 대중영화가 제작되고 소비되는 여건은 바로 이러한 긴박한 문제들과 불평등한 구조에 의해 만들어진다. 그것은 페미니스트의 투쟁에서 중요한 것으로 매일매일 여성의 경험을 형성하는 것이다. 그러나 그러한 불평등이 여성을 단순히 힘의 희생자로 규정하지는 않는다. 무엇보다 급한 것은 여성들이 획일적인 '가부장적 이데올로기'의 수동적인 대상이 아니라 매일매일의 삶에서 능동적으로 저항하고 투쟁한다는 것을 인식하는 것이다.

현대 할리우드 영화의 대중적 페미니즘

페니 마셜은 할리우드 영화에 중요하고 흥미 있는 기여를 한 당대의 여성 감독으로, 그녀의 영화 <그들만의 리그(A League of their Own)>(1992)는 영화감독과 영화 비평가가 같은 문화를 공유하고 있음을 보여준다. 영화 비평가들은 자신들이 옹호할 수 없는 영화에 대해서는 거리를 둔다. 많은 영화감독들이 영화학교를 나왔으며 페미니스트 비평교육을 받았다. 그리고 어떤 이들은 페미니스트의 글을 읽고, 페미니스트 운동에 적극적이기까지 하다. 결과적으로 말하자면, 마셜의 영화는 페미니스트적 입장에서 읽을 수 있을 뿐만 아니라 또한 앞서 논의된 많은 페미니스트적 전통과 관심사들을 분명하게 드러내고 있다.

<그들만의 리그>는 제2차세계대전 동안 있었던 미국 여자 야구의 역사를 구성하려 한다. 이 영화는 여자 야구 리그에 참가한 다양한 출신의 개성적인 여성들에게 초점을 맞추면서, 선수권대회를 통

58) Gillian Rodgerson & Elizabeth Wilson, op. cit., 1991, p.36.

해 전개되는 그들의 부침(浮沈)과정을 하나하나 보여준다. 의미심장
하게도 이 영화는 여자주인공들이 리그전에 선발되어 훈련을 받기
이전에 이미 고향에서 뛰어난 솜씨를 지닌 야구선수(신체적으로 역
량이 있거나 기술이 뛰어난 전략가)였음을 주의 깊게 보여준다. 이
장면은 여태껏 지방에서만 실현되었던 여성들의 천부적인 재능을
알리는 데 도움을 준다. 이러한 측면에서 이 영화는 스포츠의 역사
를 재구성하려는 사회주의 페미니스트들의 전략의 일환으로 보여질
수 있다.

이 영화는 복숭아 팀 여성들이 어떻게 가부장제의 속박 내에서 움
직이는지를 보여준다. 그리고 여자선수들이 남성화되는 것에 대한
두려움을 상세히 보여준다. 그 두려움이란 여자들이 남성의 영역으
로 정의되었던 스포츠에 가담함에 따른 남성들의 두려움이다. 주인
공들은 야구경기에서 관중들의 구미에 맞추기 위해 영락없이 여성
스러운 육체를 나타내주는 비실용적이며 허술한 유니폼을 입도록
강요당한다. 그러나 그들은 복숭아 팀의 매니저가 제시한 일부 조건
(가령 짧은 치마의 유니폼을 입는 것)에 동의하면서도 관리조건을
자신들의 목적에 맞게 바꾼다. 그들은 관중이 줄어들 경우, 선전용
'연기'를 하는 데 동의한다. 물론 그들이 그런 선택을 한 이유는 야
구경기를 계속하기 위해서였다. 더 나아가 연기를 함으로써 이 선수
들은 자신들이 남성의 역할과 여성의 역할 모두를 수행할 수 있음을
보여줄 기회를 갖게 되었다.

예를 들어, 주도적인 여성 인물이자 스타 선수인 도티 힌슨[지나
데이비스(Geena Davis)]은 날아오는 공을 잡기 위해 양다리를 일직선
으로 쫙 벌리는데, 그 움직임은 그녀가 비범한 야구기술을 지녔음을
말해준다. 이 팀은 여성들로부터 존경을 받았는데 그것은 그 팀의 여
성들이 그들을 굴복시키려는 이들을 말 그대로 때려눕힌 뛰어난 선

수들이었기 때문이었다. 리그 초반에 일부 남성 관중들이 여성 팀이라고 야유를 보내자, 엘렌 슈 고트랜더[프레디 심슨(Freddie Simpson)]는 엄청난 힘으로 야구공을 던져 관중들로 하여금 성차별주의자들을 비웃도록 하고 그들이 진정으로 재능 있는 여성 선수들과 마주하고 있음을 깨닫게 해주었다.

또한 이 여성 중심적인 영화는 야구를 그만두고 전쟁에서 돌아온 남편과 가정생활을 시작하려는 도티의 결정을 애처롭고 후회스러운 희생으로 그리고 있다. 평생 직업을 갖지 않겠다는, 그리고 함께 야구를 했던 여자들을 다시는 만나지 않겠다는 도티의 결정이 무엇을 뜻하는지는, 영화의 결말부분에서 그녀가 야구인 재회 모임에 참석했을 때 더욱 강조된다. 도티는 여성 야구의 역사를 보도하는 전시회의 중요하고 감동적인 개막 축하 이벤트에서 야구를 계속하지 않은 데 대해 사무치게 후회한다. 이런 식으로 이 영화는 전후 미국사회에서 여성들이 마주했던 문제들을 보여준다. 도티는 야구 스타로 성공하려는 욕망과, 아내와 엄마가 되려는 욕망을 조화시킬 수 없었다. 가정으로 돌아가려는 도티의 결정은 여성의 모순된 정체성을 해결하는 방법으로 제시된다. 그녀는 영화의 몇 장면에서 가정생활을 시작하고 싶기 때문에 팀에 계속 남아 있을 수 없다고 주장한다. 아내에 걸맞게 행동하라는 압력이 그녀의 다른 열망을 묵살한 것이다. 이는 그녀가 좋은 아내는 어떠해야 하는지를 가슴에 새기고 있기 때문이다. <그들만의 리그>에서 여자들이 가정으로 돌아가지 않았던 것은 집으로 돌아갈 것을 사회로부터 강요받았기 때문이다. 그러니까 그 여성들이 가정으로 복귀하지 않았던 것은 여자는 여성다워야 한다는 전후 미국사회의 분위기에 대항하기 위해서였던 것이다.

여성 팀에 소속됐던 경험은 긍정적이고 힘 있는 것으로 그려진다. 도리스 머피[로지 오도넬(Rosie O'Donnell)]는 야구에 대한 자신의 사랑이 이상한 것이거나 여성답지 못한 것이 아니라는 것을 깨닫고 자신감을 얻는다. 그리고 이러한 깨달음으로 인해 입버릇 사나운 남자친구와 헤어질 수 있게 된다. 키트 켈러[로리 페티(Lori Petty)]는 야구에 대한 자신의 기여를, 언니 도티와는 다르지만 똑같이 중요한 것으로 평가하게 되고 언니의 그늘에서 벗어난다. 말라 후치[(미건 카바나(Megan Cavanagh)]는 자신이 추하지 않다는 것을 깨닫고 자신의 섹슈얼리티를 발견한다. 그리고 매 모다비토(마돈나)는 셜리 베이커[앤 쿠삭(Ann Cusack)]에게 읽는 법을 가르친다. 집단으로 행동한 결과 얻어진 자기 존중의 감정은 팀원 모두에게 긍정적이고 교육적인 경험이 되었다. 더 나아가 팀에 소속된 경험은 그녀들의 인생에 있어서 가장 중요한 시기 중의 하나로 보인다. 그로 인해 그녀들의 모임은 한층 더 감동적이고 통쾌한 것이 되었다.

이 영화는 앞서 논의되었던 페미니스트적 관점을 적극적으로 전유하는 영화이다. 그러나 그것이 다만 백인여성의 관심사에만 관련된 것은 아니다. 미국 흑인여성의 곤경 그리고 여자 야구에서 그들이 제외된 것을 이 영화는 알고 있다. 리그전 도중 야구공이 경기장 바깥에 떨어져 관중 속의 한 흑인여성이 그 공을 던져주는 장면이 있다. 그녀는 굉장한 힘으로 공을 던지면서 도티와 시선을 교환하는데, 이는 그녀가 팀 멤버가 될 만한 기술을 충분히 가지고 있음을 말해준다. 결과적으로, 이 텍스트가 강조하는 것은 백인여자 야구선수가 야구 역사에서 배제되었던 것과 마찬가지로, 그 여성들의 이야기 역시 야구를 할 기회가 허락되지 않았던 흑인여성을 배제하고 있다는 것이다. 결과적으로 이 영화에서 여성은 단순히 남성욕망의 대상이 아닐 뿐더러 남성에 의해 동기를 부여받는 인물도 아니다. 오히려 그보다는 내러티브를 통제하는 능동적인 주체이다. 이 영화는 재회 모임에 참석하러 더블데이 경기장으로 가는 도티의 여행으로 시작되고, 그녀는 어떻게 자신들이 여성을 위한 스포츠를 지켜내려고 싸웠는지를 회상한다.

<그들만의 리그>는 여성 관객들에게 정치적인 힘을 부여해주기 위해 여성 야구의 역사를 재발견하려는 시도이다. 이 영화는 여성들이 싸워야만 했던 가부장적 속박들을 강하게 드러내지만, 더욱 중요한 것은 능동적인 저항과 집단적인 투쟁의 하나로서 여성의 역사를 찬양하고자 한 것이다.

제 **8** 장
문화연구와 대중영화 | 앤디 윌리스

문화연구는 스크린 이론과 같이 1970년대에 영국에서 시작되었다. 당시 문화연구는 버밍햄에 자리한 현대문화연구소(CCCS: Center for Contemporary Cultural Studies)의 작업과 깊은 관련을 맺고 있었다. 실상 문화연구와 스크린 이론은 적어도 처음에는 서로간의 대화와 논쟁을 통해서 발전했다. 데이비드 몰리(David Morley)는 문화연구의 고전적 텍스트인 『'전국'의 관객(The 'Nationwide' Audience)』[1]의 결론에서 문화연구의 입장을 스크린 이론과의 관계 속에서 명쾌하게 자리매김시켰다. 스크린 이론과 문화연구는 서로 배타적이지는 않았다. 문화연구와 관련된 많은 사람들이 ≪스크린≫ 잡지를 통해서 알려졌으며, 양쪽은 지속적으로 생각을 주고받았다. 결과적으로 1970년대 스크린 이론과 구별되는 문화연구의 중요한 특징은 다음과 같다. 스크린 이론이 대중영화를 이데올로기적 지배의 한 형식으로 보는 경향이 있었음에 반해, 문화연구는 특정한 집단의 이익을 표현하는 도구라기보다는 집단 사이에서 벌어지는 투쟁의 장으로 보는 경향이 있었다. 이러한 이유로 문화연구는 보수적인 상업문화

---

1) David Morley, *The 'Nationwide' Audience*, London: British Film Institute, 1980.

와 급진적인 아방가르드라는 단순한 이분법에 의존하지 않고 더 역사적인 시각에 초점을 맞추는 경향이 있었다. 문화연구는 사회집단 간의 갈등이나 투쟁을 통해 문화적 형식이 어떻게 펼쳐지느냐에 관심을 가졌던 것이다.

문화연구의 작업은 또한 문화적 텍스트를 소비하는 사회적 조건을 간과하는 ≪스크린≫의 입장에 대해 비판적이었다. 스크린 이론은 텍스트 분석에 몰두하고, 텍스트의 이데올로기적 효과를 텍스트의 형식 분석을 통해서 끌어내곤 했다. 그러나 이런 분석방식은 자주 지적되어왔듯이 관객의 능동성을 무시하는 경향이 있다. 이는 관객을, 텍스트에 따라 작용하면서 거의 저항하지 못하는 수동적인 대중, 즉 미디어의 효과로 보는 일종의 '주입 모델'임을 암시하는 것이다.

예를 들어 영화 연구의 주요 영역을 포괄적으로 요약해놓은 것으로 알려진 『시네마 북(Cinema Book)』[2]에는 관객에 관한 논의가 거의 없다. '내러티브와 관객(Narrative and the Audience)'으로 명명된 절에서조차 관객에 대한 분석은 추상적이다. 그 절은 텍스트가 관객의 위치를 구성하는 방식에 관한 것이지 실제 관객이 텍스트를 이해하는 방식에 관한 것은 아니다. 비록 이 책에서 사회적인 요인이 해석에 영향을 미칠 수 있다는 것, 그리고 그 결과 텍스트에 의해 구성된 관객의 위치가 '경험적인 관객들(실제의 사회적 주체들)'의 위치와 일치하지 않을 수 있다는 것을 짧막하게나마 인정하고 있지만, 그에 대해 구체적인 설명을 하고 있지는 않다. 만약 사회적 요인이 해석에 정말로 영향을 준다면, 그리고 이 말이 텍스트에 의해 구성된 관객의 위치가 '경험적인 관객'의 위치와 반드시 일치하지 않는다는 것을 의미한다면, 텍스트의 이데올로기적 효과를 단순히 영화의 형식적 성질에서 끌어낼 수는 없는 것이다.

---

2) Pam Cook, *The Cinema Book*, London: British Film Institute, 1985.

따라서 대중영화의 의미와 중요성을 이해하려면 관객의 사회적 조건에 대한 이해가 필수적이다. 그러나 이러한 종류의 작업은 영화 연구에서보다는 대중매체와 문화연구에서 주로 이루어져왔다. 즉 영화보다는 주로 대중소설과 텔레비전과 관련하여 이루어져왔던 것이다.

그럼에도 불구하고 문화연구의 접근방식은 대중영화의 분석에도 적용할 수 있는데, 그 방식의 강점은 대중영화를 찬양하거나 비난하는 경향을 피한다는 데 있다. 문화연구의 접근방식은 연구자로 하여금 대중영화와 좀더 '본격적인 영화' 간의 차별이 어떻게 계속해서 이루어지는지, 그리고 그러한 차별이 지배적인 사회집단의 취향을 어떻게 정당화하는지를 연구하게 해준다. 게다가 서론에서 제시했듯이 문화연구와 연관된 많은 비평가들은 대중을 정의함에 있어 무엇이 관건인가를 질문해왔다.

문화연구의 등장

문화연구는 지난 25년에 걸쳐 주로 영국, 오스트레일리아, 미국, 캐나다에서 시작하여 발전해왔다. 문화연구는 주로 문학, 역사, 사회학과 같은 서로 다른 학문들간의 대화를 통해서 출현했다. 이들 각각의 학문은 문화연구의 분야에 다양한 방법을 제공했으며, 바로 이처럼 서로 다른 접근법을 모아서 각각을 연결하는 방법이야말로 간학문성(interdisciplinarity)에 대한 문화연구의 주장을 정당화해주는 것이었다. 이 간학문성으로 인해 문화연구의 작업영역은 급속히 팽창했고 그 결과 무엇이 문화연구인가를 정확히 밝히는 일은 어렵게 되었다. 서로 다른 학회와 종사자들은 문화연구는 무엇이고 무엇이어야 하는가에 대해 매우 다른 견해들을 갖고 있는 것 같다. 그러나 문화연구가 무엇인지를 분명하게 밝히기 어렵다는 것은 큰 자산이기도 하다. 다양한 연구분야에 적용될 수 있는 분석과 이해의 여러 방법들을 개발할 가능성을 제공하기 때문이다.

그런데도 문화연구의 근본이 세 명의 영국인 저술가, 즉 리처드 호가트, 레이먼드 윌리엄스, 그리고 E. P. 톰슨의 작업에 놓여 있다는 것은 널리 알려져 있다. 1950년대 말과 1960년대에, 문화라는 말의 의미가 확대된 것은 이들 비평가에게 책임이 있다. 이전의 많은 비평가들이 문화를 위대한 예술작품인 '정전'과 같은 것으로 여긴 것과는 달리, 이들은 그 말을 완전히 다른 의미로 사용했다. 이들은 문화를 한 사회집단의 특정한 삶의 방식을 규정하는 제도, 행위, 믿음 등을 지칭하는, 사회적이고 인류학적인 의미로 사용하기 시작한 것이다. 윌리엄스가 문화는 일상적인 것이라고 주장한 것도 그런 이유에서였다.[3] 윌리엄스는 문화라는 말이 "교양 있는 특별한 부류의 사람을 강조하는 기호가 되었음"[4]을 인정했지만 또 다른 의미가 있다고 주장했다. 윌리엄스에게 문화는 사회 엘리트의 소유물일 뿐만 아니라 특정한 삶의 방식이기도 하다. 그것은 예술이나 지식이 지닌 의미나 가치뿐만 아니라 제도와 일상적인 행동이 지닌 의미와 가치 또한 표현하는 것이다. 이처럼 일상적인 행위에 대한 강조는 노동계급의 문화 또는 대중문화를 진지하게 연구할 수 있는 가능성을 열어주었던 중요한 사항이었다.

호가트의 『읽고 쓰는 능력의 이용(The Uses of Literacy)』[5]은 이러한 기획에 중요한 공헌을 했다. 그는 자신의 문학적 훈련을 단순히 걸작으로 공인된 문학작품을 분석하거나 특권화하는 데 사용하기보다는 식당, 노동자 클럽, 스포츠, 대중음악과 같은 노동계급의 문화형

---

3) Raymond Williams, "Culture is Ordinary" in Ann Gray & Jim McGuigan(eds.), *Studying Culture: An Introductory Reader*, London: Edward Arnold, 1993, pp.5-14

4) Raymond Williams, op. cit., 1993, p.7.

5) Richard Hoggart, *The Uses of Literacy*, Harmondsworth: Penguin, 1958.

식에 관심을 기울이는 것에 사용했다. 그렇게 함에 있어 호가트는
문화를 풍요로운 삶으로 규정하고, 이들 문화가 지닌 복잡한 관계들
을 드러내고자 애썼다. 초기 비평가들이 교양 있는 소수와 교양 없
는 다수의 노동계급을 대립시켰던 것에 반해, 호가트의 분석은 노동
계급이 그들만의 풍부하고 복잡한 문화적 전통을 가지고 있음을 증
명했다. 그는 이러한 노동계급의 전통적인 문화가 '경박하고' 진정
성이 없는 대중문화에 의해 위협받고 오염된다고 주장했다. 호가트
가 가치를 평가한 노동계급의 문화는 전통적이고 유기적인 공동체
의 문화로 제시되었지만, 그것은 또한 자신의 유년시절에 대한 향수
어린 기억과 관련하여 자리잡고 있는 것이었다. 때문에 그는 1950~
1960년대 노동계급 문화에 그토록 중요했던 대중음악, 텔레비전, 소
설 그리고 영화가 이전의 노동계급문화를 타락시키고 가치를 떨어
뜨리면서 그 문화가 지닌 풍부함과 복잡함을 피상성과 인공성으로
대체하려 한다고 생각했다.

한편, 윌리엄스는 이러한 새로운 대중매체에 매혹되었는데, 이들
매체의 형식에 대한 분석은 "문화연구라는 새로운 분야의 중심 바탕
이 되었다."[6] 호가트처럼 윌리엄스도 노동계급의 생활양식을 다루
기 위해 문화 분석을 고급문화의 영역 너머로 확장하고자 했다. 그
러나 그는 '사회구성원이 의사소통하는 특징적인 형식'을 연구함에
있어[7] 새로운 매체들을 진정성에 대한 위협으로 보기보다는 오히려
새로운 의사 소통 체계로 진지하게 받아들였다. 의사소통에 대한 윌
리엄스의 분석은, 그 분석이 어떤 문제점을 지니고 있었든지 간에
문화적 생활에서 새로운 매체의 중요성을 인정하려했다는 점에서,

---

6) Stuart Laing, *Representations of Working Class Life, 1959-64*, London: Macmillan, 1987, p.217.
7) Raymond Williams, *The Long Revolution*, Harmondsworth: Penguin, 1965, p.58.

그리고 그것에 적합한 분석 양식을 발전시키려 했다는 점에서 장점을 지니고 있었다. 문화산업에 대한 윌리엄스의 조사는 대중매체의 제도와 생산양식을 분석하고 있었지만, 특정한 제도와 생산양식과는 무관한 것인 양 고급문화 형식을 특권화하는 대중문화이론의 가정들을 거부하고 있었던 것이다.

그러나 이 단계에서 윌리엄스는 여전히 '사회 전체의 문화'를 분석하고자 했다. 톰슨이 윌리엄스의 『긴 혁명(*The Long Revolution*)』에 대한 서평에서 비판한 것이 바로 그러한 접근이었다. 톰슨은 역사가이자 마르크스주의자였는데, 마르크스주의자로서 톰슨은 윌리엄스가 문화를 '삶의 전체 양식(a whole way of life)'으로 정의한 것에 이의를 제기했다. 톰슨은 문화를 '투쟁의 전체 양식(a whole way of conflict)'으로 보았다.[8] 그는 문화를 서로 다른 삶의 방식간에 벌어진 싸움의 산물로 생각했다. 노동계급의 문화는 중간계급의 문화와 단순히 다른 것이 아니라 그것에 대해 대립하는 특정한 형식이라는 것이다. 톰슨은 노동계급의 문화가 단순히 역사의 어느 시기에 어떤 계급이 공유하는 의미와 가치들에서 생겨나는 것이 아니라고 보았다. 노동계급의 문화는 노동계급의 출현에 중심을 차지하는 것으로 노동자들이 '대자적' 계급으로 스스로 뭉쳐 다른 계급의 착취에 저항하는 특정한 수단이라는 것이다.[9]

이런 점에서 톰슨은 특정한 형태의 마르크시즘(특별히 알튀세르적이거나 구조주의적인 마르크시즘)에 반대한다. 그러한 형태의 마르크시즘은 계급을 단순히 생산수단과의 관계에 따라 정의할 뿐이라는 것이다. 톰슨은, 문화는 그런 식의 마르크시즘과는 달리, 하나

8) E. P. Thompson, "'The Long Revolution' Part 1," *New Left Review*, 1961, nos.9-10.
9) E. P. Thompson, *The Making of the English Working Class*, Harmondsworth: Penguin, 1963.

의 계급이 형성되는 데 꼭 필요한 요소라고 주장한다. 문화적 관심
사는 저항을 접합(articulation)하고 실천하는 특정한 영역이기에 계급
정치학에서 중요한 역할을 한다는 것이다. 결과적으로 그는 노동계
급의 저항이 대중문화를 통해 이루어진다고 주장할 뿐만 아니라 지
배, 저항, 논쟁이라는 문제는 대중(문화)의 형식에 중심적인 것이라
고 강조한다.

　호가트와 같은 문화주의자들은 노동계급이 생산한 문화는 노동계
급의 이익을 진정으로 표현한다고 보았기 때문에 영화와 같은 대중
문화 형식을 비판하는 경향이 있었다. 그들에 따르면 영화는 노동자
계급 바깥에서 노동자계급에게 강제로 부과된 것이었다. 그런 탓에
대중적 형식으로서의 영화가 지닌 중요성을 무시하거나 불순성과 천
박함의 표시로 간주했다. 이런 식으로 그들의 작업은 대중문화 논쟁
에서 대중을 반대했던 이론들과 같은 입장을 취한다. 그런데도 또한
영화는 노동계급 공동체에 중요한 제도라는 점을, 그리고 영화를 관
람하는 것이 중요한 실천이 된다는 점을 지적하기도 했다.[10] 게다가
어떤 영화들에는 노동계급 문화의 가치와 실천이 맞물려 있기도 했
다. 예를 들어 챔버스(Chambers)가 주장했듯이, 1940～1950년대의 일
링 코미디(Ealing Comedies) 스튜디오에서 제작한 코미디 영화들은
'하부세계, 지역사회의 가치, 식당, 대관식 기념컵, 거실 벽난로 장식
위에 놓인 빛바랜 갈색사진, 노동의 미덕, 함께 어우러짐 등을 강조
했다.'[11] 하지만 챔버스도 언급하고 있듯이 그와 같은 것들이 영국
노동자들이 미국 영화를 선호하는 이유를 설명해주지는 못했다. 호

---

10) 다음을 보라.
　　 Peter Miles & Malcolm Smith, *Cinema, Literature and Society*, London: Croom
　　 Helm, 1987.
11) Iain Chambers, *Border Dialogues: Journeys in Postmodernity*, London: Routledge,
　　 1990, p.40-1.

가트와 같은 초기 비평가들은 그것을 대중문화의 힘을 나타내는 것으로만 해석했고, 미국화(Americanization)는 영국 노동계급의 '억압된 행동을 풀어주는' 수단이라고 해석했다. 반면에 피터 마일스(Peter Miles)와 말콤 스미스(Malcolm Smith)는 1930년대 영화를 분석하면서, 미국 영화가 영국 영화보다 영국 노동계급의 가치에 더 밀접하게 맞아 떨어졌기 때문이라고 풀이한다.

헤게모니, 대화, 취향

1970년대에 문화연구는 중요한 하나의 학문 영역으로 자리잡기 시작했는데, 그 기간 동안 그렇게 된 데는 버밍햄 대학에 있는 현대문화연구소의 작업이 많은 도움을 주었다. 홀이 주도한 현대문화연구소의 작업은 호가트와 윌리엄스 그리고 톰슨에게 명백히 근거를 두고 있었지만 그와는 다른 이론적 전통, 즉 프랑스 구조주의의 영향도 받았다. 홀은 문화연구의 형성에 결정적이었던 것이 문화주의와 구조주의 간의 긴장이었다고 주장했다.12) 예컨대 호가트나 윌리엄스, 톰슨과 같은 문화주의자들은 문화의 생산에서 보통사람들의 창의성을 강조한 반면, 구조주의는 결정론을 강조하는 경향이 있었다. 구조주의는 문화를 인간행동의 산물로 보기보다는 인간의 행동을 문화의 산물로 보고자 했다.

구조주의는 현대문화연구소에 이데올로기 이론을 제공했다는 점에서 중요한 평가를 받았는데 이데올로기 이론으로 인해 대중문화의 급진성을 강조하는 문화주의는 교정될 수 있었다. 비록 구조주의가 이데올로기적 지배를 과도하게 강조하면서 투쟁을 위한 실질적

---

12) Stuart Hall, "Cultural Studies: Two Paradigms" in Richard Collins et al(eds.), *Media, Culture and Society: A Reader*, London: Sage, 1986, pp.33-48.

인 여지를 제공하지는 않았지만, 어떻게 문화적 재생산이 이루어지는지 그리고 왜 보통의 노동자가 기존 사회체제의 불평등을 받아들이고 심지어 진지하게 되는지는 설명해주었다. 그러나 스크린 이론에 비해 문화연구는 구조주의에 더 비판적이다(이러한 입장은 제6장에 개괄되어 있다). 홀이 지적했듯이, 구조주의는 기능주의적인 경향이 있는데, 구조주의의 틀 안에서 "노동자는 지배이데올로기가 아닌 다른 이데올로기에 대해서는 생각할 수 없고, 행동 이외에는 어떠한 투쟁개념을 끌어낼 수도 없다."13) 결국 홀은 문화주의의 약점을 구조주의가 메워주듯이, 구조주의의 약점은 문화주의가 해결해준다고 주장한 것이다. 홀이 주목했듯이, 문화주의는 '역사와 이데올로기와 의식을 분석하는 데 의식투쟁과 조직화라는 적극적인 계기가 꼭 필요하다'고 보았던 것이다.14)

현대문화연구소는 문화주의와 구조주의 간의 긴장을 해소하기위해 이탈리아 네오마르크스주의자인 안토니오 그람시(Antonio Gramsci)와 러시아의 언어학자인 볼로시노프(V. N. Volosinov)의 작업을 끌어들였다. 그리고 간접적으로나마 프랑스 문화분석가인 부르디외의 영향을 받았다.

그람시의 작업이 중요한 이유는 종속집단을 단순히 이데올로기의 수동적인 효과로 보지 않으면서 문화적 지배라는 이슈를 제기하게 만들었다는 점이다. 그람시는 자신의 중심개념인 헤게모니(hegemony: 지도력)를 통해 어떻게 한 계급집단이 여타의 계급집단에 대해 지배 위치를 계속해서 점할 수 있는 가를 설명해주었다. 그람시는 한 계급의 지배는 이데올로기나 물리적인 강제를 사용해 자신들의 의사를 종속집단에 강요함으로써 이루어지는 것이 아니라 다른 계

---

13) Ibid., pp.33-48.
14) Ibid., p.45.

급에 대한 지배의 정당성을 쟁취함으로써만 가능하다고 보았다. 한 계급은 다른 계급집단의 이익과 열망을 가장 잘 수행해낼 수 있는 집단으로 그 자신을 제시해야만 한다. 결과적으로 그람시의 주장은 한 계급이나 집단이 다른 계급에 대한 지배를 획득하고 유지할 수 있는 유일한 길은, 그들 자신들이 원하는 바와 관심사를 다른 집단에 알리고 그에 대해 양해를 구함으로써 동의를 얻어내는 것이라는 것이다.15)

그러나 그람시는 헤게모니가 본질적으로 유동적인 것임을 강조했다. 지배계급은 결코 종속계급의 요구를 만족시키지 못한다는 것으로, 한 계급의 지배는 다른 계급의 복종에 의존하는 것이다. 예컨대 마르크스가 지적했듯이, 부르주아와 프롤레타리아의 이해는 반드시 상충하게 되어 있다. 부르주아는 프롤레타리아를 착취함으로써 지배할 수 있고 부르주아는 착취할 프롤레타리아 없이는 존재할 수 없다. 결과적으로 지배계급이 계속해서 존재하는 한, 지배계급에 대한 도전은 항상 존재할 것이며, 그러한 도전으로 인해 지배계급은 종속계급을 달래고 진정시키고자 스스로를 계속해서 개혁해나갈 것이다. 홀은 다음과 같이 주장한다.

> 헤게모니는 … 모든 계급에게 주어지는 것이 아니라 지속적으로 지배하는 특정한 계급에게 '주어'져 있다. 헤게모니는 획득해야 하고 재생산해야 하고 유지해야만 하는 것이다. 그람시가 말했듯이, 헤게모니란 이런저런 경향에 호의적일 수도 있고 적대적일 수도 있는 힘들의 관계를 포함하고 있는 '흔들리는 균형'인 것이다.16)

---

15) 다음을 보라.

　　Antonio Gramsci, *Selections from the Prison Notebooks*, London: Lawrence and Wishart, 1971.

16) Stuart Hall et al., *Resistance through Rituals*, London: Hutchinson, 1976.

그러므로 연구소는 그람시의 헤게모니 개념을 사용하여 레이먼드
윌리엄스의 용어로, 시대적이라기보다는 역사적인 방식으로 문화를
분석할 수 있었다.[17] 자본주의적인 또는 가부장적인 문화를 본질적
으로 변치 않는 고정된 체계로 이해하기보다는 변화하고 발전하는
체계로 보면서 그 체계의 역사적 과정을 분석했다. 예를 들어, 일반
적으로 '대처리즘(thatcherism)'라고 일컬어지는 정치적 형태는 자본
주의 문화의 한 예일 수 있지만 대처주의 이전의 전후 복지 자본주
의와는 정치적 형태가 상당히 다르다(심지어 그것과는 반대된다).

헤게모니 개념을 통해 연구소는 특정한 역사적 순간에 존재하는,
사회 내의 서로 다른 계급과 집단들 사이의 관심사와 열망을 인식할
수 있게 되었을 뿐만 아니라 또한 그러한 관심사와 열망이 그 집단
들간에 벌어진 투쟁의 산물임을 보여줄 수 있었다. 결국 대중영화와
같은 대중적 형식에 관한 논의를 지배해왔던 이분법적인 입장에서
벗어날 수 있게 된 것이다. 대중영화를 무조건 찬양하거나 비난하지
않고, 어떻게 대중영화가 지배집단과 종속집단 간의 투쟁과 관련해
서 생산되는지를 분석할 수 있게 되었던 것이다. 다음은 토니 베네
트(Tony Bennett)의 주장이다.

그람시의 작업이 지닌 비판정신은 대중문화 비평가들의 참기 어려운 고
상한 체하는 태도에서 완전히 벗어남과 동시에 대중주의를 찬양하는 어떠
한 경향도 거부한다. 그와 동시에 구조주의와 문화주의라는 서로 양극적인
입장들을 모두 비판하고 그로부터 벗어난다.[18]

17) Raymond Williams, *Marxism and Literature*, Oxford: Oxford University Press, 1977.
18) Tony Bennett, "Introduction: Popular Culture and 'the Turn to Gramsci'" in Tony Bennett et al(eds.)., *Popular Culture and Social Relations*, Milton Keynes: Open University Press, 1976, p.xiii.

결과적으로 대중영화는 더 이상 종속집단에 강요된 이데올로기적 형식이 아니다. 물론 몇몇 영화는 지배집단의 관심사와 열망을 담고 있지만, 이제 대중영화는 대중관객들의 관심사와 열망을 표현해주고 있다고 여겨진다. 결과적으로 대중영화는 단순히 특정한 이데올로기적인 입장을 조장하려 하기보다는 항상 이데올로기적 갈등을 해결하려고 한다.

그람시의 작업은 또한 문화정치학을 재고할 수 있는 여지를 제공했다. 그래서 '외국의' 영향은 한 국가 내부의 정치적 싸움에 대한 위협으로 더 이상 비추어질 필요가 없게 되었다. 문화의 급진적이고 정치적인 의미를 겨냥한 그람시의 작업은 상업적이거나 미국의 영향을 받은 영화들도 배제하지 않았다.19) 이것은 영국 관객과 할리우드 영화 간의 관계를 재평가할 수 있는 여지를 제공했다. 챔버스는 그람시가 제시했듯이 한 국가의 문화적 전통이 종종 문화적인 보수주의와 연루되어 있다면 '외국의' 영향은 급진적인 대안을 제공할 수 있다고 주장한다. 한 나라의 문화적 헤게모니에 대한 도전은 전통적인 방식의 대항문화를 통해서보다 오히려 할리우드 영화를 통해서 더욱 잘 해낼 수 있다는 것이다.20)

예를 들어, 마일스와 스미스의 작업이 보여주듯이, 1930년대 영국 노동계급의 관객들은 미국 영화를 봄으로써 영국 영화의 도덕성과 계급적인 성격에 대응했다. 영국 관객들이 지루한 자국영화를 거부한 것은 도덕적으로 엄격한 자국영화와는 달리 할리우드 영화는 섹시하고 강한 주인공을 보여준다는 것을 알게 되었기 때문이다. 게다가 할리우드는 명백히 계급이 없는 활기찬 사회와 변화가능한 세계라는 하나의 비전을 제공했다. 할리우드 영화가 비록 영국 영화보다

---

19) Iain Chambers, op. cit., 1990, p.44.
20) Ibid., p.44.

민주적이지는 못하겠지만, 이런 식으로 영국의 관객들에게 할 수 있다는 느낌을 상상적으로나마 제공했던 것이다.[21]

볼로시노프의 중요성은, 현대문화연구소로 하여금 언어와 텍스트성이라는 견지에서 대중문화를 새롭게 연구할 수 있게 해준 데 있다. 언어와 텍스트성은 문학이나 텔레비전 또는 영화 텍스트를 분석하는 데 필수적인 용어이다. 구조주의가 기호의 의미를 오직 다른 기호들과의 관계의 산물로 본 반면에, 볼로시노프는 서로 다른 계급과 집단이 의미를 둘러싸고 투쟁을 벌이기 때문에 기호의 의미는 항상 변화하고 발전하는 과정에 놓여 있다고 주장했다. 예컨대 자유라는 단어는 단순히 다른 기호와의 관계 속에서 의미를 지니게 되는 것이 아니라 서로 다른 사회집단이 자신들의 이해와 열망에 따라 다른 방식으로 정의하려고 끊임없이 갈등하는 대상이라는 것이다. 마찬가지로 '검은'이나 '괴상한'이라는 단어도 어떤 집단을 헐뜯기 위해 사용되지만, 바로 그 집단이 전유하게 되면 다른 뜻과 의미를 얻게 된다. 볼로시노프의 주장에 따르면,

> 계급은 기호 공동체와 일치하지 않는다. 그러니까 기호를 함께 사용하는 사람들이 하나의 계급을 이루고 있는 것은 아니다. 다양한 계급들이 하나의 언어를 같이 사용하고 있는 것이다. 그에 따라 기호를 하나의 이데올로기적 전달수단이라고 할 때 그 기호에는 다양한 입장이 개재되어 있다. 기호는 계급투쟁의 장이 된다.[22]

결과적으로 기호의 의미는 항상 변화한다. 왜냐하면 기호는 서로 다른 계급과 집단 사이의 대화와 논쟁의 지점이기 때문이다.

이러한 입장은 또한 말이나 텍스트에도 적용된다. 각 텍스트는 기

---

21) Ibid., p.42.
22) V. N. Volosinov, *Marxism and the Philosophy of Language*, originally published 1929, Seminar Press, 1973, p.23.

존의 언어를 사용하지만 그 언어에 다시 어떤 특징을 갖다 붙인다. 언어는 대화와 논쟁 과정의 일부분이고, 각각의 텍스트는 다른 텍스트에 대한 반응을 통해서 형성된다. 지배집단은 종속집단의 이익과 열망을 말해줌으로써만 종속집단의 동의를 획득할 수 있다는 그람시의 주장과 마찬가지로, 볼로시노프의 작업도 어떤 텍스트가 다른 텍스트에 반응하려면 양쪽 텍스트와는 다른 새로운 입장을 지니고 있어야 한다고 주장했다. 이러한 입장은 전적으로 급진적이거나 보수적인 텍스트는 결코 존재하지 않는다는 것을 말해준다. 정치적 이데올로기가 무엇이든 간에 텍스트는 항상 권력의 조건 내에서 생산되며 자신의 입장을 하나의 해결책으로서 제시하려면 자신의 입장과는 상치되는 입장의 관심사와 열망을 또한 말해주어야만 한다는 것이다.

예를 들어, 주류 할리우드가 만든 첫번째 에이즈 영화 <필라델피아(*Philadelpia*)>는 에이즈에 걸린 한 게이 남자를 동정적으로, 그리고 병보다는 편견과 차별의 희생자로 그리려 한다. 그러기 위해서 영화는 게이 남자들과 에이즈에 관한 여타의 발언들을 접하고 그에 대해 답변을 제시해야만 한다. 예컨대 주인공 앤드루 베케트를 건강하고 넉넉하고 따뜻한 가정에 배치시킴으로써 게이와 에이즈가 가족의 가치를 위협한다는 신우익(new right)의 주장에 맞선다. 영화는 내러티브를 통해서뿐만 아니라 베케트의 변호사가 지니고 있는 동성애 혐오증적인 시각을 제시함으로써, 그리고 그런 시각이 어떻게 바뀌는지를 보여줌으로써 동성애 혐오증에 대해 발언한다. 이런 식으로 이 영화는 게이에 대한 차별이 잘못이라는 주장에 대한 지지를 얻으려 한다. 이것은 그러한 차별의 근본이 되는 동성애 혐오증적인 시각과 신우익이 생각하는 '가족의 가치'를 끌어들이고 그것을 다시 바꾸어놓음으로써 성취된다.

대중영화는, 비록 대중영화가 정치적인 관련을 거부하고 봉쇄하려
한다 하더라도, 관객의 관심사나 열망을 말해줘야 할 뿐만 아니라,
관객의 관심사와 열망을 다른 방식으로 드러내주는, 그래서 다른 정
치적 입장을 제공하는 여타 영화들의 요소를 또한 취해야만 한다.
후자의 과정은 특별히 장르 영화의 경우 확실히 드러나는데, 장르
영화는 비슷한 내러티브 패턴과 인물들을 매우 다른 정치적 입장에
서 다시 만들어낸다.[23]

　예를 들어, 영화 <람보(Rambo)>가 격렬한 비판의 대상이 된 이래,
액션영화는 <람보>와 조심스레 거리를 두어야 했다. 예컨대, <다
이하드(Die Hard)>의 주인공 존 맥클레인(브루스 윌리스)은 자신을
'파산한 문명의 고아'라고 비난하는, 그리고 그를 람보로 여기는 악
당들로부터 조롱당했다. 맥클레인은 자신을 로이 로저스(Roy Rogers)
와 동일시함으로써 람보를 연상하지 않도록 해준다. 이것은 람보라
는 부정적인 이미지와는 동떨어진 액션 주인공으로 자신의 지위를
제시하기 위한 '자기 부정의 몸짓'이다. 심지어 실베스타 스탤론도
유사한 방식으로 자신의 이미지를 재조정해야 했다. 영화 <탱고와
캐시(Tango and Cash)>에서 스탤론은 매우 조그만 총(<람보>의 포
스터에서 그가 들고 있었던 거대한 로켓탄 발사기와 대조된다)을 지
니고 있을 뿐만 아니라 어떤 특징이 존 람보의 특성을 떠올리게 하
는 경우 그러한 연상을 노골적으로 거부하고 있다.[24]

　그러나 볼로시노프의 기호의 다의성에 관한 주장은 대중영화마다

23) 예컨대 다음을 보라.
　Mark Jancovich, *Horror*, London: Batsford, 1992.
24) 액션장르의 남성성에 관한 논의는 다음을 보라.
　Yvonne Tasker, *Spectacular Bodies: Gender, Genre and the Action Movie*, London:
　Routledge, 1993; Andy Willis, *Jean Claude Van Damme: A Study of Masculinity,
　the Male Body and Martial Arts Cinema*, M.A. dissertation, Thames Valley
　University, 1994.

차이가 있다는 것뿐만 아니라, 관객이 서로 다른 방식으로 텍스트에 반응한다는 것 또한 의미한다. 연구소의 작업에서 명확하게 드러나지는 않지만, 부르디외의 영향이 잘 나타나는 지점이 바로 여기다. 예를 들어, 텔레비전 시청자에 관한 데이비드 몰리의 글은 부르디외의 문화적 능력과 취향에 관한 연구에 많이 의존하고 있다.

문화적 능력과 취향에 관한 부르디외의 분석은 서로 다른 계급이 어떻게, 왜 서로 다른 방식으로 서로 다른 문화를 소비하는가를 설명하려는 시도였다.[25] 제4장에서 언급한 것처럼, 부르디외는 경제자본에 대한 차별적인 접근이 계급차이를 낳았듯이 문화자본의 불평등한 분배 또한 계급차이를 만들어낸다고 보았다. 특정한 능력과 취향을 낳는 것은 한 계급이 소유하고 있는 문화자본의 양과 유형이다. 문화적 능력이란 어떤 유형의 재료를 이해할 수 있는 기술과 지식을 지칭한다. 예를 들어, 어떤 한 집단은 모더니즘 미술을 이해하고 감상할 수 있는 능력을 가지고 있지만, 무술영화를 이해할 수 있는 능력은 부족할 수 있다. 또한 문화자본이 차별적으로 분배된다는 것은 계급이나 집단이 다르면 취향도 다르다는 것을 의미한다. 어떤 집단은 좀더 아방가르드한 영화를 관람하고 싶어할 것이고, 다른 집단은 '음란영화'나 '액션 영화' 또는 '눈물 짜내는 영화'와 같은 대중적 형식의 영화를 보려는 경향이 있을 것이다. 어떤 유형의 영화는 '나에게 맞고' 다른 것은 '내 부류가 아니라고' 간주하는 것은 바로 이런 취향 때문이다.

결과적으로 부르디외는 이와 같은 차이를 개인적 취향의 산물로 보지 않고, 특정한 계급 내에서 특별히 가족이라는 매개체를 통해서 사회화된 결과로 본다. 우리가 취향을 개인적이고 자연적이며 타고

---

25) Pierre Bourdieu, *Distinction: A Social Critique of the Judgement of Taste*, London: Routledge, 1984.

난 고유한 것으로 보는 것에 반해, 부르디외는 취향이 좀더 포괄적인, 대개는 계급에 기반한 취향 구성체의 산물이라고 주장한다[부르디외는 또한 문화적 능력과 취향의 배분이 젠더화되어 있다고 주장한다. 이 같은 논지는 안젤라 파팅턴(Angela Partington)과 앤 그레이(Ann Gray)와 같은 비평가들의 작업에서 자세히 언급되었다].26)

그러나 부르디외가 사회의 종속집단이 고급문화 형식에 접근할 수 없다거나, 아니면 반대로 지배집단이 하위문화에 접근할 수 없다는 주장을 하지 않았다는 점을 기억하는 것이 중요하다. 그는 한 사회의 서로 다른 계급이 어떻게 그리고 왜 서로 다른 형태의 문화를 소비하는지를 설명하고자 했다. 그리고 그러한 소비의 차이가 권력관계의 산물이라는 것을 그리고 동시에 권력관계를 정당화하고 재생산하는 데 기여한다는 것을 설명하려고 했다. 서로 다른 사회적 집단은 서로 다른 형식으로 문화를 소비할 뿐만 아니라, 서로 다른 문화 소비형태를 통해 구별되기도 한다. 예를 들어 지배집단은 자신들의 '우월한' 취향에 의거해 그들의 지배를 정당화하는 반면에, 종속집단은 그렇듯 우월하다고 생각되는 취향을 종종 '예술가인 체하는' 것으로 거부할 수 있는 것이다. 부르디외가 말하고 있듯이, 부르주아의 취향은 대개 대중의 취향을 거부함으로써 정의되며, 이에 반해 대중의 취향은 부르주아의 취향에 대한 거부로써 정의된다. 결과적으로 취향 구성체는 어떤 특정한 계급이나 집단의 이해에서 생겨난 것일 뿐만 아니라 계급간의 그리고 집단간의 투쟁의 산물이기도 한 것이다.

---

26) Ann Gray, *Video Playtim: The Gendering of a Communicating Technology*, London: Routledge, 1992; Angela Partington, "Melodrama's Gendered Audience," *Off-Centre: Feminism and Cultural Studies*, London: Harper-Collins, 1991, pp. 49-68.

관객, 해석, 문화소비 활동

그람시, 볼로시노프, 부르디외의 영향에 따라, 현대문화연구소의 많은 사람들은 특정한 이데올로기적 효과가 텍스트의 형식적 특성을 분석함으로써 도출될 수 있는 것이 아니라고 주장했다. 대신에 관객들은 특수한 문화적 능력과 성향에 따라 상이한 반응을 나타낸다고 강조했다. 대중문화에 관한 많은 작업들이 지니고 있는 문제는, 연구소의 많은 비평가들이 지적했듯이 텍스트간의 차이를 흐리게 하는 것뿐만 아니라 관객을 동종의 수동적인 집단으로서 제시하는 경향에 있다는 것이다. 그러나 영화관객은 특정한 영화를 관람하기에 앞서 사회적 주체로 구성된 역사를 지니고 있고, 그 역사에 의해 형성된 태도와 견해를 가지고 있을 것이다. 결과적으로, 한편의 영화가 관객에게서 어떤 반응을 끌어내기 위한 '선호된 독해(preferred reading)'를 지니고 있다 하더라도, 실제 관객이 어쩔 수 없이 그런 식으로 반응하는 것이 아니다. 관객들은 영화의 이데올로기적 입장을 받아들일 수도 있지만, 그러한 입장을 약화시키거나 거부할 수도 있는 것이다.

예컨대 홀은 자신의 매우 영향력 있는 논문 「부호화/해독(encoding/decoding)」에서 관객의 반응을 세 가지 범주로 나누어 설명한다. '지배적 독해' '타협적 독해' '대항적 독해'가 바로 그것이다.27) 지배적 독해는 텍스트의 '선호되는 의미'를 비판 없이 받아들인다(이 단계에서는 지배적이거나 헤게모니적인 이데올로기의 입장을 미디어 텍스트가 반드시 제시한다고 가정된다). 홀은 대항적 독해를 하는 사람들은 텍스트가 제시한 위치에 도전하면서 반대하는 입장을 분

---

27) Stuart Hall, "Encoding/Decoding" in Stuart Hall et al(eds.), *Culture, Media, Language*, London: Unwin Hyman, 1980, pp.128-138.

명하게 표현한다고 주장한다. 이에 반해 타협적 독해는 가장 일반적인 것인데, 두 가지 다른 독해 사이의 어떤 지점에서 이루어진다. 텍스트 안에 제시된 지배 이데올로기의 위치에 항상 전적으로 대항하는 것은 아니지만, 그렇다고 단순히 그 위치를 수용하는 것도 아니다. 타협적 독해는 모순의 흔적을 인정하는데, 그것은 관객 자신의 경험에서 생겨난 것이다. 그러나 타협적 독해는 그런 증거를 단순히 예외적인 것으로 규정해버릴지도 모른다. 예컨대, 경찰관에게 몹시 시달려온 사람이, 경찰을 칭찬하면서 경찰이 사람들을 괴롭히는 것을 부인하는 내용의 신문기사를 보게 될 수도 있다. 그와 같은 상황에서 그는 그 기사를 받아들이고 자신은 다만 '한 명의 나쁜 경찰'을 경험했을 뿐이라고 믿을 수도 있다.

비록 현대문화연구소가 관객의 중요성을 인정했을지라도, 텍스트 분석을 거부하지는 않았다. 이것은 기호학을 사용하여 TV 프로그램 <전국(Nationwide)>을 분석한 데이비드 몰리와 샬럿 브런스던(Charlotte Brunsdon)의 공동저서 『일상의 텔레비전(Everyday Television)』이 예증해준다. 그러나 텍스트를 독해할 때, 그리고 관객에 미치는 텍스트의 영향을 독해할 때 몰리와 브런스던은 그러한 기호학적 분석을 결정적인 것으로 사용하지 않았다. 대신에 그것을 다만 '상이한 독해들이 놓여지는 하나의 바탕'으로 여겼다.[28] 달리 말하면 그것은 텍스트에 대한 특정 관객 집단의 독해를 조사하는 연구과정에 있어 첫번째 단계였던 것이다. 그렇다고 몰리와 브런스던은 관객들이 텍스트를 아무렇게나 읽는다고는 보지 않았다. 반대로 관객들이 처한 사회적 역사적 맥락이 텍스트가 유발하는 선호된 독해에 영향을 미친다고 주장했던 것이다.

---

28) David Morley & Charlotte Brunsdon, *Everyday Television: Nationwide*, London: British Film Institute, 1978, p.v.

그러므로 몰리와 브런스던은, 관객들이 영화 텍스트가 부여해준 위치에서 영화를 보기 때문에 지배 이데올로기가 계속 유지된다는 식의 스크린 이론을 거부했다. 그들에 따르면 문제는 텍스트가 어떤 위치를 제시하느냐, 그리고 관객이 그 위치에 어떻게 반응하느냐 하는 것이다. 몰리가 지적했듯이 의미화 과정을 통해 관객에게 특정한 위치를 부여해줌으로써 지배가 이루어지기도 하지만, 이데올로기가 다르더라도 의미화 작용이나 관객에게 부여된 위치가 같을 수도 있다. 즉, 의미화 작용이 이루어지는 과정에서 텍스트가 관객에게 특정한 위치를 설정해준다고 해서 관객이 꼭 그 위치에서 영화를 보는 것은 아닌 것이다. 관객이 텍스트가 말한 바를 받아들이기 때문에 지배가 이루어지기도 하는 것이다.[29]

그러나 관객이 텍스트의 이데올로기적 위치를 받아들이느냐 거부하느냐에 따라 텍스트를 해독하거나 해석하는 방법이 꼭 달라지는 것은 아니다. 몰리에 따르면, 텍스트의 해독에 있어 중요한 것은 그 텍스트가 관객에게 의미가 있느냐 없느냐 그리고 관객이 그 텍스트를 이해할 수 있느냐 없느냐의 문제다.[30] 이러한 방식으로, 텍스트의 효과는 사람들이 그 텍스트들을 선택하느냐 선택하지 않느냐에, 그리고 그 텍스트를 이해할 수 있느냐 이해하지 못 하느냐와 관련이 있다. 예컨대, 만약 관객이 아방가르드 영화의 이론과 관습에 친숙하지 않다면, 그 영화는 많은 영화이론가들이 형식적 특징의 산물이라고 간주한 텍스트의 효과를 발휘하지 못할 것이다. 그리고 마찬가지로 아방가르드에 친숙한 사람은 대중영화를 이해하려 들지 않을 것이다.

이것은 또, 왜 사람들이 다른 사람의 취향을 이해하지 못하는가를

29) David Morley, op. cit., 1980, p.153.
30) David Morley, *Family Television: Cultural Power and Domestic Leisure*, London: Comedia, 1986.

설명해준다. 그들은 다른 사람들이 텍스트에서 본 것을 이해하지 못한다. 또한 이러한 몰이해는 영화가 자신들에게 의미가 있다고 생각하느냐 그렇지 않느냐와 상관이 있다. 만약 영화가 '자신에게 말을 건다'고 생각하지 않는다면, 그들은 영화를 보려 하지 않을 뿐만 아니라 그것을 보았을 경우 적대적으로 해석할 것이다. 이것은 예술전용관 영화는 '나와 같은 사람들을 위한 것이 아니라고' 느끼는 사람들에게 해당한다. 그리고 또 그것은 장르의 문제와도 상관 있다. 서로 다른 장르는 각기 다른 젠더에 호소한다고 자주 주장되어왔다. 그리고 그러한 성적 구분이 결코 절대적인 것은 아니겠지만, 여성들이 전쟁영화를 그들의 삶에 맞지 않다고 여기거나 남성들이 가족 드라마를 마땅찮아하는 데는 충분한 이유가 있다고 한다. 그래서 비록 그러한 분류에 포함된 권력관계가 적대적인 반응을 불러일으키지 않는다 하더라도, 관객들이 마땅찮아하는 영화는 이데올로기적 관심사를 관객에게 전달하거나 관객들에게 영향을 끼치지는 않을 것 같다.

그러나 문화연구는 단순히 관객의 능력과 성향에 관한 것이 아니다. 몰리가 지적하듯이 관객의 사회적 상황은 해독과 해석에 다른 방식으로 영향을 미치게 될 것이다. 예를 들어, 몰리는 자신이 쓴 『'전국'의 관객』이라는 책에 불만을 가졌는데 그것은 일터와 가정이라는 서로 다른 컨텍스트에 따라 관객의 반응이 어떻게 달라지는지를 그 책에서 조사하지 못했기 때문이었다. 그에 따라 그는 프로그램이 어떻게 다르게 읽혀지는가를 분석하는 것에서, 가정이라는 컨텍스트 자체, 즉 프로그램이 시청되는 상황을 분석하는 것으로 관심의 초점을 옮겨갔다. 그 결과로 나온 책이 『가족 텔레비전(Familiy Television)』이다.[31] 그의 지적은 문화적 소비가 지닌 의미는 특정한

---

31) Ibid., p.14.

텍스트의 해석이나 독해로 한정될 수 없다는 것이다. 이러한 이유로
그는, 로맨스 소설을 읽는 것이 종종 여성에게 가정의 요구로부터
탈출하는 저항의 형식이 된다고 말한 제니스 래드웨이를 언급한다.
래드웨이가 주장했듯이, 어떤 상황에서 "독해행위 자체의 중요성은
특정한 종류의 이야기가 지닌 의미를 거부하거나 깎아내리거나 또
는 제한할 수도 있다"[32]는 것이다. 결과적으로, 몰리는 영화 연구가
직면하고 있는 문제들 중 한 가지는 '관람의 컨텍스트'보다는 '보여
지는 대상'에, 즉 '영화관'보다는 영화에 집중하는 경향이라고 주장
한다. 그가 지적하기를,

> 영화을 본다는 것보다 영화관에 간다는 것이 더 중요하다. 밤에 외출하
> 면 재미와 흥분이 어우러진 편안함을 느낀다. 오랫동안 영화를 상영해온
> 영화관이라는 이름 그 자체는 그러한 경험의 중요한 부분을 포착하고 있
> 다. 영화는 영화를 판매한다기보다는 오히려 습관, 즉 어떤 유형의 사회화
> 된 경험을 판매한다고 이해하는 것이 가장 적절하다. … 영화가 소비되는
> 맥락의 문제를 고려하지 않고 주제를 분석하는 것은 불충분하다고 생각한
> 다. 불행히도 많은 영화이론은 그러한 문제를 언급하지 않은 채 이루어져
> 왔고, 관람의 컨텍스트에서 벗어나 우선적으로 텍스트 자체의 지위를 추상
> 화하는 문학적 전통의 영향을 받고 있었다.[33]

이것의 요점은 오늘날 영화가 그렇게 많은 상이한 컨텍스트, 즉
영화, TV 방송망, 인공위성, 비디오를 통해서 보여진다는 것에 있는
것 같다. 이런 상이한 맥락이 지닌 의미는 당연히 서로 매우 다르다.
그러나 몰리는 또한 소비의 컨텍스트에 대해 다른 식으로 사고할
것을 제안한다. 사람들은 데이트를 하기 위해, 밤에 깡패들을 만나기

---

32) Janice Radway, *Reading the Romance: Women, Pariarchy and Popular Literature*,
   London: Verso, 1987, p.210.
33) David Morley, *Television, Audience and Cultural Studies*, London: Routledge,
   1992, pp.157-158.

위해(영화 속의 인물을 만나기 위해서라는 뜻) 혹은 자유로운 오후
시간을 보내기 위해 영화를 보러 간다. 부부들이 잠자기 전 긴장을
풀기 위해 영화를 볼 수도 있다. 이러한 모든 컨텍스트들은 관객의
해독에 영향을 주지만 그러한 해독에 의해 결정되지 않는 상이한 의
미들을 가지고 있다.

몰리가 『'전국'의 관객』이라는 책에서 『가족 텔레비전』이라는 책
으로 방향을 튼 것은 연구소와 관련된 작업에 또 다른 변화가 있었
음을 나타내준다. 미디어에 관한 애초의 작업은 뉴스와 당시의 정세
프로그램에 집중하는 경향이 있는데, 1980년대 경에는 대중적인 허
구물에 관심을 기울이기 시작했다. 이러한 전환은 당시의 정치학 개
념이 바뀐 탓이었다. 초기 단계에서, 뉴스와 시사 프로그램은 '진지
한' 정치적·이데올로기적 투쟁을 다루는 것처럼 보였다. 그것들은
정부, 노동분쟁, 사회의 치안에 대한 것이었고 또한 미디어 제도와
국가가 맺고 있는 관계를 조사하는 유용한 수단을 제공했다. 연구소
안에서 페미니스트의 작업은 이러한 관심사의 이동에 영향을 끼쳤
다. 이러한 작업은 '정치적인' 것을 공적인 영역에만 한정하지 않고,
오히려 사적인 영역이나 가정이 지닌 정치적 성격을 강조했다. 결과
적으로 대중적인 허구물은 현실의 정치학에서 도피하는 수단으로
여겨지지 않게 되었고, '일상 생활의 모순과 대중의 경험'이 대중 매
체와 관련하여 어떻게 작동하는가를 조사하는 수단이 되었다.

이러한 변화는 또한 세번째 변화와도 관련이 있다. 1970년대에 그
람시의 이론이 중요한 영향력을 행사했는데 현대문화연구소는 아직
도 방송, 출판, 영화 산업과 같은 미디어 산업이 생산한 대중적 텍스
트가 필연적으로 지배 이데올로기를 재생산한다고 가정하는 경향이
있었다. 비록 현대문화연구소가 그러한 텍스트는 대항적인 요소를
반드시 포함하고 있으며 관객이 저항하거나 도전할 수 있다고 강조

했지만 말이다. 특별히 페미니즘의 영향은 이러한 가정에 도전하는 경향이 있었다. 이후 연구소는 미디어 텍스트를 지배 이데올로기의 표현으로 보지 않고, 그와 같은 단순한 정식화를 거부하는 쪽으로 나아갔다.

사실 홀이 지적하고 있듯이, 실제적으로 대중문화의 내용은 고정되어 있지 않다. 대중문화는 지위가 고정된, 변치 않는 일련의 대상이 아니라 오히려 대상을 정의하고 소비하는 방식이다. 예를 들어, 어떤 역사적 시기에 대중적이라고 간주된 텍스트가 나중에는 고급예술의 한 사례로 재정의될 수 있다. 셰익스피어의 경우가 종종 여기에 해당되지만, 이는 좀더 최근의 경우도 마찬가지이다. 예컨대, 더글러스 서크의 멜로드라마는 제작 당시 비평가들의 관심을 받지 못했다. 그 영화들은 대중영화에서 보여지는 진부하고 상투적인 특징을 지니고 있다고 여겨졌다. 그러나 1970년대에 작가주의 비평가들과 정신분석학적 페미니스트들은 그 텍스트들을 전유하여 사실상 '정전화(canonized)'했다. 진부하고 상투적인 대중문화의 한 사례라기보다는 미묘하고 급진적인 영화로, 즉 관습적이라고 여겨지는 멜로드라마의 형식을 취하고는 있지만, 아이러니와 거리두기라는 양식적 기법들을 통해 텍스트의 이데올로기적 기획을 전복하는 영화로 재정의했다. 이렇게 해서, 서크의 영화는 보수적인 대중문화에 나타나는 형식적 특징을 지니고 있다기보다는, 오히려 대중영화와 차이가 나고 구별되는 형식적 특징을 보여준다고 여겨지게 되었던 것이다.[34]

텍스트는 같은 시기에 서로 다른 독자들을 갖게 될 수도 있다. <사이코>가 그 예이다. 처음에는 메스껍고 품위가 떨어지는 대중

---

34) Christine Gledhill(ed.), *Home is Where the Heart Is: Studies in Melodrama and the Women's Film*, London: British Film Institute, 1987.

적 공포물이라고 비웃음을 샀지만, 어느새 미학적 중요성을 지닌 위
대한 작품으로 승인되었다. 그리고 여전히 대중문화 내에서도 중요
한 위치를 차지하고 있는데 그것은 여러 해 동안 속편과 모방작이
만들어지고 계속해서 다른 작품에 인용된다는 것에서 알 수 있다.
<사이코>는 모순적이고 대항적인 문화적 의미를 획득하게 되었던
것이다. 그것은 얼마 동안은 올바르거나 잘못된 대중영화의 사례로
보였지만 서크의 영화와 마찬가지로, 대중영화와의 차이와 구별에
의해 정의되는 영화 예술의 한 예로서 간주되었다.

결론

결국 영화에 관한 많은 글쓰기에서 발견되는 대중영화와 아방가
르드 간의 단순한 구별은 지지할 수 없게 되었다. 텍스트의 의미와
정치적인 중요성은 단순히 형식적 특징 안에 각인되어 있는 것이 아
니고 서로 다른 집단들의 전유와 거부를 통해서 정의되는 것이다.
대중영화와 아방가르드를 단순히 텍스트나 텍스트 그룹의 고유한
성질에 따라 구별하지는 않는다. 그것은 어떤 집단의 취향은 거부당
하고 다른 집단의 취향은 권위를 획득하는 식의 문화적 구별에 따른
것이다. 결과적으로 텍스트는 상이한 방법으로 전개되고 다시 전개
될 수 있다. 그것들을 전유하거나 거부할 수 있지만, 같은 텍스트가
때에 따라서는 진보적인 아방가르드의 특징을, 혹은 보수적인 대중
문화의 특징을 드러낸다고 간주할 수도 있다.

급진적인 아방가르드와 이데올로기적으로 보수적인 대중문화 사
이의 구별에 대한 이러한 비판은 대중영화 연구에 중요한 것이다.
왜냐하면 영화 연구가 이런 식의 구분에 의존해왔기 때문이다. 사실,
부르디외의 작업이 말해주듯이, 대중적인 것과 아방가르드적인 것

사이의 구별 그 자체는 경제적이고 문화적인 권력의 산물이다. 대중
문화가 이데올로기적이고 보수적이라는 생각은 지배적인 사회집단
이 그들 자신의 취향을 우월한 것으로 정의하기 위해서, 그리하여
다른 집단에 대한 권위를 획득하기 위해서 필요했던 것이다.

더 읽어보면 좋을 책들

□ 대중문화이론

Adorno, T. W. & M. Horkheimer. 1979, "The Culture Industry: Enlightenment as Mass Deception," *The Dialectic of Enlightenment,* London: Verso.

Curran, J. et al(eds.). 1977, *Mass Communication and Society,* London: Edward Arnold.

Brookeman, C. 1984, *American Culture and Society Since the 1930s,* London: Macmillan.

MacDonald, D. 1963, "Masscult and Midcult", *Against the American Grain,* London: Victor Gollancz.

_____. 1969, *Dwight MacDonald on Movies,* Englewood Cliffs, N.J.: Prentice-Hall.

Rosenberg, B. & D. Manning White(eds.). 1957, *Mass Culture: the Popular Arts in America,* New York: Free Press.

Ross, A. 1989, *No Respect: Intellectuals and Popular Culture,* New York: Routledge.

□ 정치경제학

Blaug, M(ed.). 1976, *The Economics of the Arts,* London: Martin Robinson.

Collins, R. et al. 1986, *Media, Culture and Society: a Reader,* London: Sage.

Garnham, N. 1990, *Capitalism and Communication: Global Culture and the Economics of Information,* London: Sage.

Golding, P. & G. Murdock. 1973, "For a Political Economy of Mass-communication," *Socialist Register.*

□ 영화산업론

Balio, T(ed.). 1976, *The American Film Industry*, Madison, Wisconsin: University of Wisconsin Press.

_____. 1990, *Hollywood in the Age of Television,* Cambridge, Mass.: Unwin Hyman.

Gomery, D. 1986, *The Hollywood Studio System,* London: Macmillan/British Film Institute.

Hillier, J. 1992, *The New Hollywood*, London: Studio Vista.

Kerr, P(ed.). 1986, *The Hollywood Film Industry: a Reader,* London: Routledge/British Film Institute.

Schatz, T. 1983, *Old Hollywood/New Hollywood: Ritual, Art and Industury,* Ann Arbor, Mich.: UMI Research Press.

_____. 1989, *The Genius of the System: Hollywood Filmmaking in the Studio Era,* London: Simon and Schuster.

_____. 1993, "The New Hollywood" in J. Collins et al(eds.), *Film Theory Goes to the Movies,* New York: Routledge.

Sklar, R. 1975, *Movie-Made America: A Cultural History of American Movies*, New York: Random House.

□ 작가주의와 작가이론

Brookman, C. 1984, "Coming to Terms with Hollywood: From Mass Culture to Auteur Theory," *American Culture and Society Since the 1930s*, London: Macmillan.

Caughie, J(ed.). 1981, *Theories of Authorship*, London: Routledge.

Cook, P. 1985, Authorship and Cinema, *The Cinema Book*, London: British Film Institute.

Hillier, J(ed.). 1985, *Cahiers du Cinéma: the 1950s*, London: Routledge.

_____. 1986, *Cahiers du Cinéma vol. II: the 1960s*, London: Routledge.

Lapsley, R. & M. Westlake. 1988, "Authorship," *Film Theory: an Introduction*, Manchester: Manchester University Press.

Sarris, A. 1968, *The American Cinema: Directors and Directions 1929-1968*, New York: Dutton.

Wollen, P. 1972, *Signs & Meaning in the Cinema*, London: Secker and Warburg.

□ 장르

Alloway, L. 1971, *Violent America: The Movies, 1946-64*, New York: Museum of Modern Art.

Bazin, A. 1971, *What is Cinema: Volume II*, Berkeley: University of California Press.

Cook, P. 1985, "Genre," *The Cinema Book*, London: British Film Institute.

Grant, B.K. 1986, *The Film Genre Reader*, Austin: University of Texas Press.

Kitses, J. 1969, *Horizons West*, London: Thames and Hudson/British Film Institute.

Neale, S. 1980, *Genre*, London: British Film Institute.

_____. 1990, "Questions of Genre," *Screen*, 31(1), spring, pp.45-66.

Warshow, R. 1971, *The Immediate Experience: Movies, Comics, Theatre and*

Other Aspects of Popular Culture, New York: Atheneum.

Wright, W. 1975, *Sixguns & Society: a Structural Study of the Western,* Berkeley: University of California Press.

□ 스타 연구

Dyer, R. 1979, *Star,* London: British Institute.

_____. 1987, *Heavenly Bodies,* London: British Film Institute.

Ellis, J. 1982, *Visible Fictions,* London: Routledge.

Gledhill, C(ed.). 1991, *Stardom: Industry of Desire,* London: Routledge.

King, B. 1986, "Stardom as an Occupation" in P. Kerr(ed.), *The Hollywood Film Industry,* London: Routledge.

_____. "The Star and the Commodity: Notes Towards a Performance Theory of Stardom," *Cultural Studies,* 1(2), pp.145-161.

Stacey, J. 1994, *Star Gazing: Hollywood Cinema and Female Spectatorship,* London: Routledge.

□ 역사적 시학

Bordwell, D., J. Staiger & K. Thompson. 1985, *The Classical Hollywood Cinema: Film Style and Mode of Production to 1960,* New York: Columbia University Press.

Bordwell, D. & K. Thompson. 1990, *Film Art: An Introduction,* New York: McGraw-Hill.

_____. 1994, *Film History: An Introduction,* New York: McGraw-Hill.

Bordwell, D. 1985, *Narration in the Fiction Film,* Madison: University of Wisconsin Press.

_____. 1989, *Making Meaning: Inference and Rhetoric in the Interpretation of Cinema,* Cambridge: Harvard University Press.

Karnack, B. & H. Jenkins(eds.). 1994, *Classical Hollywood Comedy,* New

York: Routledge.

Schatz, T. 1989, *The Genius of the System: Hollywood Filmmaking in the Studio Era,* London: Simon and Schuster.

_____. 1983, *Old Hollywood/New Hollywood: Ritual, Art and Industry*, Ann Arbor, Mich.: UMI Research Press.

Staiger, J. 1992, *Interpreting Films: Studies in the Historical Reception of American Cinema*, Princeton: Princeton University Press.

□ 스크린 이론

Cahiers du Cinéma Editorial Board. 1972, "John Ford's Young Mr. Lincoln," *Screen*, 13(3). autumn.

Cook, P. 1985, "Narrative and the Structuralist Controversy," *The Cinema Book*, London: British Film Institute.

Heath, S. 1981, *Questions of Cinema*, London: Macmillan.

Lapsley, R. & M. Westlake, 1988, *Film Theory: an Introduction,* Manchester: Manchester University Press.

Metz, C. 1982, *Psychoanalysis and the Cinema: the Imaginary Signifier*, London: Macmillan.

Neale, S. 1980, *Genre*, London: British Film Institute.

Nichols, B(ed.). 1976 & 1985, *Movies and Methods Volumes 1 & 2,* Berkeley: University of California.

Penley, C(ed.). 1988, *Feminism and Film Theory,* London: Routledge.

Screen Editorial Collective(ed.). 1991, *The Sexual Subject: a 'Screen' Reader in Sexuality,* London: Routledge.

□ 페미니즘

Gamman L. & M. Marshment. 1988, *The Female Gaze: Women as Viewers of Popular Culture,* London: Women's Press.

Gibson, P. Church & R. Gibson(eds.). 1993, *Dirty Looks: Women, Pornography and Power,* London: British Film Institute.

Haskell, M. 1987, *From Reverence to Rape: the Treatment of Women in the Movies,* Chicago: University of Chicago Press.

Hooks, B. 1992, *Black Looks: Race and Representation,* London: Turnaround.

Pribram, D(ed.). 1990, *Female Spectators: Looking at Film and Televison,* London: Verson.

Radway, J. 1987, *Reading the Romance: Women, Patriarchy and Popular Literature,* London: Verson.

Rodgerson, G. & E. Wilson. 1991, *Feminism and Pornography: the Case against Censorship,* London: Lawrence and Wishart.

Rosen, M. 1973, *Popcon Venus: Women, Movies and the American Dream,* New York: Avon.

Rowbotham, S. 1973, *Hidden from History: 300 Years of Women's Oppression and the Fight Against it,* London: Pluto.

Stacey, J. 1994, *Star Gazing: Hollywood Cinema and Female Spectatorship,* London: Routledge.

Taylor, H. 1989, *Scarlett's Women: 'Gone with the Wind' and its Female Fans,* London: Virago.

Williams, L. 1990, *Hardcore: Power, Pleasure and the 'Frenzy of the Visible,'* London: Paladin.

□ 문화연구

Bennett, T. et al(eds.). 1981, *Culture, Ideology and Social Process,* London: Batsford.

_____. 1986, *Popular Culture and Social Relations,* Milton Keynes: Open University Press.

Bourdieu, P. 1984, *Distinction: a Social Critique of the Judgement of Taste,* London: Routledge.

Franklin, S. et al(eds.). 1991, *Off-Centre: Feminism and Cultural Studies,*

London: Harper Collins.

Gray, A. & J. McGuigan(eds.). 1993, *Studying Culture: an Introductory Reader,* London: Edward Arnold.

Hall, S. 1980, "Encoding/Decoding" in S. Hall et al(eds.), *Culture, Media, Language,* London: Unwin Hyman.

_____. 1981, "Notes on Deconstructing the Popular" in R. Samuel(ed.), *People's History and Socialist Theory,* London: Routledge.

Jenkins, H. 1992, *Textual Poachers: Television, Fans and Participatory Culture,* New York: Routledge.

Morley, D. 1992, *Television, Audiences and Cultural Studies,* London: Routledge.

Turner, G. 1990, *British Cultural Studies: an Introduction,* London: Unwin Hyman.

찾아보기

영화제목

잡지 이름

ㄱ

ㅁ

마돈나(Madonna) 257
마셜(Penny Marshall) 26, 254
마쉬먼트(Margaret Marshment) 231
마슈레(Pierre Macherey) 83
마일스(Peter Miles) 268, 272
만(Anthony Mann) 112
말라르메(Mallarmé) 87
마르크스 37, 41
마르크스주의 37, 46, 78, 87
매혹의 영화 166
맥기건(Jim McGuigan) 116
맥도널드(Dwight MacDonald) 46, 47,
  48, 49, 50, 51, 52, 53, 54, 57
맥도널드(Paul Mcdonald) 24
맥아더(Colin MacArthur) 98, 110,
  111
맥케이브(McCabe) 192, 196, 197, 199,
  200, 201, 202, 203, 211
맥키넌(Catherine Mackinnon) 248
머니 쇼트 168
머서(Charles Musser) 166
먼로(Marilyn Monroe) 126, 129, 131,
  137, 145, 219
멀비(Laura Mulvey) 136, 139, 214,
  216, 217, 220, 229, 230
메드허스트(Medhurst) 89, 90, 91, 93
메츠(Christian Metz) 88
멜로드라마 55, 98, 114, 117, 118,
  119, 165, 176, 247, 284
모건(Robin Morgan) 248

모더니즘 148, 276
모더니즘 영화 87
모리스(Morris) 148
모어(Kenneth More) 127
모험극 82
몰리(David Morley) 261, 276, 279,
  280, 281, 282, 283
무카로프스키(Jan Mukarovsky) 158
문화산업 40, 42, 43, 44, 58, 59
문화연구 27, 261
문화이론 26
문화주의 268
문화주의자 267
물신주의 134, 135, 137, 214, 216,
  218
뮤지컬 43, 163
미쇼(Oscar Micheaux) 161, 177
미장센 70
미첨(Robert Mitchum) 127
민속문화 13, 14, 42, 47, 57
민족영화 120
민족지학 27
민중문화 42

ㅂ

바르트(Roland Barthes) 85, 86, 87,
  88, 126, 193, 221, 133, 214, 215,
  216
바이마르 39
바이어스(Jackie Byars) 236

지은이 소개

조안 홀로우즈(Joanne Hollows)

노팅엄트렌트(Nottingham Trent) 대학에서 미디어와 문화연구를 강의하고 있다. 맨체스터(Manchester) 대학에서 여성 장르에 관한 책을 출판할 예정이며, 또한 현대 대중문화의 로맨스 담론을 연구하고 있다.

피터 허칭스(Peter Hutchings)

뉴캐슬에 소재한 노텀브리아(Nortumbria) 대학에서 영화를 가르치고 있다. 그는 『해머와 그 너머(*Hammer and Beyond*)』(맨체스터 대학 출판부, 1993)를 썼으며, 현재 공포의 미학에 관해 연구하고 있다.

마크 얀코비치(Mark Jancovich)

미국연구소(American Studies)에서 강의를 하고 있으며, 킬(Keele) 대학의 문학과 문화연구소의 책임자로 있다. 저서로는 『공포(*Horror*)』(배츠포드, 1992), 『신비평의 문화 정치학(*The Cultural Politics of New Criticism*)』(케임브리지 대학 출판부, 1993), 그리고 『합리적인 공포: 1950년대 미국의 공포(*Rational Horror: American Horror in the 1950s*)』(맨체스터 대학 출판부, 출판예정)가 있다.

헨리 젠킨스(Henry Jenkins)

매사추세츠 공과대학(Massachusetts Institute of Technology)에서 문학을 강의하고 있다.『텍스트의 침입자: 텔레비전, 팬 그리고 참여문화(*Textual Poachers: Television, Fans and Participatory Culture*)』(라우틀리지, 1992)와 『피스타치오의

열매는 어디서 오는가?(*What Makes Pistachio Nuts?*)』를 비롯, 여러 권의 책을 저술했으며, 『고전적인 할리우드 코미디(*Classical Hollywood Comedy*)』(라우틀리지, 1994)를 브런슬로바 카낵(Brunslova Karnack)과 함께 편집했다.

폴 맥도널드(Paul McDonald)
샐포드(Salford) 대학의 미디어 퍼포먼스(Media Performance) 학과에서 강의를 하고 있다. 현재 1950년대 할리우드 영화에 나타난 남성성과 당시의 메소드 연기(method acting)에 대해 연구하고 있다.

헬렌 스토더트(Helen Stoddart)
킬(Keele) 대학의 영어학부에서 문학과 영화를 가르치고 있다. 현재 문학과 영화에 재현된 카니발과 서커스에 대해 연구하고 있으며, 또한 현대의 고딕(gothic)에 관한 책을 썼다.

리사 테일러(Lisa Taylor)
울버햄튼(Wolverhampton) 대학의 문화연구소에서 강의를 하고 있으며, 지금은 젠더와 소비주의에 대해 연구하고 있다.

앤디 윌리스(Andy Willis)
위랄메트로폴리탄(Wirral Metropolitan) 대학의 미디어 연구소에서 고등교육 프로그램을 운영하고 있다.

■ 옮긴이

문재철

1965년 생.

연세대학교를 졸업하고 중앙대학교 영화학과 대학원 박사과정을 수
료했다. 현재 중앙대학교 첨단영상대학원 교수이다.

논문: 「정치적 모더니즘과 영화이론」(석사논문), 「대중영화의 쾌락, 오이디
　　　푸스를 넘어서」 외 다수.

역서: 『영화란 무엇인가』(공역, 1997, 거름)

왜 대중영화인가

ⓒ 문재철, 1999

엮은이 ｜ 조안 홀로우즈·마크 얀코비치
옮긴이 ｜ 문재철
펴낸이 ｜ 김종수
펴낸곳 ｜ 도서출판 한울

초판 1쇄 발행 ｜ 1999년 12월 5일
초판 5쇄 발행 ｜ 2012년 11월 20일

주소 ｜ 413-120 경기도 파주시 파주출판도시 광인사길 153 시소빌딩 3층
전화 ｜ 031-955-0655
팩스 ｜ 031-955-0656
홈페이지 ｜ www.hanulbooks.co.kr
등록번호 ｜ 제406-2003-000051호

Printed in Korea.
ISBN 978-89-460-4659-7 03680

* 가격은 겉표지에 표시되어 있습니다.